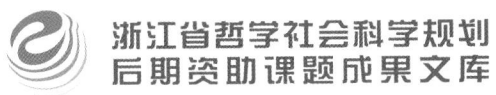
浙江省哲学社会科学规划
后期资助课题成果文库

中小学教师行为评价指标体系的建构

Zhongxiaoxue Jiaoshi Xingwei Pingjia Zhibiao Tixi De Jiangou

张天雪 著

中国社会科学出版社

图书在版编目(CIP)数据

中小学教师行为评价指标体系的建构 / 张天雪著. —北京：中国社会科学出版社，2016.6
ISBN 978 – 7 – 5161 – 8118 – 8

Ⅰ.①中… Ⅱ.①张… Ⅲ.①中小学 – 教师评价 – 评价指标 – 研究 Ⅳ.①G635.11

中国版本图书馆 CIP 数据核字(2016)第 099796 号

出 版 人	赵剑英
责任编辑	宫京蕾
特约编辑	高川生
责任校对	周　昊
责任印制	何　艳

出　　版	中国社会科学出版社
社　　址	北京鼓楼西大街甲 158 号
邮　　编	100720
网　　址	http://www.csspw.cn
发 行 部	010 – 84083685
门 市 部	010 – 84029450
经　　销	新华书店及其他书店

印刷装订	北京市兴怀印刷厂
版　　次	2016 年 6 月第 1 版
印　　次	2016 年 6 月第 1 次印刷

开　　本	710×1000　1/16
印　　张	14.25
插　　页	2
字　　数	234 千字
定　　价	54.00 元

凡购买中国社会科学出版社图书，如有质量问题请与本社营销中心联系调换
电话：010 – 84083683
版权所有　侵权必究

目 录

第一章 教师行为指标体系的前提研究 ……………………… (1)
 一 研究目的与价值 ……………………………………… (2)
  （一）研究目的 ……………………………………… (2)
  （二）研究价值 ……………………………………… (4)
 二 研究内容与方法 ……………………………………… (6)
  （一）研究内容 ……………………………………… (7)
  （二）研究方法 ……………………………………… (9)
 三 文献综述 ……………………………………………… (11)
  （一）教师行为的概述性研究 ……………………… (12)
  （二）教师五大行为的研究 ………………………… (16)
  （三）文献述评 ……………………………………… (24)

第二章 教师组织行为评价指标体系的建构 …………………… (26)
 一 研究架构 ……………………………………………… (26)
  （一）教师组织行为的理解 ………………………… (26)
  （二）维度架构 ……………………………………… (28)
 二 指标体系的建构 ……………………………………… (29)
  （一）教师自我认知行为 …………………………… (30)
  （二）教师人际交往行为 …………………………… (31)
  （三）教师对组织本身的行为 ……………………… (32)
 三 准量表的修订 ………………………………………… (32)
  （一）教师自我认知行为子量表采集过程 ………… (33)
  （二）教师人际交往行为子量表采集过程 ………… (35)
  （三）教师对组织的行为倾向子量表 ……………… (38)

四　指标体系的检验与因子命名 …………………………… (40)
　　　（一）样本采集 ………………………………………… (40)
　　　（二）数据处理与分析 ………………………………… (40)
　　五　教师组织行为评价指标的权重分配 …………………… (51)
　　　（一）指标体系权重确定的步骤 ……………………… (52)
　　　（二）指标体系权重的确定 …………………………… (53)

第三章　教师管理行为指标体系的建构 ………………………… (59)
　一　研究架构 ………………………………………………… (59)
　　　（一）教师管理行为的理解 …………………………… (60)
　　　（二）研究工具 ………………………………………… (65)
　　　（三）研究样本 ………………………………………… (68)
　二　教师管理行为评价指标体系验证过程 ………………… (69)
　　　（一）教师管理行为评价预测卷的分析 ……………… (69)
　　　（二）教师管理行为评价指标体系正式卷的分析 …… (74)
　　　（三）教师管理行为评价指标的确定 ………………… (84)
　　　（四）教师管理行为评价指标权重的建立 …………… (86)
　　　（五）教师管理行为评价指标体系 …………………… (94)
　三　使用建议与补充 ………………………………………… (96)
　四　教师管理行为评价量表 ………………………………… (97)

第四章　教师课程行为指标体系的建构 ………………………… (99)
　一　研究架构 ………………………………………………… (99)
　　　（一）教师课程行为的理解 …………………………… (99)
　　　（二）技术路线 ………………………………………… (101)
　二　教师课程行为准量表编制 ……………………………… (101)
　　　（一）提取教师课程行为评价维度 …………………… (101)
　　　（二）教师课程行为准量表预测 ……………………… (104)
　　　（三）教师课程行为准量表分析 ……………………… (109)
　　　（四）确定教师课程行为评价指标 …………………… (116)
　　　（五）确定教师课程行为评价指标权重 ……………… (117)
　　　（六）建构教师课程行为评价指标体系 ……………… (122)
　三　结论与建议 ……………………………………………… (124)

（一）结论 ………………………………………………………… (124)
　　（二）建议 ………………………………………………………… (124)
　四　教师课程行为评价量表 ……………………………………… (126)
第五章　教师教学行为指标体系的建构 ……………………………… (128)
　一　教师教学行为的理解与构成 ………………………………… (128)
　二　教师教学准备行为评价指标体系的建构 …………………… (130)
　　（一）教师教学准备行为评价指标假设模型的建构 ………… (130)
　　（二）《教师教学准备行为指标评分表》的统计分析 ………… (134)
　　（三）教师教学准备行为指标的最终确定 …………………… (141)
　　（四）教师教学准备行为评价指标权重的确定 ……………… (143)
　三　教师教学展示行为指标体系的建构 ………………………… (150)
　　（一）教师教学展示行为指标体系的分类原则与构想 ……… (150)
　　（二）教师课堂教学行为指标体系量表的制定与试测 ……… (153)
　　（三）量表测量及分析 ………………………………………… (159)
　　（四）教师课堂教学行为指标体系权重配置 ………………… (166)
　四　教师教学反思行为指标体系的建构 ………………………… (170)
　　（一）教师教学反思行为的理解 ……………………………… (170)
　　（二）教师教学反思行为指标体系预设 ……………………… (173)
　　（三）教师教学反思行为指标体系量表的编制与测试 ……… (174)
　　（四）教师课后反思行为指标体系权重配置 ………………… (182)
　五　教师教学行为三大评价量表 ………………………………… (185)
　　（一）教师教学准备行为指标评价量表 ……………………… (185)
　　（二）教师课堂教学展示行为评价量表 ……………………… (187)
　　（三）教师课后反思行为评价量表 …………………………… (189)

第六章　教师教育技术行为指标体系的建构 ……………………… (192)
　一　教师教育技术行为量表的编制 ……………………………… (193)
　　（一）研究架构 ………………………………………………… (193)
　　（二）量表的总体结构 ………………………………………… (196)
　二　教师现代教育技术行为指标体系的建构 …………………… (197)
　　（一）量表测量的过程 ………………………………………… (197)
　　（二）数据的分析与处理 ……………………………………… (198)

三 教师技术行为指标体系的建构 …………………………… （207）
　（一）指标体系权重 ………………………………………… （207）
　（二）指标体系权重的呈现 ………………………………… （211）
四 教师现代教育技术行为指标评价准量表 …………………… （212）
参考文献 ……………………………………………………………… （214）

第一章

教师行为指标体系的前提研究

人们常说19世纪是经济的世纪，20世纪是管理的世纪，21世纪则是教育的世纪。当下各个国家最宝贵的资源是人才，而人才资源的累积靠教育。为了迎接这个教育世纪的到来，过去100多年里，国际范围内进行了3次大的教育改革。而始于20世纪80年代的第3次教育改革直接指向了教师专业发展。以美国1983年发表的《国家处在危险之中：教育改革势在必行》为标志，世界各国针对此报告都出台了"教师专业发展标准"、"教师专业发展指南"、"教师专业发展大纲"等。中国于2012年出台了《中小学教师专业发展标准》，又于2013年出台了《中小学教师资格定期注册暂行办法》，这两项政策都旨在打破教师终身制的铁饭碗，旨在从制度层面促进教师专业发展。这一切都标志着教师改革又一次进入了重大转折期。在这个阶段，教师要由传统的被塑造者转化为自我建构者，而这种自我建构是基于对自身的批判与反思才能形成的，这样的教师我们称其为反思型教师。培养反思型教师必须从理念、知识、方法、操作能力4个维度同步入手，这4个维度最终体现为教师行为的变化。在重大教育改革时期，如果不思教师行为的改变与优化，那么一切改革最终只不过是场"精神会餐"。

在本章，我们将从研究目的与价值入手，解决为什么研究的问题，继而阐述本书的理论架构，也就是研究什么的问题，接下来谈如何对这些问题进行研究，也就是研究的技术路线、研究方式与方法，最后梳理前人研究的成就，以期在已有成果的基础上有所突破和创新。

一　研究目的与价值

（一）研究目的

1. 借势深化课程改革的机遇优化教师行为

新中国成立至今已经进行了 8 次基础教育课程改革，每次课程改革都预示着对中小学教师提出了适应时代发展的新标准和新要求。始于 2000 年的第 8 轮基础教育课程改革增加了教师的课程权，而新近出现的"翻转课堂"等教学组织形式的变化，又再次把"先学后教，以学带教，教学互促，学教一体"的观念通过现代教育技术手段更加现实化。在这令人眼花缭乱的变革中，教师如果还是画地为牢，还是固步自封，那么将成为深化课程改革的羁绊，而不再是促进力。无论是权利的变化，还是教学组织形式的革新；无论是家长诉求的增加，还是学生学习行为的变化都推动着教师行为再次发生根本性变革，由重传授向重发展转变、由统一规格教育向差异性教育转变、由重教师"教"向重学生"学"转变、由重结果向重过程转变、由单向信息交流向综合信息交流转变、由居高临下向平等融合转变、由教学模式化向教学个性化转变[1]。这些转变促使教师的角色从最初简单的"传道、授业、解惑"的"经师"向"人师"过渡。以 2010 年 6 月教育部出台的《关于深化基础教育课程改革进一步推进素质教育的意见》[2]为标志，新课程改革进入了第二个阶段，在这个阶段对教师的课程能力、现代教育技术能力、教育科研能力提出了新的要求，如何借势新课程改革，进一步优化中小学教师的行为体系，这是一个机遇，也是一项挑战。早年叶圣陶先生就讲过：教是为了不教。能否教会学生学习已经成为教师是不是真正教师的隐性标准。未来 10 年，我们的教学方式将发生颠覆性的变化：素材多样化、资源全球化、教学个性化、学习自主化、活动合作化、管理自动化以及环境虚拟化。在这种变化中，学生是风景，教师是背景；学生是演员，教师是导演；学生是运动员，教师是教练员和评

---

[1] 黄小灵：《试论历史与社会教师教学行为的转变》，《学园》2010 年第 5 期。
[2] 教育部：《关于深化基础教育课程改革进一步推进素质教育的意见》，http://www.gov.cn/zwgk/2010-06/02/content_1619006.htm，2014-11-17。

判员。而这些都要求教师行为要有所改进和优化,而这种优化可借的势头就是深化学校课程改革,创建和而不同的现代化校园。

我们经常讲文化立校,这究竟是什么意思,是泛泛而谈,还是具体可操作。笔者认为,文化在教育学上的理解就是人化,这里的人就是教育主体,包括校长、教师、教辅人员、家长,通过他们的齐心协力指向共同的教育对象——学生,通过五者的参与,通过唤醒学生的自我建构,完成学校的文化(人化)立校。而这个立校的过程就是"化人"的过程,这里的化是唤醒,是启蒙,是动员,是激励,不是单向度的培养和塑造,更不是压制、命令或统治。化人中的人,既有校长、教师、教辅人员,也有家长,通过他们自身的变化、成长和发展来带动学生的成长、发展和变化,这里的化就是精神成长,而精神成长的核心就是成为"求真、向善、尚美"的人。在这个过程中最需要改变的是教育者的观念,最需要优化的是教育者的行为——其核心就是教师的行为。

2. 教师专业成长需要教师行为指标体系的支撑

自1985年教育改革以来,中国的教育改革经历了两个大的阶段,2000年前追求的是义务教育的普及,是基础教育的普惠性问题,经过15年的努力,基本上普及了9年制义务教育,在世界教育史上都是可圈可点,浓墨重彩的。2000年至2010年经历了基础教育的巩固阶段,开始剑指教育公平,推进城乡教育一体化,促进教育均衡发展;而2010年的《国家中长期教育改革发展纲要》则面向未来地指出了中国各级各类教育发展的重点由面由量转向了重质量的阶段,这是教育的第3次转型。教育质量的高低,主要取决于师资质量。中国基础教育的成功,可以通过2009年和2012年以上海为样本的PISA测试窥见一斑,归结经验,重要的一条就是中国在持续不断地进行着中小学教师培训,从来就没有放弃以教师培训为核心的教师专业发展。

教师专业发展包括专业信念、专业知识、专业技能和职业生涯规划4个维度的自我建构,而这些最终都要体现为教师行为的改进与优化,教师专业发展如果没有了坐标,不但教师自身反思没有参照系,就连教师培训、教师管理都失去了方位。我们以往的教师自身反思效度不高、教师培训形式主义、教师管理重考核轻评价,这些问题的症结都在于对教师行为本身缺乏系统的思考,重视的是教师的教学行为,特别是教的行为,而忽视了其他相关行为。

教师行为改进和优化在教育研究中属于自然科学与社会科学综合性研究内容，特别是心理学、生理学、管理学、教育学、社会学和教育技术学6类知识的整合，属于教师教育板块的核心知识体系，它细化和显性化了教育组织行为学、学校管理学、课程与教学论、班级管理学、德育、教师文化学的内容，将理论知识实践化和可操作化。过去对培训，更多是注重理论知识的讲解，缺少实践环节的实训和案例情境的剖析。针对教师专业发展的瓶颈，必须转变培训内容，以适应教师教育改革的需要。这就要求其无论是从知识体系，还是讲授方式，还是能力指标上都要进行创新，更加符合教师教育和中小学教师成长的客观要求。

3. 建构一套有理有力的教师行为评价指标体系

如果说借势新课程改革和促进教师专业发展都是本章的背景的话，那么我们最终的目的就是要建构一套有理论基础，并且在中小学教师政策制订、中小学教师培训、中小学教师管理、中小学教师自我反思方面有力的指标体系。这个指标体系本身有个系统的范畴，在整体上可逻辑自洽，在每一级指标体系上又要求有自身的向度，而每个指标体系上的诸维度也要自成体系，不能是碎片化的，不能相互短路或断路。

"教师行为评价指标体系"的建构是创新性的，是全方位的，不是局部的，要把单一性问题变成整合性问题，把问题具体化、情境化、指标化和模型化，并且具有把这种指标内容政策化的依据，把这种指标课程化的可能，把这种指标实务化的指南，我们不是为了建指标而建指标，而是为了使教师行为评价指标具有知识上的张力，向上可为政府出台教师政策服务，向下可草根于教师自我的反思，可以让教师通过这面镜子，更加清晰地认识自己，完善自己，发展自己，使自己成为一名反思型教师。

（二）研究价值

一部学术成果的创新取决于其理论价值与实践价值的大小。理论价值可以从对这个领域知识的增量贡献、研究范式的变化和研究视角的创新加以说明，实践价值可以从宏观至微观依次对其政策价值、区域改革价值、学校管理价值、教师发展价值等方面加以阐述。

1. 理论价值

首先从知识的增量上看，本书有助于丰富教师行为领域的研究内容。从可以检索到的数据库和图书馆馆藏来看，目前中国缺乏对教师行为指标体系的系统性研究。对教师行为进行的相关研究涉及多个学科，既要建基于教师学的基础上，又要有心理学的方法支持，还要有管理学，特别是组织形成学的背景，更要有教育学，特别是教学论、课程论和现代教育技术学知识含量。所以，中国在此领域的研究与国外研究相比，在广度和深度上还存在一定的差距。中国学者对教师行为的研究是在 20 世纪 90 年代起步的，早期有李皓原的《教师行为规范手册》[①]，当时的代表人物是傅道春先生。他的一系列教师行为研究成果奠基了早期对此问题的探讨。傅道春的研究基本上是通过案例对教师行为进行分析，类似于今天的个案研究、访谈调查等[②]。这在质性研究还没有引入中国的背景下，其案例式、情境化的探讨还是很超前的。傅道春试图对教师行为进行分类细化研究，他把教师行为结构分为 3 个模块：教学基础行为、教育技术行为和教师组织行为。后来伴随着第 8 轮课程改革的开始，傅道春又研究了教师课堂行为的变化[③]，这种分类既吸收了中国教师行为的本土文化因素和外域教师行为研究的最新成果，又将"技术"的概念引入教师的行为研究。在质性研究的基础上，傅道春也尝试从理论和实践两个维度来推广教师行为研究，这从其专著《教师行为的原理与技术》、《教师行为优化教程》中都可窥见。但遗憾的是傅道春英年早逝，这种分类的研究在当时就中断了。2002 年唐松林出版了《教师行为研究》，是当时中国唯一一部以"教师行为"作为研究主题的思辨型专著，这部专著从教师行为基础系统、动力系统和效率系统 3 个维度尝试对教师行为如何走向成熟、如何促进教师行为优化等进行了学理探讨。此后有关教师行为研究开始步入了快车道，从国家图书馆可以检索的专著来看有 100 部左右。但是，对教师行为进行评价，抑或从指标体系研究教师行为的还非常罕见，至少截至本书写作时还处于空白状态。所以，本书从知识增量上讲应该是个创新，从研究范式上看也试图从微观指标的角度来进行教师行为的量化研究，这区别于此前的质化研究和思辨研究，当然也不是一种教科书式的探讨。

[①] 李皓原：《教师行为规范手册》，开明出版社 1991 年版。
[②] 傅道春：《中国杰出教师行为访谈录》，上海教育出版社 1995 年版。
[③] 傅道春：《教师技术行为》，黑龙江教育出版社 1993 年版；傅道春：《教师组织行为》，上海教育出版社 1993 年版；傅道春：《新课程中课堂行为的变化》，新疆人民出版社 2003 年版。

2. 实践价值

鉴于前述研究目的在于构建起一套教师行为评价的指标体系，这个指标体系在一级维度、二级维度、三级维度和四级维度上要自成体系，是一种建构式的研究，是一种量化的探索，所以我们无意为读者提供一套万能的行为策略或评价模式，而是为了在理论与实践之间架起一座桥梁，其实践价值尤为突出。本章实践价值体现在4个方面。

一是完善教育部出台的《中小学教师专业发展标准》，使这个标准可以衡量，可以操作，同时也为完善这个标准提供数据支持。另外，在其他教师政策方面，如《中小学教师资格定期注册暂行办法》等方面，也会对政策的执行、绩效的评估提供佐证。

二是为各级政府教育督导组织进行合理的督学提供初步理论参照。过去某些地区的教学督导人员在督学时主要是凭主观印象、个人经验进行指导，缺少具体可以参照的标准。教师教学行为的研究借鉴了国内外多种教学理论和实践经验，并且在新课改形势下与教学行为紧密结合，旨在为督学组织提供有效的参照理论。尝试构建的指标体系让督导人员在督学过程中用具体的条目框架要求教师，合理规范地指导教师行为，解决当前一些督导组织盲目督学、无效督学的问题。

三是对师资教育培训机构进行教师培训课程开发方面的价值。一方面教师行为评价指标体系可以为教师的入职培训提供一个重要的内容参考，使师资教育培训机构在对准教师进行入职教育培养时有针对性地加强教师素养和技能的训练；另一方面在对教师进行继续教育的过程中，改进与优化教师的行为将是提升教师整体素质、促进教师专业发展的重要内容。参照教师行为评价指标体系可以相应开设不同的教师教育类理论与实训课程，如教师组织行为和教师管理行为课程、教师教学行为优化课程、教师课程行为指导课程以及教师技术行为创新课程等。

四是可以对教师提升自身行为素养给予参考。任何行为优化，没有行为主体的自主参与都将是一种空洞的说教，所以教师针对相应的行为指标体系，根据相应的权重，结合自身的实际进行行为权重的调整，给出最适合自己的行为模式，这样将有助于教师把反思落到实处。

二　研究内容与方法

明确了为什么研究之后，接下来探讨研究什么和怎么研究的问题。本书是以教师行为为研究对象,以指标体系的建构为其最终结论,所以在研究范式上属于量化研究,在研究方法上更加注重调查、测量、观察与指标建构。

(一) 研究内容

教师行为作为一个系统,其指标体系之间是互通的,不能将整体的行为碎片化、切割化。但是,为了教学观察,为了教师自身反思,为了教师专业课程及专业标准的度量,行为的分解是可行的。对教师行为的分解,本着分析与综合、抽象与概括、具体化与系统化的思维原则进行,分析的目的在于最终的系统化。过去探讨教师行为时,最多地集中在教师教学行为层面,本书则将教师行为作为一级维度,下面包含5个子维度,分别是教师组织行为、教师管理行为、教师课程行为、教师教学行为和教师技术(特别是现代教育技术)行为。其逻辑线索是在学校组织场域内,教师通过自我管理和外在管理而体现其对课程研修、执行、参与、开发的过程,并将系列课程在教与学两种并行的活动中实施下去。在现代教育技术的渗透下,教师变换教学方式,获取教育信息,形成与时代相吻合的智慧教育行为系统。

1. 教师组织行为评价指标体系的建构

教师组织行为指标体系的建构是建基于组织行为学基础上的,以教师个体为圆心,从教师认识事物的向度出发,将教师组织行为分解为教师对自我的认知行为,教师对交往对象的认知行为,以及教师对组织环境的认知行为3个维度。在此基础上通过教师组织行为准量表的编制,建构起教师组织行为评价指标体系的基本框架,然后通过德尔菲法对教师组织行为评价内容进行量化与权重,分解出3个一级指标、10个二级指标和30个三级指标,并且依其重要性赋予各指标以相应的指标权重值,最终构建可以对教师进行组织行为测评的评价指标体系。

2. 教师管理行为评价指标体系的建构

教师管理行为指标体系是在教师组织行为的基础上,进一步深化教师对资源的管理与驾驭能力的一种行为指标,其建基于学校管理学的基础上。这个指标体系划分依据是以教师为圆心,以教师对学校管理的5大资源的调控为半径,将教师管理行为划分为教师对人的管理、对物的管理、对时间的管理、对空间的管理和对信息的管理,共同构造起教师管理行为的图谱。同教师组织行为相类似,这部分指标同样是将准量表开发建立在各个文献分析的基础上,通过量表的测量,运用了因子分析、矩阵对偶等方法,探索教师管理行为评价指标体系的具体要素,形成教师管理行为评价指标体系。

3. 教师课程行为评价指标体系的建构

教师在完成对组织的认知和对组织中不同主体的认知这种组织行为,又能驾驭学校各项资源(人、财、物、时间、空间、信息)后,那接下来探讨的就是教师对学校核心事物的参与行为了。新课程改革后,国家将大一统的课程结构分解为三级课程,除了国家必修课和选修课外,地方课程和校本课程所占比重达到30%左右。近年来,国家又进一步倡导国家课程校本化。但是2011年笔者在对浙江省中小学教师校本课程开发情况的调查表明,中小学校本课程开发比重不到整体课程比重的5%,所以教师课程行为是当前教师专业行为中非常缺失的一环。为此,本章将学校发展的抓手——教师课程行为及其评价指标作为第三项内容加以研究。教师课程行为包括教师国家课程的执行[①]、地方课程的参与和校本课程的开发3个范畴,每个范畴下又有若干的测度指标,最终架构起教师课程行为评价指标体系。

4. 教师教学行为评价指标体系的建构

如果说课程是学校改革的抓手,那么教学就是学校改革的主战场,是将课程文本转化为学习效果的主渠道。教师不但应该有课程领导力,还应该有教学执行力,在强调学生学习力的今天,教师的教学行为更应该因学生而变化,以学带教、以学促教不但应该成为教师的一种理念,更应该成为教师的行为习惯。过去人们对教师教学行为关注的焦点是课程教学,此类研究可谓星空浩瀚,诸种教学模式、教学实验大多集中在课程教学中,甚至近几年兴起的"课堂观察"亦注重教师的课堂教学行为。我们认为,教师教学行为本身就是一个系统,应该包括课前教学准备行为、课堂教学展示行为、课后教学反思行为3个维度,每个维度下又有若干的子维度,子维度下又有相应的指标。在教师5种行为中,我们将教学行为列为重中之重,将教学行为这个指标体系本身就构造成了三级指标体系,较其他的二级指标体系更为详细,更为微观,这本身也说明了教学行为对于教师专

---

① 随着时代的发展,国家课程校本化的行为亦应列入,并具体为各项指标。

业发展的重要。

5. 教师教育技术行为评价指标体系的建构

近10年，现代教育技术以澎湃的势头汹涌而来，虚拟学习、MOOC、翻转课程、移动学习、智慧教育等都不但冲击着高等教育、成人教育，也直接渗透甚至影响着中小学教育，强制性地要求中小学教师行为的变化。如果说20世纪80年代中国的教学改革就已经提出了自学辅导、先学后教、尝试教学、情境教学等模式的话，那么今天的技术手段、信息渠道已经将这种理念向更开阔的平台推进。为此，教师的现代教育技术行为包括教师技术认知行为、教师技术运用行为和教师技术创新行为3个维度。知道什么是信息及信息技术，如何获取、加工、使用信息与媒体，如何在技术行为领域进行创新等内容，并且构建起相应的评价指标。

（二）研究方法

1. 文献法

任何研究都离不开文献法的支撑，对于指标体系建构的研究，文献研究一是需要了解前人研究的成果，并在这个成果基础上有所创新；二是要为后续的量表编制进行理论基础的准备，使实证研究有理有据，不是空穴来风。为此，我们首先确定文献选取的范围。为了梳理前人成果，我们将数据库确定为国家图书馆的专著检索、中国知网的期刊论文检索、万方数据库的学位论文检索和全国教育科学规划办的课题检索；为了为量表编制寻求理论依据，我们将各个子量表依据的国内外经典教科书作为查阅对象，从中找到相关行为指标的学理基础，并在现实中通过观察、试测、访谈等方法寻求指标的实践依据，同时还充分利用了学术Google、Baidu等搜索引擎进行相关文献检索。其次，本书检索项主要为关键词，由于每个指标体系关键词及近义词检索比较多，如其中主要的名词：教师行为、教师组织行为（教师人际关系、学校组织气候、教师自我认知）、教师管理行为（管理资源、财物管理、时间管理、空间管理、信息管理）、教师课程行为（课程管理、课程经营、课程领导、课程参与、课程开发）、教师教学行为（教师教学准备行为、教师备课、教师教学表现、教师课后反思）、教师现代教育技术行为（教师信息素养、教师信息运用、教师现代教育技术能力等）。

2. 准量表编制

之所以称之为准量表编制是因为我们首先按量表编制的方式和流程进

行了各级指标的设计、咨询、论证和开发，但是由于常模参照量无法达到正规量表的要求，因此只能称之为准量表编制。本书采用自编的《中小学教师行为重要性咨询准量表》，旨在了解目前中国中小学教师的主要行为，并且为构建教师行为评价指标的二级维度进行准备。然后，在各二级维度下，依据相应的组织行为学、管理心理学、课程与教学论、教育技术学等内容进行三级维度的划分，在各个维度下，再依据相应的理论说明，进行具体指标的建构。准量表包括《中小学教师组织行为评价指标采集表》、《中小学教师管理行为评价指标采集表》、《中小学教师课程行为评价指标采集表》、《中小学教师教学行为评价指标采集表》、《中小学教师组织行为评价指标采集表》，每个准量表都采用李克特五点式量表方式进行设置。然后，通过对回收数据的分析，提取出构成教师各个行为的指标，并且确定量表构成中各指标的权重数值，以验证本文所构建的教师各个行为评价指标构成的合理性，最后通过修正的指标构建出一个合理的中小学教师行为评价指标体系。

3. 指标建构法

指标建构与前述的文献收集与量表编制及数据采集不同，它本身属于分析资料的方法。指标建构法可分为宏观指标架构、中观指标架构和微观指标架构。本书的教师行为评价指标体系属于微观指标架构，微观指标架构除了建基于理论基础上之外，更要强调实地的观察与访谈，指标更具田野性。指标建构的最基础方法就是搭框架。教师行为评价指标体系的建构是根据不同行为性质和本书具体的研究目的和要求，以及不同研究对象的特征，把客观上存在联系的教师诸种行为进行理论分析后，再抽象出若干范畴（维度），编制成包含若干假设的几个指标层次（一般为三级或四级），再通过德尔菲法、访谈法和统计分析，加以科学分类和组合形成相应的指标体系。在本书所构建的指标体系中，教师行为本身是一级指标，下含5个二级指标，其中教师教学行为本身又具有3个子维度，其他4个行为下面设置二级维度，每个维度下设置若干指标，对指标进行验证后，排除不科学的指标，最终形成指标体系及各指标的供使用者参考的权重系数。

4. 德尔菲法

通过自编的《中小学教师行为重要性咨询问卷》，将我们的设想及1—3级指标以专家咨询的方式向相关专家发放，其后的每一次试测准量表也都采用这种方法,取得不同专家的建议,在汇总各专家的意见后,对此进行修订,再送达相关专家,直至各位专家基本认同该准量表及其维度或者我们的意见后,进行最终正式准量表的编制与发放,这样的往复循环多则达4—5次,少则也有2次,同时还对各位受测的中小学教师进行访谈,可以取得丰富的现实资料,补充和充实我们的假设和论证。在本书中德尔菲法对象包括中小学有经验的教师、学校领导和教育领域专家,主要请他们对指标的合理性进行鉴定。

5. 统计分析法

对原始数据的统计分析主要包括以下两种方法:利用 SPSS 统计软件进行因子分析,以便筛选指标;用层次分析法获取指标权重。

因子分析的基本目的就是用少数几个因子去描述许多指标或因素之间的联系,即将相关比较密切的几个变量归在同一类中,每一类变量就成为一个因子,从而以较少的几个因子反映原资料的大部分信息。本书在筛选教师行为评价指标的过程中所进行的主要是探索性因子分析,利用统计软件 SPSS 的主成分分析功能,分析教师诸行为评价量表的数据。在特征值≥ 1的情况下,实施变异最大正交旋转,如果因子负荷值 < 0.4 的指标或交叉负荷严重的指标就有可能被删除,当然指标的内容以及与其他指标的关系也被考虑在内。

层次分析法(The Analytic Hierarchy Process,AHP),也称层级分析法。最早由美国运筹学家托马斯·塞蒂(T. L. Saaty)于20世纪70年代中期正式提出,它是一种将与决策有关的元素分解成目标、准则、方案等层次,进而采取定性和定量分析相结合进行决策的方法。本书某些指标体系建构中运用了这种分析方法,其步骤为:(1)建立权重的指标层次结构模型;(2)按照指标层级,对同一层级上的指标构造两两比较判断矩阵;(3)根据同一层级上各指标平均得分设置判断参照值;(4)指标层级递进,逐级计算相应层因子关于高一级指标的权重;(5)进行一致性检验。

三 文献综述

本书的研究对象是教师行为问题,具体而言包括教师组织、管理、课程、教学(课前教学准备、课中教学展示和课后教学反思)、现代教育技术 5 类 7 个行为，目的是建立起各个行为的评价指标体系，并且对这些指标体系给出参考权重。

（一）教师行为的概述性研究

1. 中国学者对教师行为系统研究的起始

在中国，系统开始进行教师行为研究是以傅道春为首的教学论领域内的一批学者。从傅道春的著作可以看出，他对教师行为的研究是持续而系统的，并且其对教师行为的研究也随着社会变革和教育变革而不断发展。1993 年，他先后出版了《教师组织行为》[①]、《教师技术行为》[②] 两部著作。《教师组织行为》一书主要阐述了教师在学校组织环境中所表现出来的各种身心活动，即教师行为。这本书囊括了当时中国教师行为的本土文化因素和外国教师行为研究的最新成果。在揭示教师行为的外显性、动态性特征的同时，还对教师在组织中的各种基本活动方式进行了归纳，并且生成了生动的教师行为案例。此书还描述了在具体教育情境中如何更好地体会和运用有效行为，以便使新教师的行为快速成熟，使资深教师的行为经验得以升华。在《教师技术行为》一书中，则主要对教师在日常的课堂教学活动中所表现出来的各种教师行为进行了论述，包括对各种教育因素的职业意识、技术理解与教学运行中的设计、程序、手段、方式和方法，分析了一些教育教学技术活动的细节表现及其效果，同时还涉及学校教育中优化出来的可供直接借鉴的诸多教学技能和技巧，实现了教师多种行为面貌的再现。此后，傅道春又出版了《教师行为访谈》[③] 和《中国杰出教师行为访谈录》[④] 两部著作，开创性地以质的研究、个案研究等类型着手教师行为研究的创生性工作。2000 年以后，傅道春又先后推出了《教师优秀案例分析——教师行为研究》、《新课程中教师行为的变化》[⑤] 和《新课程中课堂行为的变化》。这 3 部著作的出版又为教师行为的研究注入了新的元素。其中，《教师优秀案例分析——教师行为研究》一书共选录了 30 多个有代表性的教师案例，对中小学教师在日常教育、教学实

---

① 傅道春：《教师组织行为》，上海教育出版社 1993 年版。
② 傅道春：《教师技术行为》，黑龙江教育出版社 1993 年版。
③ 傅道春：《教师行为访谈》，黑龙江教育出版社 1995 年版。
④ 傅道春：《中国杰出教师行为访谈录》，上海教育出版社 1995 年版。
⑤ 傅道春：《新课程中教师行为的变化》，首都师范大学出版社 2001 年版。

践中所面临的问题，进行从具体到抽象的多层次分析，为置身教学第一线的中小学教师反思自己的教学行为提供了一种理论层面的解释。而后两部书则是顺应了中国新课程改革的实施，从理论上讨论了新课程中教师行为的变化，帮助教师尽快走进新课堂，是塑造课堂中的新教师行为的丛书。同时，傅道春、施长君等学者又直接从教师行为入手，探讨了教师行为与学生发展之间的关系。进行了"师范生教师行为分解训练"课题研究。遗憾的是，傅道春先生英年早逝，其后的研究由林正范教授等着手深化，与傅道春先生同团队的学者还有施长君、齐晓东、史根东等。

彼时，还出现了一系列教师行为规范或行为准则的指导性书籍。如冯克诚的《教师行为规范全书》[1] 系列丛书（10 册）、田晓娜的《教师基本功丛书》，这些丛书分别从教师的政治行为、思想行为、职业道德行为、教学行为、语言行为、仪表行为、人际关系行为、班主任工作行为、娱乐通信行为等若干方面对教师行为进行了阐述。20 世纪 90 年代的学者还有李皓原、于明、黄廷安、徐士珍、陈岸涛、刘启珍等，这批学者的研究尽管表象性、经验性、教科书化比较明显，但是对教师行为的开创性研究是功不可没的。

2. 教师行为的深化研究

自 2000 年开始，中国教师行为研究开始呈现多元化的特点，不但从国外译介了一批教师行为研究的书籍，同时伴随着新课程改革的兴起与深化，对教师行为的研究具有明显的课程改革特点，此阶段的研究主要集中在教师行为的结构、分类、标准、研究方法等方面。

教师行为标准方面。在 20 世纪六七十年代，国外的学者如瑞安斯（Ryans）、罗森珊（Rosenshine）和佛斯特（Furst）更多地尝试从有效教师行为和无效教师行为来为教师行为制定标准。他们曾经制定了《教师有效/无效行为分辨表》，后来又应用"过程—结果"（Process-Product Approach）研究法在分析教师行为特性的基础上，发现教师课堂行为与学生成果密切相关，最后他们找到 11 种与学生成果密切相关的教师行为特点。[2] 在中国，学者们最初对教师行为的研究也是在分析教师行为特征的基础上，为教师行为制定规范。教师行为规范就是教师行为标准。田晓娜

---

[1] 冯克诚、范英、刘以林：《教师行为规范全书》，华语教学出版社 1996 年版。
[2] 张建琼：《国内外课堂教学行为研究之比较》，《外国教育研究》2005 年第 3 期。

等人①认为，教师行为有 4 个方面的特点：主动性、目的性、服务性和进取性。代表性著作如：1991 年李皓原主编的《教师行为规范手册》、1996 年冯克诚、范英、刘以林编著的《教师行为规范全书》、1997 年田晓娜等人编著的《教师基本功实用丛书：教师行为》、2003 年孙修元编写的《教师行为规范教程》等。毕田增②认为，教师行为特点有：实践性、个人性、情境性、生成性。陈晓瑞③认为，新课程下教师行为特点具有：开放性、个体适应性、反思性、解放性。这些学者的研究成果对教师行为特点的研究，为教师行为标准的制定提供了依据。

教师角色行为研究。西方学者对教师角色行为的研究主要是将教师角色行为置于角色规范、角色期望、角色背景、角色一致和角色冲突等角色概念下进行，比较重要的贡献是两个关于教师角色行为的模型：盖特泽尔斯（Gerzels）和塞伦（Thelen）的社会模式和帕森斯（Parsons）的价值取向模式。前者对教师角色行为的研究主要从两方面进行：教学情境中的角色冲突和教师的领导方式；后者认为教师行为价值取向有 5 种模式，即情感性对情感无涉性、全涉性对专涉性、分殊性对普遍性、先赋取决对成就取决、私利倾向对公益倾向。④ 中国学者对教师角色行为的研究兴起主要是随着中国新课程改革的进行逐步深入的。傅道春认为⑤，新课程下教师行为至少要发生两大角色转变：由知识传授者转化为学生发展的促进者、由学生的管理者转化为学生发展的引导者；毕田增、敖国儒等编著了系列新课程教学行为创新与技能提升的丛书；李永梅认为，教师由知识的传授者转化为学生发展的促进者，由学生的管理者转化为学生发展的引导者，这是当下教师角色和行为的现实基础⑥。

教师行为结构的研究。在这方面唐松林可谓是代表人物，他的《教师行为研究》⑦ 一书中围绕教师行为的基础系统、动力系统和效率系统 3 个

---

① 田晓娜等：《教师基本功实用丛书：教师行为》，国际文化出版公司 1997 年版。
② 毕田增：《新课程理念下教师教学行为研究》，《林区教学》2005 年第 2 期。
③ 陈晓端：《试析新课程标准指导下有效教学行为的基本特征》，《教育科学研究》2006 年第 2 期。
④ 张建琼：《国内外课堂教学行为研究之比较》，《外国教育研究》2005 年第 3 期。
⑤ 傅道春：《新课程与教师行为的变化》，《人民教育》2001 年第 12 期。
⑥ 李永梅：《教师角色与行为艺术》，东北师范大学出版社 2010 年版，第 23 页。
⑦ 唐松林：《教师行为研究》，湖南师范大学出版社 2002 年版。

方面展开讨论,注重教育理论与教师实践的联系,对教师行为进行了深入的研究。他认为,教师行为结构的内容划分为3种价值尺度,这3种尺度分别为真的尺度——教师行为的基础系统,包括教师知识结构与教育理念;善的尺度——教师行为的动力系统,主要是指教师的专业精神,即教师的职业道德和个性心理品质;美的尺度——教师行为的效率系统,包括教师的审美活动和能力特征,以及教师能够顺利实施各项教育活动并保证其有效性的心理特征。在教师教学实践、教师职业自我认知,以及提升教师自身素质的同时,通过比较研究,探讨了教师行为成熟的基本规律,对教师的职前培养、入职辅导和在职培训一体化培养模式提出了设想和措施,具有积极的参考作用。

师生互动行为研究。国内外学者对师生互动行为研究的着眼点不同,外国学者更多地将师生互动置于全班学生特性这种内在的教学情境中,而中国学者对师生互动行为的研究更多地关注师生关系研究。外国学者中比较权威的研究师生关系的有利比特(Lippitt)和怀特(White)的基于教师领导方式的研究、弗兰德特(Flanders)的互动分析系统和艾胥黎(Ashley)的师生互动关系理论。师生互动关系理论将师生关系划分为:教师中心、学生中心和知识中心3种类型。中国学者中比较有特色的是吴康宁等人对师生互动行为类型的探讨和王家瑾等人建构的课堂互动行为模型。[1] 前者根据教师行为对象将其划分为3种类型:师班互动、师个互动和师组互动,即教师行为分别指向全班学生群体、学生个体和学生小组,这样以互动行为的主客体关系为依据,直观明了,易于观察,与中国课堂教学实际相符合。后者互动模型虽然简洁明了,但是与动态的课堂教学行为相套用时就显得呆板、不灵活。此外,吴子健的《探究学习与教师行为改善》[2];赵海信、孙灯勇基于实证的方法,撰写了《教师教学风格对学生学习心理和行为的影响研究》一书[3];茅育青、焦建英的《教师与学生行为发展丛书:IT环境下教师与学生沟通行为的发展》[4];蔡亚萍的《教

---

[1] 亢晓梅:《师生课堂互动行为类型理论比较研究》,《比较研究》2001年第4期。

[2] 吴子健:《探究学习与教师行为改善》,上海教育出版社2007年版。

[3] 赵海信、孙灯勇:《教师教学风格对学生学习心理和行为的影响研究》,世界图书出版社公司2013年版。

[4] 茅育青、焦建英:《教师与学生行为发展丛书:IT环境下教师与学生沟通行为的发展》,教育科学出版社2012年版。

师与学生道德行为的发展》等书，都是从师生互动角度对教师行为进行研究的。

教师行为研究的方法。对教师行为研究主要集中在教学行为领域，西方早期对课堂教学行为的研究，主要采用预示结果的方法，预示的不同根据教师表现、智力、领导和热情等才能而定，结果则是由管理者或校长的总体估计而定。后来的研究方法则聚焦于实验，如将用不同方法对进行教学的班级学生的测验成绩加以比较，但是大量研究表明，教师的教学方法与学生的学习成绩是不存在必然联系的。后来又有学者使用"过程—结果法"，通过一系列课堂观察工具对课堂中学生学习行为、教师行为、课堂情景的观察等，进行严格的量化统计和分析，从而获得教师行为与学生成果的关联。此后"过程—结果法"成了课堂教学行为研究主要的方法之一。中国学者在借鉴西方对课堂教学行为研究方法的基础上，发展了中国对教学行为研究的方法，如现象描述和经验总结。还有的研究者，如傅道春先生开始采用人类学和社会学的方法进行研究，即用生动的课堂实录，向人们展现新旧课堂中教师行为的现实，激发人们思考新旧课堂中教师行为变化背后深层次的原因（如课程理念、教学理念等）。人种志方法课堂语言行为互动分析法和课堂观察法等方法，都是对发展教师行为研究方法的有益尝试。近两年，崔允漷教授等从"课堂观察"的角度来开始系统研究课堂教学，包括课堂教学中的教师行为、学生行为、师生互动行为等[①]。

（二）教师五大行为的研究

1. 教师组织行为的研究

除了前述傅道春著的《教师组织行为》一书外，张文清在 2005 年著有《中小学教师教育行为的组织文化分析》，也从组织文化的角度研究了教师行为。还有魏详迁的《教师工作伦理及对教师失范行为的作用机制研究》，则从组织行为心理学的角度重点探讨了教师工作伦理的基本结构维度以及教师工作伦理的基本心理特点，探讨了教师工作伦理在尽责性、宜人性、神经质 3 种个体人格特质类型方面影响教师失范行为的作用。最近十年，人们对教师组织行为的研究主要集中在教师组织公民行为、教师的

---

① 崔允漷：《课堂观察——走向专业的听评课》，华东师范大学出版社 2013 年版。

道德行为、学校组织气候与教师行为、教师的工作评价（满意度、工作—家庭冲突、师生冲突、工作应激、组织承诺、组织公平等）、学生评价对教师行为影响、薪酬机制对教师行为影响、教师的关怀行为、教师人格魅力对学生的影响、教师的各种行为失范和问题行为（如职业倦怠、虐待行为等），并且研究方法日益量化、个案化。从心理学、社会学、微观政治学和经济学角度切入教师组织行为的研究也日益增多。

2. 教师管理行为的研究

通过文献检索，中国对教师管理行为的研究大都集中在具体的课堂管理、班级管理、参与管理等细分方面。教师是传递和传播人类文明的专职人员，是学校教育职能的主要实施者，在这个实施过程中，教师又是一个管理者。教师在教育活动过程中，为使活动顺利进行并取得预期的效果，需要不断地加强管理，对教育教学活动进行计划、组织、协调与控制。根据管理学理论中对管理行为的理解，我们可以归纳出教师管理行为就是教师对自己在学校组织中所涉及的人、财、物、时、空、信息等管理资源，进行有效的管理组合，使其发挥最大效能，促进学校组织目标实现和专业发展的行为。按本书的理解，结合前人对教师管理行为的阐述，教师管理行为可以分为教师的自我管理行为、教师的人际管理行为、教师的参与管理行为3个维度，而学者们的研究主题如表1-1所示。

表1-1　　　　　国内外学者对教师管理行为的研究主题

类别	研究主题
教师自我管理	教师自我管理的途径 新课程背景下中小学教师自主发展研究 教师反思能力自我培养的实践模式研究
教师人际管理	教师人际关系失调的影响和自我调控 新课程背景下教师人际关系的重塑 新型师生关系的建构
教师参与管理	教师参与管理的问题解析 教师参与决策的管理理念与操作办法 教师参与管理的制度设计

3. 教师课程行为

对教师课程行为的研究主要集中在课程管理行为、课程领导行为和课程开发行为3个方面，事实上这3个概念在学界使用时是有很多交集的。

有学者认为，课程管理包括4个层面，即对课程愿景的形成、转化与实施的管理、对课程规划的管理、对课程实施的管理和对课程评价的管理。① 还有学者阐述了针对学校具体特色课程的管理②；学校课程管理模式从科层模式向专业模式转化，课程管理结构走向扁平化时③，教师为此必须改变自身的课程行为。

在对教师课程领导行为研究方面，托马斯·萨乔万尼（Thomas Sergiovanni）对课程领导的界定是中国学者最为认可的。④ 其他涉及教师课程领导的研究，主要是为了摆脱教师作为课程执行者角色，将教师置身于课程的规划者、编制者和实施者，如果教师能够参与课程领导，除了能优化课程本身，在一定程度上影响课程设计的结果和课程实施的进程，进而影响学生的学习结果之外，还可以融洽教师和校领导以及教师之间的工作关系，培养团队合作的精神和营造积极奋进的氛围，促进整个学校的发展。⑤ 教师课程领导是促进教师专业发展的重要路径，刘径言通过探究在校本教研中教师领导行为从被动转变到自觉，课程行为从模仿守成转变到生产创新的产生原因，得出同行的知识互构、情感认同、校长的课程领导与教师的行为转变有关的结论。⑥ 在美国，传统的"课程管理"的概念已经消亡，以往采用的"课程管理"、"课程经营"（Curriculum Administration、Curriculum Management 或是 the Management of Curriculum）已经被"课程领导"（Curriculum Leader）的术语所代替。特别是基于"校本课程开发"的以"提升学生学习品质"为其目标的"课程领导"，成为当今教育研究与实务的一个新兴领域。⑦ 梳理和分析国外课程领导相关研究发现，国外相关领域的研究涵盖课程领导的内涵、角色和层次等方面。

在教师课程开发方面，李臣之等通过自编问卷对中小学教师参与校本课程开发的行为意向及其影响因素进行调查。结果显示，中小学教师参与校本课程开发的行为意向明显，而其影响因素主要是"利他性"、"利己

---

① 周海银：《学校课程管理运作过程》，山东人民出版社2009年版。
② 王树元：《中小学研究性学习课程的管理与指导方法探究》，《天津教育》2004年第9期。
③ 杨中枢、郑学燕：《论学校课程管理的科层模式与专业模式》，《西北师大学报》（社会科学版）2006年第6期。
④ 黄显华、朱嘉颖：《一个都不能少：个别差异的处理》，《师大书苑》2002年。
⑤ 徐君：《教师参与：课程领导的应有之举》，《课程·教材·教法》2004年第12期。
⑥ 刘径言、吕立杰：《教师课程领导行为转变动因》，《当代教育科学》2010年第18期。
⑦ 钟启泉：《从"课程管理"到"课程领导"》，《全球教育展望》2002年第12期。

性"、"校外支持"、"自身特性"和"校内支持"。由于不同个人属性教师的行为意向有一定差异性,所以校本课程开发的进一步深化发展,需要为教师赋权增能,强化行动研究。① 课程开发的具体实施活动中,教师发挥着主体性作用,教师参与课程开发的具体方式有:参与课程选择、课程改编、课程整合、课程补充和课程创新。② 教师参与课程开发的路径,在有效实施国家课程和地方课程时,教师应当提高课程内容的适应性、贯彻课程实施的灵活性并采取多样的课程评价方式,在此基础上,合理地开发校本课程。③

4. 教师教学准备行为

根据检索得知关于教学准备行为的内容,多以"教学设计"、"备课"两个字段出现,含有其他字段的文献相对于这两方面微乎其微。再对这些文献进行归类,共分成了7大类。第一类对之前大量教学设计出现的问题进行探讨与总结,并提出建议,此类文章多出现在2005年之后。第二类是典型的对教学设计追根溯源,进行回顾总结,并对未来做合理的推测。第三类是通过传统教案与现代教学设计的对比,引发对现代教学设计优、缺点的思考。第四类是通过对教学设计定义的分析和理论的阐述,上升到学理角度对教学设计展开研究。第五类针对具体的对象进行教学设计,同时也对教学对象的范围进行延伸,不只是针对上课内容、针对具体学生进行教学设计,而且可以衍生到对教师的设计、对培训的设计。第六类是对个别教师教学设计经验的个案研究或自我总结。第七类是教学指标体系的研究。但是,大部分都是对课堂指标体系的构建和研究,对课前的相当少,如袁爱玲的《教师教学模糊指标评价体系研究及算法设计》详细阐述了计算方法,这在教育类指标体系研究中是少有的;范晓玲在1991年和1993年分别发表了《课堂教学评价指标体系的系统观》和《论教学评价模型构建方法》,这两篇文章是对教学指标体系研究比较早的。

关于"备课"的文献比"教学设计"的要少,大体集中于以下几项。第一类是对备课实效性的研究,目的是对提高教学效益提出策略与方法。

---

① 李臣之、帅飞飞:《深圳市中小学教师参与校本课程开发行为意向的调查研究》,《课程·教材·教法》2010年第4期。
② 方媛、徐丽平:《中小学教师与校本课程开发》,《现代教育科学》2010年第8期。
③ 沈兰:《教师参与课程开发:意义与途径》,《全球教育展望》2002年第1期。

第二类是对集体备课的研究，这类文章主要针对广泛存在的教师集体备课中出现的问题和原因进行分析，并提出优化集体备课的有效策略。第三类是对备课中的问题进行研究，属于找出问题—分析问题—解决问题的模式。第四类是对农村中小学教师备课问题给予特别的关注，并实地考察和访谈，分析具体情况，提出适合农村中小学教师教学准备行为的方案。第五类是备课的创新研究，目的在于为教师的备课行为提供更合理、更科学的新思路。

5. 教师课堂教学行为

关于课堂教学行为，一般集中于以下4个方面：一是整体性研究；二是从流程角度切入；三是从技能上研究；四是从教学主客体角度分析。

从整体上对课堂教学行为的研究又可以分为两类：一类是研究有效的教学行为或教学行为优化的，另一类是教学行为转变的。第一类相关研究大多集中从教师自身、学校及社会着手来提出优化课堂教学行为的建议。就教师而言，优化课堂教学行为的措施主要有：树立正确的教育观、学生观、教学观；强化教学设计；调整课堂教学结构，促进知识建构的有效性；营造民主和谐的人际关系，实现师生互动的有效性；进行持续的行为反思；课堂教学行为的转变研究主要集中在新理念指导下的课堂教学行为转变，如参与式课堂、对话式课堂、创新学习观、知识观、后现代课程观、建构主义教学观、缄默教学观等。在时代背景方面，主要关注的是信息技术潮流和国内新课程改革对课堂教学行为转变的影响，如翻转课堂等。

从课堂教学流程研究教学行为是在吸收了凯洛夫教学论思想基础上，结合中国广大教师的教学实践经验的产物。具体教师课堂教学行为因课而异，因人而异，依据主要教学流程来看，教师课堂教学行为依次可以分为5大类：组织教学、复习旧课、讲授新课、巩固新知识、布置作业。近几年来，学者们越来越多地强调巩固新知识不仅只是知识的建构，还要着重学生学习力的培养，更加强调先学后教，强调分层教学、分组教学和分层作业。

从教学技能切入课堂教学是教学行为的细化研究，主要包括导入、讲解、提问、板书、演示、课堂组织和结课，这方面的文献繁杂而细致。

从师生互动行为角度分析的，主要体现为提（发）问与回（解）答、启发与探究、作业布置与评价、指导与练习、课堂扮演、角色扮演等行为。国外学者对师生互动行为的研究各自有着不同的切入点，但都是基于全班学生的特性而进行的。利比特（Lippitt）和怀特（White）探讨了教师领导方式对师生互动关系的影响；弗兰德斯（Flanders）提出"弗兰德斯互动分析系统"（Flanders Interaction Analysis Dategories，FIAD），用以分析课堂中师生的言语互动行为；朗克尔（Runkel）利用信息反馈的原理建立了由"教师参考结构—教师行为—学生参考结构—学生行为"等几个主要因素构成的师生信息反馈模式。中国学者多把师生互动行为作为师生关系研究的一部分，而不是独立针对师生互动行为的专题研究，比较具有特色的是吴康宁等人对课堂互动行为类型的探讨，还有王家瑾构建的课堂互动行为模型。

6. 教师教学反思行为

教学反思行为的研究主要体现在对反思性教学本质和价值研究、反思性教学水平和类型研究、提高反思性教学的策略探究、反思性教学评价的研究4个方面。

反思性教学的本质就是对反思性教学的内涵和外延的界定。比较著名的大致有约翰·杜威的观点[1]、瓦利（Valli）的观点[2]和维拉（L. M. Villar）的观点[3]。后来的研究者（Goodman，1984；Ross，1987，1989；Zeichner 和 Liston，1987；Korthagen，1993）一般认为，教学反思是教师对于教什么和如何教的问题进行理性的和具有伦理性的选择，并且对其选择负责。Grimmet 和 Erickson（1988）在综述有关文献之后认为，对教学反思的理解主要有3种观点：第一种观点认为"教学反思"是分析教学技能的一种技术，是对教学活动本身（尤其教学技能、教学方法）的深入思考，这种深思使得教师能够有意识地、谨慎地、经常地将研究结果（技术层面的）和教育理论应用于教学实践；第二种观点认为"教学反思"是对各种有争议的、优秀教学观进行深入思考并以此做出选择，是对教育观念、教育背景的深入思考；第三种观点认为"教学反思"是对教

---

[1] Dewey, J (1933). How We Think [M]. Chicago: Henry Regnery Press.
[2] L. Valli, Reflective Teacher Education: Casesand Critiques, State University of New York Press, 1992, p. 100.
[3] L. M. Villar, Teaching: Reflective, from T. Husen et al. The International Encyclopedia of Education, 1994, p. 6215.

学经验的重新建构①。中国学者对反思性教学的研究，影响最大的是熊川武教授②、申继亮教授③、张立昌教授④和卢真金教授⑤。

反思性教学研究的价值体现在两大趋势上。一方面反思性教学是历史发展的必然结果。具体讲反思性教学不仅可以促进教学中教师创造性，促进教师专业发展，同时还顺应了教育改革的发展，这方面比较有代表性的有威尔斯（Wells，1994）⑥、Bartlett（1990）⑦等学者；另一方面哲学、心理学、伦理学、数学等科学的发展和进步，为反思性教学的机制和模型设计提供了理论工具，经验主义哲学、元认知理论、批判教育学是反思性教学的3大理论基础。

在反思性教学水平研究方面，西方学者范梅楠（M. Van. Manen，1977）、Sparks-Langer et. al（1990）、Hatton 和 Smith（1995）等人曾经对反思水平评价做出了很大贡献。在反思性教学的类型研究方面，布鲁巴奇（J. W. Brubacher）⑧、唐纳德·舍恩⑨等人的研究引领了这个领域的前沿。

在提高反思性教学策略探究方面，Hatton 和 Smith 在总结这类文献后将提高反思性教学的策略分为4类⑩，布鲁克菲尔德（Brookfield，1995）提出了理论文献的反思方法⑪，还有 Germaine L. Taggart，Alfred P. Wilson 提出了反思日记、实习课、观察学习、心智模式、叙事性反思、行动研

---

① 丁钢：《全球化背景下的教师专业发展创新计划：新理念及其变革实践》，北京师范大学出版社 2009 年版，第 8 页。

② 熊川武：《反思性教学》，华东师范大学出版社 1999 年版。

③ 申继亮：《教学反思与行动研究——教师发展之路》，北京师范大学出版社 2006 年版。

④ 张立昌：《论教师的反思及其策略》，《教育研究》2001 年第 12 期。

⑤ 卢真金：《反思性实践是教师专业发展的重要举措》，《比较教育研究》2001 年第 5 期。

⑥ Wells, M. 1994. The loneliness of the long-distance reflector. In A. Peck & D. Westgate (eds.). Language Teaching in the Mirror. CILT. Center for Information on Language Teaching and Research.

⑦ Bartlett, L. (1990). Teacher Development through Reflective Teaching [A]. In Richards C. J. & Nunan D. eds. Second Language Teacher Education [C]. Cambridge University Press.

⑧ J. W Brubacher et. al1, Becoming a Reflective Educator, How to Build a Culture of Inquiry in the Schools, Corw in Press, NC. 1994, pp. 15, 25, 15.

⑨ Schon, DA：The ReflectivePr actitioner：how professionals think in action. New York. Basic Books. 1983. 转引自刘加霞、申继亮《国外教学反思内涵研究述评》2003 年第 10 期。

⑩ 辛涛：《教师反思研究述评》，《清华大学教育研究》1998 年第 3 期。

⑪ Stephen Brookefield：《批判反思型教师 ABC》，张伟译，中国轻工业出版社 2002 年版。

究、构建学习共同体等一些比较新的反思策略。① 中国学者，如王建平、武海燕、李小红、邓有超、王俊英、张志泉等，也对西方的教学反思策略进行了一些本土化的研究，这些反思策略概括起来大致可分为两大类型：一类是教师主体自身的反思策略；另一类是教师自身与他人合作的反思策略。前者如听课、反思日记、撰写教学案例、课前或课后备课、写反思教案、列自我提问与问题单、教师个人研究等；后者如叙事研究、调查访谈、行动研究、教学档案袋研究、集体会议、专家引领等。

要想知道教学反思进行的是否合理，是否有效，必须对反思性教学进行评价，要进行评价就必须建立评价标准。舍恩（Schon，1983）认为，反思性实践的根据在于实践者的评价体系，所以反思性实践必须研究反思评价的标准。熊川武认为，教学反思的进行必须合理，合理就是教学反思既要合目的性又要合规律性。杨四耕提出了反思性教学评价的标准及原则②。此外的一些观点包括：评价过程动态化、注重自我评价、科学性与人文性结合、评价方式弹性化、量化评价和质性评价相结合。③ 随着反思性教学的发展，出现两大趋势：一是更加关注具体教学情境中的反思性教学研究；二是由定性分析逐步转向对定性和定量研究的同时关注。

7. 教师现代教育技术行为

在中国学术界，早期是将教师的教学行为研究和具体的教师行为研究混合在一起的，如前述的傅道春等人就是这样理解和研究的④。通过检索中国知网期刊数据库发现了少量的关于"教师技术行为"的文献，这些文献大多集中在研究教育技术行为的现状及不同环境、心理因素对教育技术行为的影响，如朱雪峰的《试论中小学教师教育技术态度与行为》⑤。朱雪峰还在《云南地区教师教学技术行为问题的现状分析》一文中，采用自编的《教师课堂行为观察表》及《学生课堂行为观察表》，对云南边疆贫困县——绿春县和金平县 200 名农村教师的教学技术行为进行了调

---

① ［美］Germaine L. Taggart，Alfred P. Wilson：《提高教师反思力50策略》，赵丽译，中国轻工业出版社2008年版。
② 杨四耕：《略论反思性教学评价标准的建立》，《中国教育学刊》2001年第2期。
③ 宁晓洁：《浅析反思性教学评价标准》，《吉林省教育学院学报》2011年第1期。
④ 宋新芳：《对教师进行教育技术培训的调查分析》，《中国职业技术教育》2006年第33期。
⑤ 朱雪峰：《试论中小学教师教育技术态度与行为》，《电化教育研究》2007年第12期。

查。通过调查数据分析，他们得出教师教学手段相当传统和陈旧、教师教学演示使用现代教学技术少等因素影响了课堂教学效果。

相反，关于中小学教师技术素养和培训模式的研究则是海量的。关于教师现代教育技术素养，有学者认为大体由理论素养、技能素养、情意素养和美学素养4个基本要素组成①；还有人认为教师现代教育技术素养由知识素养、能力素养、情感素养、评价素养和创新素养等要素构成②。在众多研究的基础上，教育部于2004年12月正式颁布了《中小学教师教育技术能力标准（试行）》。

相较于现代教育技术较为发达的国家而言，早在2000年时美国国际教育技术协会（International Society for Technology in Education，ISTE）就已经制定了美国的教育技术标准——NETS（National Educational Technology Standards），与此同时还颁布了相关的教育技术绩效指标并出台了《面向教师的国家教育技术标准》。中国在这方面的研究并不逊色，并且发展势头非常迅猛，2014年以来，"智慧教育"已经成为一个很热的词汇，甚至有的学校将其作为学校办学的优先领域。

（三）文献述评

通过对教师行为相关文献的收集和整理，我们可以看到，中国学者对教师行为的研究内容已经比较丰富，研究领域逐步开阔，研究的视野也越来越广阔，研究方法也更科学更符合教育生活实际，这些理论的争鸣得出的丰硕成果给了教育实践领域很好的指导，同时我们也发现这些研究的一些不足之处，有待进一步完善。

第一，关于教师行为和教学行为的概念界定问题，学术界还没有一个清晰、统一的认识。

第二，在研究教学行为或教师行为时，我们过多地关注了教师教的行为却没有给学生学的行为以足够的重视。

第三，课堂教学行为研究的方法正逐步走向多元化，但是多数还停留

---

① 顾富民、孙勇震：《教师现代教育技术素养及其结构》，《南京晓庄学院学报》2001年第4期。

② 白利霞、李英姿：《教育现代化进程中教师应具备的现代教育技术素养》，《中共山西省委党校学报》2008年第2期。

在经验和现象上，原创性理论研究不足。

第四，有关教师组织、管理、课程行为的研究未能引起研究者的足够关注，这些行为直接影响着教师的职业信念、职业规划及对课程改革的支持度等教育改革的深度问题。

第五，通过文献内容综述发现，以往研究者或者是纯粹的理论研究（甚至有相当一部分论文的材料是反复转抄、引用其他文献资料），或者是研究仅停留在猜想或逻辑推理上，缺乏必要的实证基础。

第六，就是现有研究量化分析不足，大多研究只停留在认识表层，很少通过问卷调查、量表分析、指标建构等方法进行实证研究。

第二章

教师组织行为评价指标体系的建构[*]

一 研究架构

(一) 教师组织行为的理解

人是组织中的人，组织亦是以人为核心架构而成的一个有机系统，C. 巴纳德（C. I. Barnard）认为，组织不是集团，而是相互协作的关系，是人与人相互协作的系统，它是有意识地调整两个或更多人的行为和各种力量的系统。组织的存在要具有3个要素：共同的目标、协作的意愿和畅达的信息通道。具体到教育组织中的学校系统而言，欧文斯和斯坦霍夫认为，最能体现学校系统和学校内部结构特点的4个主要组织子系统为，人的子系统、结构子系统、技术子系统和任务子系统（图2-1）。其中在人的子系统中所关注的研究内容就是人的行为，在学校组织内的人的子系统中，身处学校组织中的每一个人都是这个系统中的一个研究对象，它包括教师、校长、行政人员等，我们这里重点要关注的就是这个人化系统中的教师行为。根据对教师组织行为框架性、概念性的理解，并由此构建出一套较为合理的教师组织行为评价指标体系，使得教师组织行为得以优化。

由于教师在实现学校组织目标过程中，其贡献最终是从他的组织行为中表现出来的。因此，在对学校组织中的教师这个因素进行行为考察时，不但需要他的角色特征，还要从组织内部功能的角度来研究教师行为这个因素。而从这个角度来看，人的系统中个人的价值观、信仰和知识与个人参与、组织形成的对待人的方式同样重要（如规章制度、申诉程序、人事

---

[*] 本章由张天雪、郭婷共同完成，郭婷，女，硕士，现就职于深圳市特维佳科技有限公司。

政策)①。

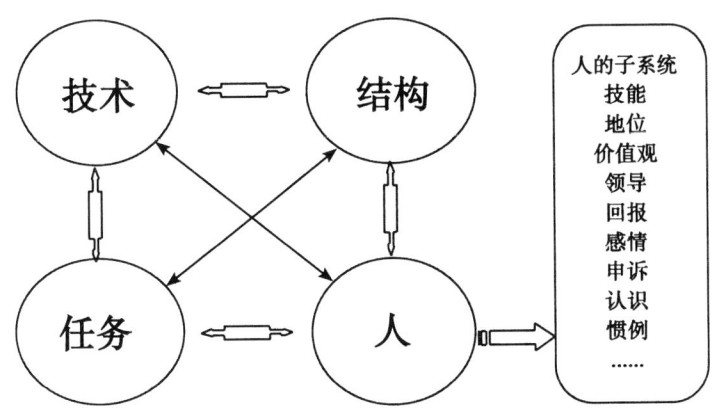

图 2-1 复杂组织中相互作用的子系统

基于以上的观点，我们首先探讨什么是教师组织行为。组织行为是指组织的个体、群体或组织本身从组织的角度出发，对内源性或外源性的刺激所做出的反应。学校作为一个社会组织，不同于一般的企业组织或政府组织，学校组织本身是个文化系统，如前所述，这个文化系统中的教师是个文化人，其通过人化（也就是参与组织建构）的过程而达到化人（学校组织存在的价值）的目的。教师的组织行为既与一般的组织行为有着密切的关联，也有着本质的区别。一般教育组织行为多数脱胎于组织行为研究，主要集中探讨教师组织中人的需要、动机、信念、组织关系、组织文化、组织冲突等，这固然是我们所回避不开的，但是其对于教师自身的职业特点及组织之间的特殊性揭示不明显。本书的理解是：在教育组织中教师基于自身角色，在与其他个体交往关系，以及对其所在的组织的认识，所产生的相应的行为表现为教师组织行为。从向度角度来看，即个体从认识自我开始，逐渐扩大到认识自己周边的其他个体，再到认识自身所处的、由这些周边个体所相互关联而形成的组织。具体到学校来说，首先是教师认识自我，认识自己作为一名教师所应该具备的性格倾向，教师的认知方式，教师的情感、态度、价值观，教师的入职动机和教师的素质能力是什么。其次是教师需要对学校组织中与自己有密切联系的几组工作对象的交往有所认识，这就包括教师与其所教授学生的交往、教师与同事的交

---

① 欧文斯：《教育组织行为学》，华东师范大学出版社 2004 年版，第 130—131 页。

往、教师与学校领导的交往和教师与学生家长的交往。在与这几组对象的交往过程中，教师对交往对象的认知情况就会直接影响到他们的交往行为。最后是对于身处在学校这个教育组织中的教师来说，教师对于学校组织结构的倾向性认识也会直接影响到教师的态度，从而导致教师产生相应的行为表现。

首先，本书以学校组织中教师认识事物的向度为出发点，以教师自身为圆心，将教师个体对自我的认知作为其组织行为的起点，包括教师对自身角色、情感、态度、价值观和职业技能等的认知行为；其次，在对自我有了一个较为全面的认识之后，教师再逐渐扩大自己的认知范围，开始认识自己周边的与自身发生交往的个体，如学生、同事、领导、学生家长等；最后，教师个体会将认识扩展到自身所处的、由这些个体相互关联而形成的学校组织，这时就会出现教师对学校组织结构、组织文化是否有归属感、满意感等问题。基于此，本书将教师组织行为划分为教师自我认知行为维度、教师人际交往行为维度和教师对组织行为表征维度。

（二）维度架构

1. 教师自我认知行为维度

这一维度主要是教师个体对于自身的认知，包括教师对于自我性格、态度、情感、价值观、认知方式，以及动机和素质能力等因素的了解行为，这是因为"教师的专业知识、教育观念、心理品质、工作动机、教学能力、心理健康状况等，都是对教学效果发生重要作用的因素"[1]。因此，了解教师，特别是高效能教师应该具备什么样的性格倾向、认知方式、动机目标、价值观等内容，会帮助教师优化自身的专业行为，更加快速而有效地成长为优秀教师，并且不断地提高教师的工作效能。

奥尔波特（G. Allport）认为，个性是"个体内部身心系统的动力组织，它决定了个体对环境的独特调节方式"[2]，即个体内部这些身心系统会决定教师的认识方式、情感、态度，以及价值观等方面的内容，最终影响着教师的组织行为。教育作为人之自我建构的实践活动，在这种活动中建构的不只是学生本身，也包括教育者本身，教师也是在教与学、学校参

---

[1] 唐松林：《教师行为研究》，湖南师范大学出版社2002年版，第7页。
[2] 罗宾斯：《组织行为学》，中国人民大学出版社2005年版，第104页。

与管理的场域中进行着自主的活动，完成着自我建构。所以，我们将教师的自我认知行为排在诸种组织行为的第一维度。

2. 教师人际交往行为维度

学校作为一个"人—人—人"的文化系统，既是人化的系统，也是化人的系统，人在学校组织是学校存在的本体价值。学校的主体是多元的，除了教师自身以外，还有学生、同事、学校领导，以及学生家长。这几组角色在同一个组织中，以各自不同的行为表现为组织目标的实现而贡献着各自的力量。因此，这几个角色在实现组织目标的过程中就不可避免地会产生交集。简单说来，就是教师需要与学校组织中与自己有密切联系的几组对象进行交往。从其交往频度上看，分别是教师与其所教授学生的交往、教师与同事的交往、教师与学校领导的交往，以及教师与学生家长的交往。在与这几组对象的交往过程中，教师对交往对象的认知情况就会直接影响到他们的交往行为，并且对教师的工作效能产生积极的或消极的影响。

3. 教师对组织行为表征维度

对于身处在学校这个教育组织中的教师来说，教师对于学校组织结构的倾向性认识也会直接影响到教师的态度，从而导致教师产生相应的行为表现。因此，在此维度上研究教师对于学校组织的认知倾向，其目的在于了解教师对于学校组织的结构与组织文化的满意程度。按赫茨伯格的双因素理论，教师对组织环境、监督类型、工作待遇与福利、工作安全、学校规章等的认可将维持教师的工作积极性，而教师对学校组织能够给予自身自我实现的空间、工作本身的成就感、自身的责任及组织对自己的认可等将激励教师的工作积极性，这些将产生维持行为和激励行为。

综上所述，教师在学校组织中3个维度的行为，构成了本章所要建构的教师组织行为指标体系的基本结构，同时也成为编制研究工具《教师组织行为评价指标体系》的主要理论支撑。

二 指标体系的建构

在研究架构的基础上，我们进行准量表的设计亦分别从教师自我认知行为、教师人际交往行为和教师对组织行为的表征3个方面的具体指标进行设计。

（一）教师自我认知行为

根据约翰·霍兰德的人格—工作适应性理论，认为个体的性格特点需要与其职业环境之间相匹配。因此，找到适合于教师的性格特点，以及相应的情感、态度、价值观、认知方式等，对于教师成长将提供一定的指导与帮助。

通过对1929年Charters和Waples《教师性格等第表》[①]中归纳的25项优良教师应该具有的性格特质，以及美国教育协会归纳的18项优秀教师的品质[②]（健康而有活力、智慧、好学、情绪成熟及平衡、爱儿童、同情、对教学发生兴趣和爱好、乐观和幽默感、友善态度、良好工作习惯、能与人合作、广泛的兴趣、容忍、明快、公正、良好的仪表和声音、讲解清晰的能力、人格以上品质的综合及其他），进行系统分析与选择之后，确定了教师自我认知行为的基本观测点。

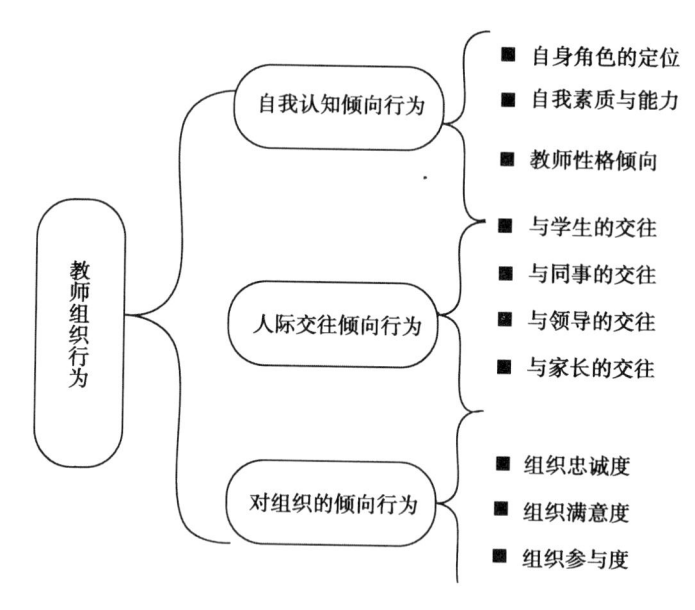

```
                            ■ 自身角色的定位
           自我认知倾向行为  ■ 自我素质与能力
                            ■ 教师性格倾向

                            ■ 与学生的交往
教师       人际交往倾向行为  ■ 与同事的交往
组织                        ■ 与领导的交往
行为                        ■ 与家长的交往

                            ■ 组织忠诚度
           对组织的倾向行为  ■ 组织满意度
                            ■ 组织参与度
```

图2-2 教师组织行为研究架构

---

① 郑燕祥：《教育的功能与效能》，广角镜出版社1986年版，第82页。
② 王连生：《教育概论》，五南图书出版公司1989年版，第275—276页。

表 2-1　　教师自我性格倾向性认知测试的基本观测点

观测点	观测内容	
1	教师应该具备的性格态度	乐观、随和、分享等
		稳定的情绪
2	教师应该具备的动机与价值观	对教育事业的执着与爱
		正确的教育信念、入职动机与价值观
3	教师的道德、素质与能力	正确的角色定位
		自信、有责任感
		良好的组织、学习、适应以及反思能力

（二）教师人际交往行为

由于在学校组织中的人的子系统中教师角色本身的多样性，因此就出现了教师与各种交往对象之间交往关系的存在。我们以教师为圆心，以其交往的频度与远近为测量轴距，分别设计了 4 个子维度——教师与所教授（管理）学生的交往、与同事的交往、与学校领导的交往、与学生家长的交往。在这 4 个维度的交往过程中，由于教师自身情感、态度、价值观和认知方式的不同，必然会对交往对象产生不同的认知，并且出现相应的行为表现。因此，本量表在子维度设计中，注重教师与 4 组对象在交往过程中，所表现出的情感态度与认知方式，并据此来设计观测点（表 2-2）。

表 2-2　　教师人际交往行为倾向性认知测试的基本观测点

观测点	观测内容	
1	与学生的交往	细心、关心、爱护、宽容
		尊重、理解、信任、公平
2	与同事的交往	关心、分享、宽容
		理解、平等、信任、互助
3	与领导的交往	服从、接受
		支持、信任
4	与学生家长的交往	沟通、交流
		理解、信任

（三）教师对组织本身的行为

这部分量表根据赫茨伯格双因素理论，对直接影响员工产生效率的激励因素和维持因素的相关内容进行了分解，并且将其作为这个维度下观测点设计的理论渊源。其中，激励因素包括成就、认可、工作本身的挑战、责任心、工资的提高、职务的提升、个人和事业的发展等，而维持因素则包括工作环境、监督类型、工资和额外福利、管理的态度和政策等。

表2-3　教师对组织的倾向性认知测试的基本观测点

观测点	观测内容	
1	教师对组织的忠诚度	对组织文化的认同（包括对组织的依赖、热爱、自豪、承诺等）
2	教师对组织的满意度	对学校组织结构（包括权利分配、功能工作设计等）
		对学校组织制度（包括工资福利制度、人事制度等）
		对学校组织文化（包括校园文化、人际关系等）
3	教师的组织参与度	参与组织建设
		参与组织决策

三　准量表的修订

本章用以收集数据资料的工具包括：第一部分《教师自我认知行为倾向测量表》，量表中包括1—8题；第二部分《教师人际交往行为测量表》，包括9—32题；第三部分《教师组织认同行为倾向测量表》，包括33—48题。3份量表均为自行编制。为了避免量表对受调查者产生结构性诱导，在作答时有主观倾向性，影响数据的准确性，因此在整体量表中对3部分题目进行了合并，形成统一的测量表，并且将题目顺序打乱，以便试测时可以进行结构效度的检测，排除信效度不高的指标，最终初步设计名为《教师组织行为评价指标采集量表》（测试中不具体显示3份子量表的名称，但是为了便于统计，在分析过程中仍然采用3份子量表名称）。我们对这3份量表采用随机取样方式进行了预测，然后通过统计分析和测试题目的筛选,最终确定了由 42 道题目组成的正式测量表。在这次预测中共发放测量表 250 份,回收 245 份,有效测量表 238 份。下面就准量表的形成过程进行说明。

(一) 教师自我认知行为子量表采集过程

《教师自我认知行为倾向测量表》为自编准量表,采用德尔菲法,经过与专家反复商榷和修改,确立了由 8 道题目组成的预测卷。使用 SPSS19.0 对数据资料进行分析处理之后,准量表的信度系数为 0.848,表明测试具有较高的可信性。接着对准量表进行了结构效度检测,KMO 及 Bartlett's Test 检验结果为:KMO 值为 0.854,$X^2 = 653.057$(P = 0.00),达到显著,因此这张准量表具备了进一步进行探索性因素分析的条件。

表 2-4　　　　教师自我认知行为倾向测量表信度检验结果

Reliability Statistics		
Cronbach's Alpha	Cronbach's Alpha Based on Standardized Items	N of Items
0.848	0.848	8

表 2-5　　　教师自我认知行为倾向测量表 KMO 及球形检验结果

KMO and Bartlett's Test		
Kaiser-Meyer-Olkin Measure of Sampling Adequacy.		0.854
Bartlett's Test of Sphericity	Approx. Chi-Square	653.057
	df	28
	Sig.	0.000

经过对预测卷进行探索性因素分析,旋转后原有的 8 个变量按照特征根从大到小的次序排列,其中前 3 个特征根累计可以解释总变异的 70.889%,说明这在 8 个变量中可以提出 3 个主成分。从碎石图中也可以明显看出,从第 3 个特征根之后,其余特征根的走势基本趋于平缓,这也说明本准量表析出 3 个主成分比较合适。

Scree Plot

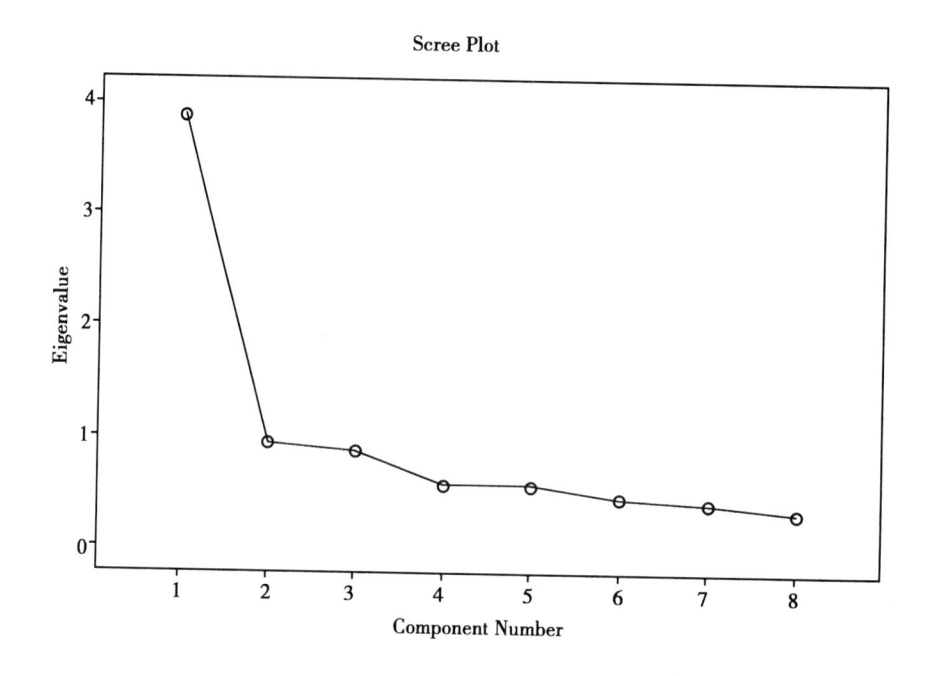

图 2-3　教师自我认知行为倾向碎石图

表 2-6　　　　　　　　　　因子分析贡献率

Component	Initial Eigenvalues			Extraction Sums of Squared Loadings			Rotation Sums of Squared Loadings		
	Total	% of Variance	Cumulative %	Total	% of Variance	Cumulative %	Total	% of Variance	Cumulative %
1	3.887	48.590	48.590	3.887	48.590	48.590	2.097	26.214	26.214
2	0.927	11.593	60.183	0.927	11.593	60.183	1.804	22.554	48.767
3	0.856	10.706	70.889	0.856	10.706	70.889	1.770	22.122	70.889

经过对主成分进行旋转后表明，载荷值大于 0.5 的 8 个原始变量在 3 个维度上形成了矩阵，并且每个矩阵中的因子载荷系数都大于 0.50。因此，从理论上说不需要对题目进行删减。但是，由于第 3 题明显与第一个维度所测试内容不相符合，故将第 3 题删去，并且将剩余题目应用于正式测试表中。

表 2-7　　　　　　　　　旋转后的成分矩阵

成分 1		成分 2		成分 3	
题号	最大附值	题号	最大附值	题号	最大附值
a3	0.678	a7	0.843	a1	0.846
a4	0.771	a8	0.785	a2	0.815
a5	0.535				
a6	0.769				

a. Rotation converged in 5 iterations.

经过对试测结果进行分析后,《教师自我认知行为倾向测量表》的题目分配情况如下:

表 2-8　教师自我认知行为倾向测量表正式测试卷题目分配表

内容	题数	题号
性格态度倾向	3	4　5　6
自身能力与素质	2	7　8
对教师角色的认知	2	1　2

子量表的每个指标都采用简短的话语来对教师自我认知行为做出描述,并且采用利克特 5 点式 (Likert-type) 量表作答,要求评判者根据测试要求在 1—5 分 5 个评分点上进行选择。

(二) 教师人际交往行为子量表采集过程

利用德尔菲法与专家反复商榷和修改,确立了由 24 道题目组成的预测量表。使用 SPSS19.0 统计软件对数据资料进行分析处理之后,准量表的信度系数 = 0.932,表明准量表具有较高的可信性。接着对准量表进行了结构效度检测,KMO 及 Bartlett's Test 检验结果为:KMO 值为 0.901,$X^2 = 2.827E3$ (df = 276),达到显著。一般认为 KMO 值越接近 1,说明此准量表的数据用来做因子分析的效果也越佳,因此,此结果具备了进行进一步探索性因素分析的条件。

表 2–9　教师人际交往行为倾向子量表信度检验结果

Reliability Statistics		
Cronbach's Alpha	Cronbach's Alpha Based on Standardized Items	N of Items
0.932	0.932	24

表 2–10　教师人际交往行为倾向子量表 KMO 及球形检验结果

KMO and Bartlett's Test		
Kaiser-Meyer-Olkin Measure of Sampling Adequacy.		0.901
Bartlett's Test of Sphericity	Approx. Chi-Square	2.827E3
	df	276
	Sig.	0.000

进行探索性因素分析之后，旋转后原有的 24 个变量按照特征根从大到小的次序排列，其中前 4 个特征根累计可以解释总变异的 57.725%，大于 50%，说明在 24 个变量中可以提出 3 个主要成分，并且通过 4 个主要成分可以很大程度上来了解此部分指标所要表明的意义。另外，从碎石图中也可以明显看出，24 个特征根成散点分布，并且从第 4 个特征根之后，其余特征根的走势基本趋于平缓，这就说明本量表析出 4 个主成分比较合理。

表 2–11　因子分析贡献率

Total Variance Explained									
Component	Initial Eigenvalues			Extraction Sums of Squared Loadings			Rotation Sums of Squared Loadings		
	Total	% of Variance	Cumulative %	Total	% of Variance	Cumulative %	Total	% of Variance	Cumulative %
1	9.489	39.539	39.539	9.489	39.539	39.539	4.744	19.768	19.768
2	1.780	7.418	46.957	1.780	7.418	46.957	4.121	17.171	36.939
3	1.486	6.194	53.151	1.486	6.194	53.151	2.733	11.386	48.325
4	1.099	4.577	57.728	1.099	4.577	57.728	2.257	9.404	57.728

经过对主成分进行旋转后的数据进行分析得出，载荷值大于 0.5 的 24 个原始变量在 4 个维度上形成了矩阵，并且每个矩阵中的因子载荷系数都大于 0.50。因此，从理论上说只需要将第 10、第 16、第 19、第 20 题删

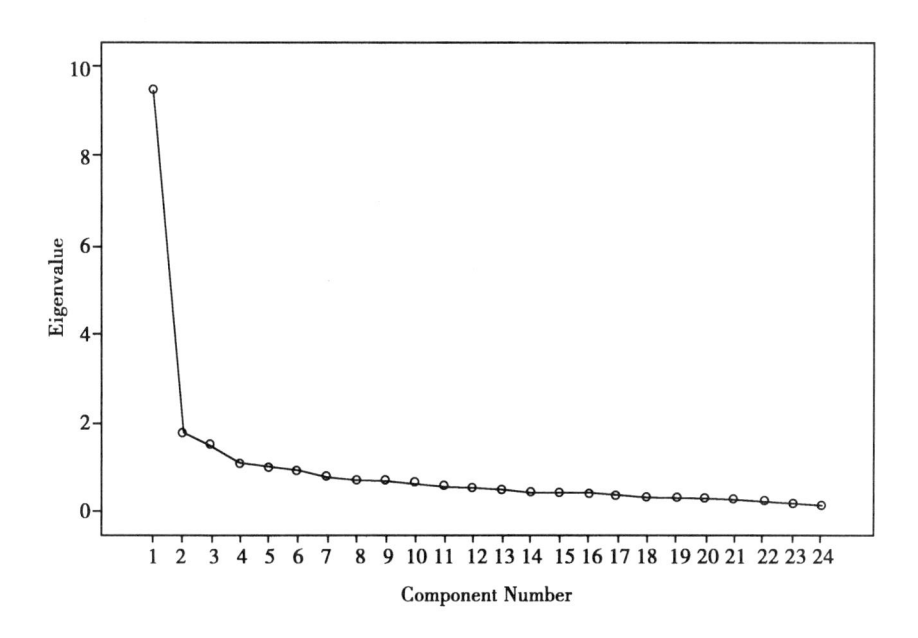

图 2-4　教师人际交往倾向行为碎石图

除即可，但是考虑到第 10 题在第三维度上的因子载荷系数为 0.495，极其接近于 0.5，遂此题予以保留。同时，由于第 9、第 31、第 32 题放在第一维度中与此维度所要测试的内容不相符合，因此予以删除。最终删除题目为第 9、第 16、第 19、第 20、第 31、第 32 题。据此，我们编制完成了《教师人际交往行为评价指标子量表》的构建工作，测试题目分配情况见表 2-12。

表 2-12　教师人际交往行为倾向测量表正式测试卷题目分配

内容	题数	题号
与同事的交往行为	4	15、17、18、21
与领导的交往行为	6	22、23、24、25、26、27
与学生的交往行为	5	10、11、12、13、14
与家长的交往行为	3	28、29、30

准量表的每个题目都采用简短的话语对教师自我认知倾向行为做出描

述,并且采用里克特式(Likert-type)5点量表作答,要求评判者根据测试要求在1—5分5个评分点上进行选择。

(三) 教师对组织的行为倾向子量表

《教师对组织的行为倾向子量表》(试测卷)共包含24道题目。通过使用SPSS19.0统计分析软件对数据资料进行分析处理之后,预测准量表的信度系数=0.885,表明准量表具有较高的可信性。接着对准量表进行了结构效度检测,KMO及Bartlett's Test检验结果为:KMO值为0.862,$X^2=1.633E3$(df=120),达到显著。因此,准量表适合进行进一步探索性因素分析。

表2-13 教师对组织的行为倾向测量表信度检验结果

\multicolumn{3}{c}{Reliability Statistics}		
Cronbach's Alpha	Cronbach's Alpha Based on Standardized Items	N of Items
0.885	0.887	16

表2-14 教师对组织的行为倾向测量表KMO及球形检验结果

KMO and Bartlett's Test		
Kaiser-Meyer-Olkin Measure of Sampling Adequacy.		0.862
Bartlett's Test of Sphericity	Approx. Chi-Square	1.633E3
	df	120
	Sig.	0.000

进行探索性因素分析之后,旋转后原有的16个变量按照特征根从大到小的次序排列,其中前3个特征根累计可以解释总变异的59.250%,超过了50%。说明本准量表可以从原有变量中提出3个主要成分,并且3个主要成分可以解释本准量表所要调查内容的59.250%。另外,从碎石图中也可以明显看出16个特征根成分的分布情况,从第3个特征根之后,其余特征根的走势基本趋于平缓,这就说明本准量表析出3个主成分比较合理。

表 2-15　　　　　　　　　因子分析贡献率

Total Variance Explained

Component	Initial Eigenvalues			Extraction Sums of Squared Loadings			Rotation Sums of Squared Loadings		
	Total	% of Variance	Cumulative %	Total	% of Variance	Cumulative %	Total	% of Variance	Cumulative %
1	5.986	37.415	37.415	5.986	37.415	37.415	3.185	19.906	19.906
2	1.965	12.284	49.699	1.965	12.284	49.699	3.160	19.748	39.654
3	1.528	9.551	59.250	1.528	9.551	59.250	3.135	19.596	59.250

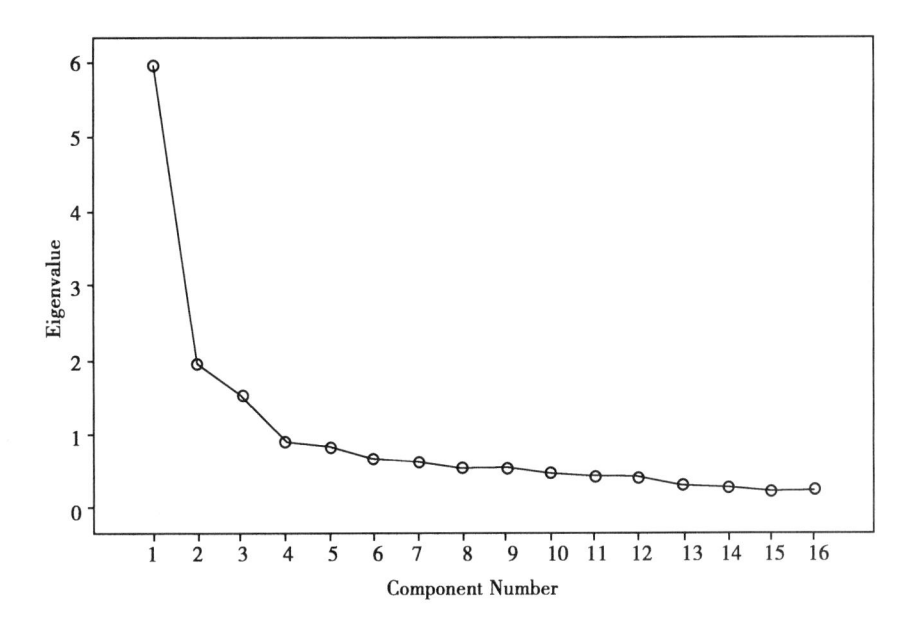

图 2-5　教师对组织的行为倾向碎石图

通过对析出的 3 个主成分进行旋转后得出的数据进行分析发现，16 个原始变量在 3 个维度上形成了矩阵，并且每个矩阵中的因子载荷系数都大于 0.50。因此，从理论上说不需要删除任何题目，但是考虑到第 43 题放在第三维度中与此维度所要测试的内容不相符合，故决定予以删除，其余题目保留至正式测试准量表中。据此，《教师对组织的行为评价指标子量表》正式测量表题目分配情况见表 2-16。

表 2-16　　教师对组织的行为倾向测量表正式测试卷题目分配表

主成分	内容	题数	题号
1	组织满意度	5	44、45、46、47、48
2	组织参与度	6	37、38、39、40、41、42
3	组织忠诚度	4	33、34、35、36

测量表的每个题目都采用简短的话语对教师自我认知倾向行为做出描述，并且采用里克特式（Likert-type）5 点量表作答，要求被试根据测试要求在 1—5 分 5 个评分点上进行选择。就整体而言，《教师组织行为评价指标体系》除去量表中的人口学变量外，共分为 3 大部分，包括《教师自我认知行为评价指标子量表》、《教师人际交往行为评价指标子量表》和《教师对组织的行为评价指标子量表》，总计 40 个题目。接下来，我们对这个指标体系进行检验和因子命名。

四　指标体系的检验与因子命名

在编制完成了《教师组织行为评价指标体系》后，我们又在中小学教师中进行了抽样，验证指标体系的实用性和各指标的权重系数。

（一）样本采集

在测量开始之前，我们首先建立了样本框，在样本框的基础上进行随机抽样，接下来发放测量表 500 份，回收 485 份，回收率为 97.0%。经过初步筛查，剔除其中的废卷 28 份，最终有效准量表为 457 份，有效率为 95.4%。

测试对象的人口学变量显示：此次被试人群中，男性 222 人，占总人数的 46.5%；女性 255 人，占总人数的 53.5%。从样本回收的地区显示，地处城区的教师共有 177 人，占 37.1%；地处集镇和农村地区的教师分别为 107 人和 192 人，两者合计占总人数的六成。这个取样结果基本上与中国现在的中小学教师人口分布状态相同。

（二）数据处理与分析

在 SPSS19.0 统计软件中对有效测试卷进行整理和数据录入之后，根据各部分研究设计,分别予以统计处理。在处理过程中主要做了以下 3 个方面的工作:信度检验、效度检验和主成分筛选。

1. 教师自我认知行为评价子量表检验

(1) 信度与效度。

使用 SPSS19.0 对数据资料进行分析处理,结果为量表的 Cronbach's Alpha 系数 = 0.831(> 0.80),表明量表具有较高的可信性。接着对准量表进行了效度检测,KMO 及 Bartlett's Test 检验结果显示:KMO = 0.837,达到显著;X^2 = 1.119E3 (df = 21),拒绝球形假设。因此,此量表具备了进行进一步因素分析的条件。

表 2 - 17　　教师自我认知行为评价指标子量表信度检验结果

Reliability Statistics		
Cronbach's Alpha	Cronbach's Alpha Based on Standardized Items	N of Items
0.831	0.832	7

表 2 - 18　　教师自我认知行为倾向子量表 KMO 及球形检验结果

KMO and Bartlett's Test		
Kaiser-Meyer-Olkin Measure of Sampling Adequacy.		0.837
Bartlett's Test of Sphericity	Approx. Chi-Square	1.119E3
	df	21
	Sig.	0.000

(2) 主成分筛选。

对数据采用方差最大化正交旋转(Varimax Rotation)之后,结果如表 2 - 19 和图 2 - 6。数据显示,旋转后原有变量按照贡献率和特征根从大到小的次序排列,其中前 3 个特征根累计贡献率达到 74.963%,表示前 3 个特征根可以解释总变异的七成以上,也说明在原有的 7 个变量中可以提出 3 个主要成分。

表 2-19　　　　　　　　　　　因子分析贡献率

Total Variance Explained

Component	Initial Eigenvalues			Extraction Sums of Squared Loadings			Rotation Sums of Squared Loadings		
	Total	% of Variance	Cumulative %	Total	% of Variance	Cumulative %	Total	% of Variance	Cumulative %
1	3.501	50.019	50.019	3.501	50.019	50.019	1.771	25.305	25.305
2	0.947	13.534	63.553	0.947	13.534	63.553	1.750	24.994	50.299
3	0.799	11.410	74.963	0.799	11.410	74.963	1.727	24.664	74.963

从碎石图中也可以明显看出，从第 3 个特征根之后，其余特征根的走势基本趋于平缓，这就说明本量表析出 3 个主成分比较合理。

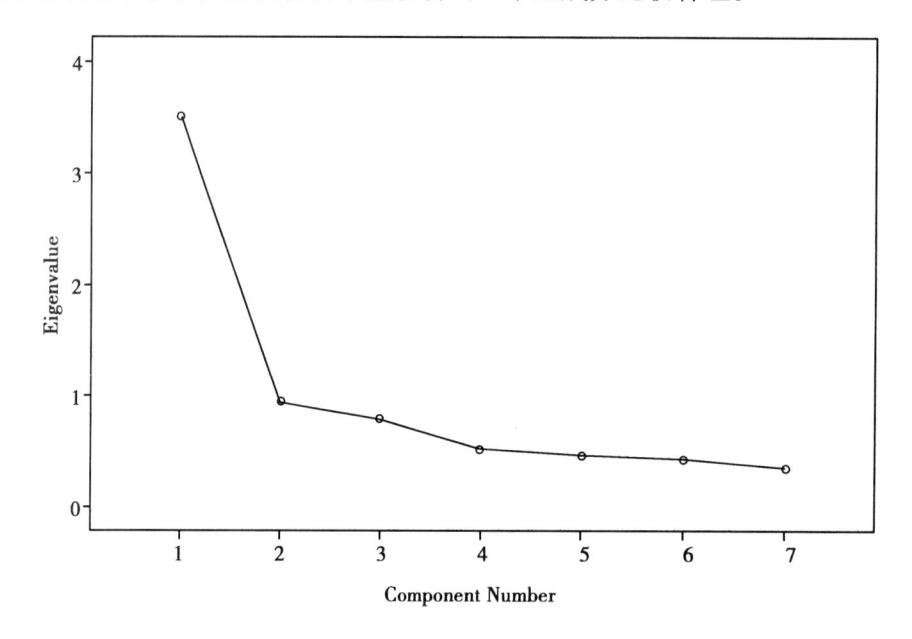

图 2-6　教师自我认知倾向行为准量表碎石图

通过方差最大化正交旋转对析出的 3 个主成分进行旋转后得出的数据进行分析发现，7 个初始因素形成了 3 列因素负荷矩阵，每个矩阵中的因素载荷系数都大于 0.50。

表2-20　　　　　　　旋转后的成分矩阵

成分1		成分2		成分3	
题号	最大附值	题号	最大附值	题号	最大附值
a3	0.884	a1	0.895	a6	0.850
a4	0.616	a2	0.808	a7	0.753
a5	0.678				

a. Rotation converged in 5 iterations.

（3）主成分命名。

根据因素负荷矩阵的3个主成分，可以得出每个主成分下所包含的量表指标，再结合这些指标，就可以为3个主成分和各个因素进行命名。

表2-21　　　　　　教师自我认知行为因子命名表

因子	因子名称	包含主要命名因子	方差贡献率（%）
1	教师性格倾向	3 有随和、分享、乐观的性格态度 4 有自信、责任感和良好的组织能力 5 有稳定的情绪，良好的适应能力	25.305
2	自身角色的定位	1 正确的教育信念、动机、价值观等 2 对教育事业的热爱与忠诚	24.994
3	自我素质与能力	6 不断地学习，并提升自己的能力 7 对自身素质和能力的强弱能够积极反思并改正	24.664

2. 教师人际交往行为评价子量表检验

（1）信度与效度。

进行信度、效度检验，Cronbach's Alpha 系数 = 0.916（>0.80），表明准量表具有较高的可信性。KMO 及 Bartlett's Test 检验结果显示：KMO = 0.920，X^2 = 3.902E3（df = 153），达到显著。可以进行进一步因素分析。

表2-22　　　　　教师人际交往行为子量表信度检验结果

Reliability Statistics		
Cronbach's Alpha	Cronbach's Alpha Based on Standardized Items	N of Items
0.916	0.915	18

表 2-23　　　　教师人际交往行为子量表 KMO 及球形检验结果

KMO and Bartlett's Test		
Kaiser-Meyer-Olkin Measure of Sampling Adequacy.		0.920
Bartlett's Test of Sphericity	Approx. Chi-Square	3.902E3
	df	153
	Sig.	0.000

（2）主成分筛选。

根据旋转后因子提取结果图表的数据显示，旋转后原有变量按照贡献率和特征根从大到小的次序排列，其中前 4 个特征根累计贡献率达到 62.680%，说明前 4 个特征根可以很大程度上用来解释此部分量表所要调查的内容。此外，碎石图也很明显地说明，从原有的 18 个变量中可以提出 4 个主要成分。

表 2-24　　　　　　　　因子分析贡献率

	Total Variance Explained								
Component	Initial Eigenvalues			Extraction Sums of Squared Loadings			Rotation Sums of Squared Loadings		
	Total	% of Variance	Cumulative %	Total	% of Variance	Cumulative %	Total	% of Variance	Cumulative %
1	7.436	41.309	41.309	7.436	41.309	41.309	3.292	18.286	18.286
2	1.762	9.789	51.099	1.762	9.789	51.099	3.129	17.382	35.668
3	1.168	6.490	57.589	1.168	6.490	57.589	2.831	15.726	51.394
4	0.916	5.091	62.680	0.916	5.091	62.680	2.032	11.286	62.680

通过方差最大化正交旋转对提取的 4 个主成分进行旋转后得出的数据进行分析发现，18 个初始因素形成了 4 列因素负荷矩阵，并且每个矩阵中的因素载荷系数都大于 0.50。

表 2-25　　　　　　　　旋转后的成分矩阵

成分 1		成分 2		成分 3		成分 4	
题号	最大附值	题号	最大附值	题号	最大附值	题号	最大附值
b18	0.602	b13	0.895	b8	0.613	b23	0.762
b19	0.751	b14	0.774	b9	0.683	b24	0.872

续表

成分1		成分2		成分3		成分4	
题号	最大附值	题号	最大附值	题号	最大附值	题号	最大附值
b20	0.745	b15	0.726	b10	0.742	b25	0.561
b21	0.777	b16	0.629	b11	0.632		
b22	0.712	b17	0.580	b12	0.610		

a. Rotation converged in 6 iterations.

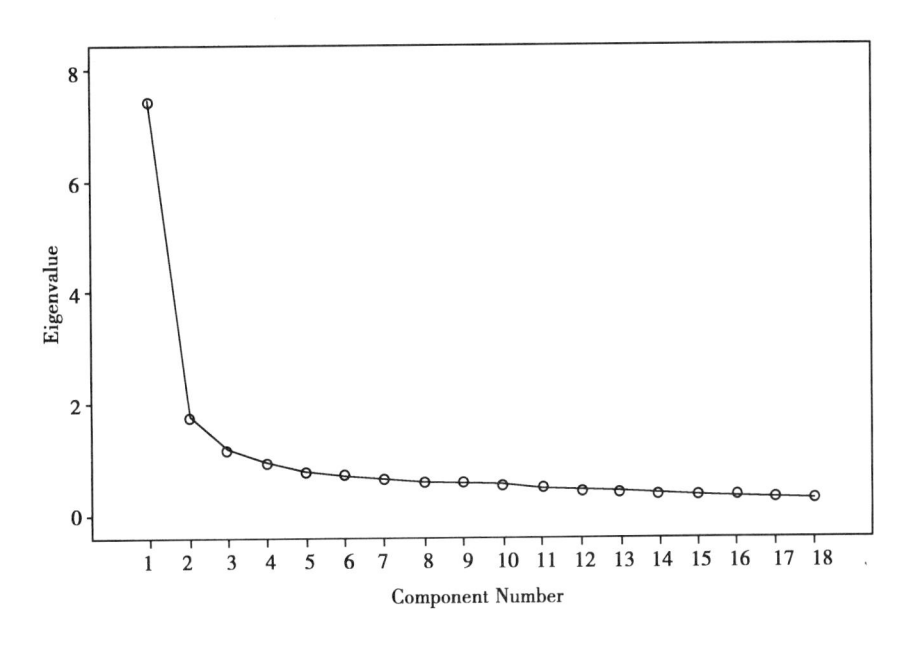

图 2-7 教师人际交往倾向行为准量表碎石图

在这次旋转分析中，第 17 题虽然被列入第一矩阵，但是由于第 17 题不能解释第一矩阵所要研究的内容，故在此将第 17 题删去，并且对剩余题目进行第二次主成分旋转。在第二次分析结果中，4 个特征根的累计贡献率比第一次略微提高，为 63.115%，并且通过方差最大化正交旋转对提取的 4 个主成分旋转后得出的数据进行分析发现，17 个初始因素形成了 4 列因素负荷矩阵，并且每个矩阵中的因素载荷系数都大于 0.50。

表 2-26　　　　　　　　　　因子分析贡献率

Total Variance Explained

Component	Initial Eigenvalues			Extraction Sums of Squared Loadings			Rotation Sums of Squared Loadings		
	Total	% of Variance	Cumulative %	Total	% of Variance	Cumulative %	Total	% of Variance	Cumulative %
1	6.981	41.062	41.062	6.981	41.062	41.062	3.115	18.326	18.326
2	1.686	9.919	50.981	1.686	9.919	50.981	2.819	16.583	34.909
3	1.166	6.857	57.838	1.166	6.857	57.838	2.764	16.261	51.170
4	0.897	5.277	63.115	0.897	5.277	63.115	2.031	11.945	63.115

表 2-27　　　　　　　　　　旋转后的成分矩阵

成分 1		成分 2		成分 3		成分 4	
题号	最大附值	题号	最大附值	题号	最大附值	题号	最大附值
b18	0.610	b13	0.670	b8	0.629	b23	0.765
b19	0.753	b14	0.794	b9	0.680	b24	0.873
b20	0.757	b15	0.730	b10	0.746	b25	0.567
b21	0.785	b16	0.633	b11	0.640		
b22	0.716			b12	0.589		

a. Rotation converged in 6 iterations.

(3) 主成分命名。

根据因素负荷矩阵的 4 个主成分，可以得出每个主成分下所包含的量表题目。再结合量表中相应的题目，就可以为 4 个主成分和各个因素进行命名。

表 2-28　　　　　　　　　　教师人际交往行为因子命名表

因子	因子名称	包含主要命名因子	方差贡献率（%）
1	与领导的交往	18 主动分担领导的工作 19 积极从领导处寻求帮助与指导 20 理解领导的工作与困难 21 接受领导的批评与建议 22 信任领导	18.326

因子	因子名称	包含主要命名因子	方差贡献率（%）
2	与同事的交往	13 不因小事斤斤计较，为人宽厚	16.583
		14 平等地与每位同事交往	
		15 关心同事，理解同事	
		16 对同事信任	
3	与学生的交往	8 关心学生，帮助学生全面发展	16.261
		9 创造相互尊重、理解的和谐气氛	
		10 对学生细致耐心，具有亲和力	
		11 了解学生的背景、特点和心理	
		12 信任学生	
4	与家长的交往	23 与家长沟通学生的学习、成长情况	11.945
		24 与家长相互交流、改进教育方法	
		25 教师和家长间的理解与信任	

3. 教师对组织的行为评价子量表检验

（1）信度与效度。

使用 SPSS19.0 统计软件对数据资料进行分析处理，结果为准量表的克朗巴哈系数 = 0.898（>0.80），表明准量表具有较高的可信性。接着对准量表进行了效度检测，KMO 及 Bartlett's Test 检验结果显示：KMO = 0.892，达到显著；$X^2 = 3.364E3$（df = 105），拒绝球形假设。因此，此准量表具备了进行进一步因素分析的条件。

表 2-29　　教师对组织的行为倾向子量表信度检验结果

Reliability Statistics		
Cronbach's Alpha	Cronbach's Alpha Based on Standardized Items	N of Items
0.898	0.899	15

表 2-30　　教师对组织的行为倾向子量表 KMO 及球形检验结果

KMO and Bartlett's Test		
Kaiser-Meyer-Olkin Measure of Sampling Adequacy.		0.892
Bartlett's Test of Sphericity	Approx. Chi-Square	3.364E3
	df	105
	Sig.	0.000

(2) 主成分筛选。

根据旋转后因子提取结果图表的数据显示，旋转后原有变量按照贡献率和特征根从大到小的次序排列，其中前3个特征根累计贡献率达到62.87%，表示通过前3个特征根可以从很大程度上来了解此部分量表所要调查的内容。碎石图诊断图也显示，从第4个特征根开始因素变化趋于平缓，这说明从原有的16个变量中提出3个主要成分是合理的。

表2–31　　　　　　　　　　因子分析贡献率

Component	Total Variance Explained								
	Initial Eigenvalues			Extraction Sums of Squared Loadings			Rotation Sums of Squared Loadings		
	Total	% of Variance	Cumulative %	Total	% of Variance	Cumulative %	Total	% of Variance	Cumulative %
1	6.256	41.706	41.706	6.256	41.706	41.706	3.311	22.077	22.077
2	1.892	12.613	54.320	1.892	12.613	54.320	3.191	21.277	43.353
3	1.283	8.551	62.870	1.283	8.551	62.870	2.928	19.517	62.870

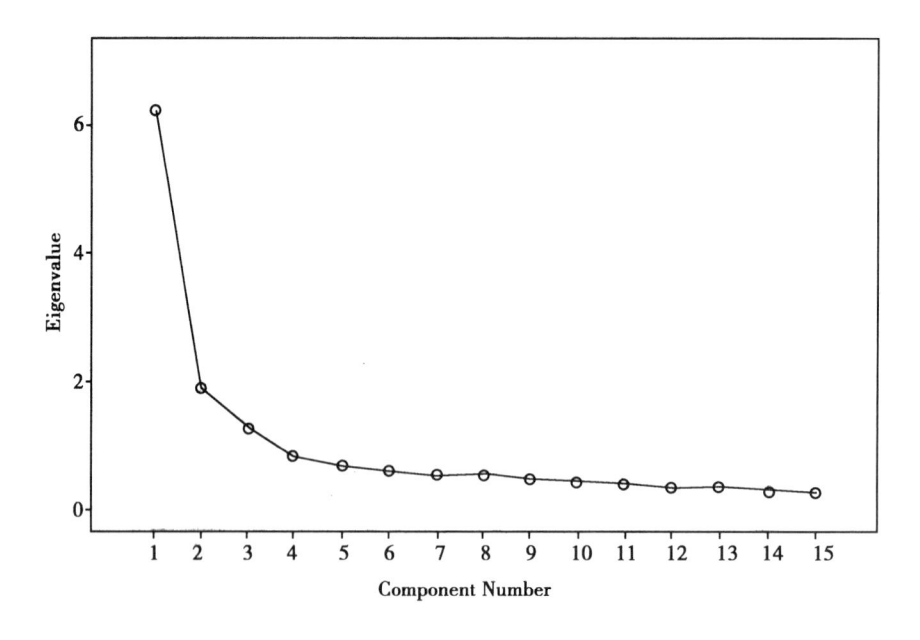

图2–8　教师对组织的倾向行为准量表碎石图

通过方差最大化正交旋转对提取的 3 个主成分进行旋转后得出的数据进行分析发现，15 个初始因素形成了 3 列因素负荷矩阵，并且每个矩阵中的因素载荷系数都大于 0.50，因此本矩阵的因素可以被分为 3 个主成分。

表 2-32　　　　　　　　　旋转后的成分矩阵

成分 1		成分 2		成分 3	
题号	最大附值	题号	最大附值	题号	最大附值
c30	0.721	c36	0.835	c26	0.780
c31	0.817	c37	0.811	c27	0.738
c32	0.742	c38	0.645	c28	0.817
c33	0.669	c39	0.680	c29	0.661
c34	0.623	c40	0.791		
c35	0.551				

a. Rotation converged in 5 iterations.

（3）主成分命名。

根据因素负荷矩阵的 3 个主成分，可以得出每个主成分下包含的准量表题目。再结合准量表中相应的题目，就可以为 3 个主成分和各个因素进行命名。

表 2-33　　　　　　　教师对组织的行为因子命名表

因子	因子名称	包含主要命名因子	方差贡献率（%）
1	组织参与度	30 参与课程计划和校本课程的开发 31 参与学校政策与发展规划的制订 32 对学校校园环境建设的参与能力 33 对学校发展改革情况的信心 34 对学校中各种矛盾冲突的容忍和化解能力 35 对学校所提供的职业发展空间的认可度	22.077

续表

因子	因子名称	包含主要命名因子	方差贡献率（%）
2	组织满意度	36 对学校薪酬福利制度的满意程度 37 对学校工作权限分配的满意程度 38 对学校人文环境的满意程度 39 对学校工作内容和工作流程设计的满意程度 40 对学校评价、晋职、激励等制度的满意程度	21.277
3	组织忠诚度	26 认同学校的发展与运营理念 27 对学校团队建设的认可度 28 为学校的发展与成就而自豪 29 对学校团队的认可度	19.517

通过上述检验与分析，我们将3个子量表的各主要成分都已经命名完成，以《教师自我认知行为子量表》为例，其共筛选出3个一级指标，分别为：教师性格倾向（方差贡献率25.305%）、自我角色认知倾向（方差贡献率24.994%）和自我素质与能力（方差贡献率24.664%），其余分量表指标的筛选同理。需要注意的是，本部分原有的3份子量表分别为教师组织行为评价的一级指标，因此3份子量表中筛选出的一级指标就顺应地成为二级指标，依次类推，最终的指标筛选结果如表2-34所示。

表2-34　　　教师组织行为评价指标体系构成表

一级指标	二级指标	三级指标	方差贡献率（%）
自我认知倾向	教师性格倾向	稳定的情绪，自信、随和、分享、乐观的性格态度 良好的责任感、组织能力与适应能力	25.305
	自身角色认知	正确的教育信念、动机、价值观等 对教育事业的热爱与忠诚 对自身角色的正确定位	24.994
	自我素质与能力	不断的学习与提高 积极反思与改正	24.664

续表

一级指标	二级指标	三级指标	方差贡献率（%）
人际交往倾向	与领导的交往	服从指示	18.326
		分担领导的工作	
		从领导处寻求帮助与指导	
		理解、信任领导	
	与同事的交往	与同事平等交往、融洽相处	16.583
		交流、分享知识技术和资源	
		关心、理解、信任同事	
	与家长的交往	沟通	16.261
		理解和信任	
	与学生的交往	关心和帮助	11.945
		尊重、理解和信任	
		耐心与亲和力	
对组织的倾向行为	组织满意度	薪酬福利制度	22.077
		工作权限分配	
		人文环境	
		工作内容和工作流程设计	
		评价、晋职、激励等制度	
	组织参与度	课程计划和校本课程的开发	21.277
		学校政策与发展规划的制订	
		学校校园环境建设	
		学校中各种矛盾冲突的化解	
	组织忠诚度	对学校的发展、运营和建设的认同	19.517
		对学校的热爱与依赖	

五　教师组织行为评价指标的权重分配

在此，我们主要应用数学方法对前述所筛选出的各项指标赋予一定的权重系数，目的在于使教师组织行为指标体系得以量化，使其更加简便、适合实际操作。首先，我们将介绍权重所使用的方法与步骤，以及最终的指标权重。

（一）指标体系权重确定的步骤

所谓指标的权重，是指某项指标在同层指标中或在指标体系中的重要程度。指标体系中各指标权重的集合就是权集。科学、客观地确定指标体系的权集对于提高评价结果的质量和充分发挥评价指标体系的导向作用具有积极的意义。而权重数的确定至关重要，若直接请专家给出各项指标的权值，结果可能会受到专家们的主观因素影响，从而将研究的科学性大大降低。因此，本部分为了弱化主观因素对于指标权值设定的影响，决定采用美国著名运筹学家托马斯·塞蒂（T. L. Saaty）提出的 AHP 层次分析法来确定指标权重。这是一种系统化、层次化、可定量分析的方法，通过小样本建立指标层次结构模型、构造成对比较矩阵、计算权向量、一致性检验等步骤能够有效地处理一些量化问题。运用层次分析法确定指标权重的步骤为：

1. 建立层次结构模型

在深入分析实际问题的基础上，将有关的各个因素按照不同属性自上而下地分解成若干层次，同一层的诸因素从属于上一层的因素或对上层因素有影响，同时又支配下一层的因素或受到下层因素的作用。最上层为目标层，通常只有一个因素，最下层通常为方案或对象层，中间可以有一个或几个层次，通常为准则或指标层。当准则过多时应进一步分解出子准则层。

2. 构造成对比较矩阵

从层次结构模型的第二层开始，对于从属于或影响上一层每个因素的同一层诸因素，用两两比较法和 1—9 标度构成比较矩阵，直到最后一层。其中引入 1—9 及其倒数作为标度，目的是为了使各因素之间进行两两比较得到量化的判断矩阵，表 2-35 列出了 1—9 标度的含义。

表 2-35　　　　　　　　　　1—9 标度表

判断尺度	定义
1	C_n 与 C_m 的影响相同
3	C_n 与 C_m 影响稍强
5	C_n 与 C_m 影响强
7	C_n 与 C_m 影响明显的强

续表

判断尺度	定义
9	Cn 与 Cm 影响绝对的强
2、4、6、8	Cn 与 Cm 的影响之比在上述两相邻等级之间
1, 1/2, 1/3, …, 1/9	Cn 与 Cm 的影响之比为上述 Cnm 的相反数

3. 计算权向量并做一致性检验

对于每一个成对比较矩阵计算最大特征根及对应特征向量，利用一致性指标、随机一致性指标和一致性比率做一致性检验。若检验通过，特征归一化后即为权向量；若一致性不通过，则需要重新构成成对比较矩阵。

4. 计算组合权向量并做组合一致性检验

计算最下层对目标的组合权向量，并根据公式做组合一致性检验，若检验通过，则可以按照组合权向量表示的结果进行决策，否则需要重新考虑模型或重新构造那些一致性比率较大的成对比较矩阵。

（二）指标体系权重的确定

1. 建立层次分析模型

教师组织行为评价模型为表 2-36 所示的 1 个三级指标体系，假如评估结果 H 为第一层次，则自我认知倾向（A）、人际交往倾向（B）、对组织的倾向行为（C）3 个一级指标为第二层次，各二级指标为第三层次，各三级指标直接隶属于其一级指标。

表 2-36　　　　　　　　教师组织行为评价指标模型

一级指标	二级指标	三级指标
自我认知倾向（A）	教师性格倾向（A1）	稳定的情绪，自信、随和、分享、乐观的性格态度（A11）
		良好的责任感、组织能力与适应能力（A12）
	自身角色认知（A2）	正确的教育信念、动机、价值观等（A21）
		对教育事业的热爱与忠诚（A22）
		对自身角色的正确定位（A23）
	自我素质与能力（A3）	不断的学习与提高（A31）
		积极反思与改正（A32）

续表

一级指标	二级指标	三级指标
人际交往倾向（B）	与领导的交往（B1）	服从指示（B11）
		分担领导的工作（B12）
		从领导处寻求帮助与指导（B13）
		理解、信任领导（B14）
	与同事的交往（B2）	与同事平等交往、融洽相处（B21）
		交流、分享知识技术和资源（B22）
		关心、理解、信任同事（B23）
	与家长的交往（B3）	沟通（B31）
		理解和信任（B32）
	与学生的交往（B4）	关心和帮助（B41）
		尊重、理解和信任（B42）
		耐心与亲和力（B43）
对组织的倾向行为（C）	组织满意度（C1）	薪酬福利制度（C11）
		工作权限分配（C12）
		人文环境（C13）
		工作内容和工作流程设计（C14）
		评价、晋职、激励等制度（C15）
	组织参与度（C2）	课程计划和校本课程的开发（C21）
		学校政策与发展规划的制订（C22）
		学校校园环境建设（C23）
		学校中各种矛盾冲突的化解（C24）
	组织忠诚度（C3）	对学校的发展、运营和建设的认同（C31）
		对学校的热爱与依赖（C32）

2. 构造判断矩阵

根据 AHP 层级分析法中的 1—9 标度法对不同评价指标进行两两比较，即："1"表示两个指标重要性相等；"3"表示一个指标的重要性稍微高于另外一个；"5"表示一个指标的重要性明显高于另外一个；"7"表示一个指标的重要性强烈高于另外一个；"9"表示一个指标的重要性极端高于另外一个；"2、4、6、8"表示上述两相邻判断的中值；数值的倒数表示两个因素交换次序比较的重要性。比较判断矩阵采用德尔菲法给出，并且广泛征求了专家和相关人员的意见。对于教师组织行为评价的一级指标，构造的判断矩阵如表 2-37 所示。

表 2-37　　　　　　教师组织行为评价模型矩阵

H	A	B	C	权重（W_H）	一致性检验
A	1	3	1/2	0.212	$\lambda\max = 4.071$
B	2	1	1/3	0.358	CI = 0.024
C	1/2	1/2	1	0.253	RI = 1.03
					CR = 0.023 < 0.1

3. 进行一致性检验

由于构造的判断矩阵中各指标之间不一定满足传递性，即不一定满足一致性矩阵的要求，必须进行一致性检验。常用的检验指标为一致性指标（CI）、随机一致性指标（RI）和一致性比率（CR），其中 CI =（$\lambda\max$ - n）/（n - 1），可以由计算机软件算出；RI 可以由经验统计性数值给出，如表 2-37 所示。这样，如果计算得到的 CR = CI/RI < 0.1，则认为通过了一致性检验。从表 2-37 得到的数据来看，其最大特征根 $\lambda\max$ = 4.071，CI =（$\lambda\max$ - 3）/（3 - 1）= 0.024，CR = CI/RI = 0.024/1.03 = 0.023 < 0.1，表明该矩阵有较满意的一致性。

4. 计算指标权向量

根据层次分析法的原理，取对应于特征根的、归一化后的特征向量就是权向量，代表各因素指标对上一层次因素的权重。对教师组织行为评价而言，就可以计算得出各一级指标的权重分配，如表 2-38 所示。

表 2-38　　　　　　教师组织行为评价指标体系权重分配表

一级指标	权重	二级指标	权重	三级指标	权重
自我认知倾向（A）	0.212	教师性格倾向（A1）	0.112	稳定的情绪，自信、随和、分享、乐观的性格态度（A11）	0.073
				良好的责任感、组织能力与适应能力（A12）	0.039
		自身角色认知（A2）	0.090	正确的教育信念、动机、价值观等（A21）	0.018
				对教育事业的热爱与忠诚（A22）	0.027
				对自身角色的正确定位（A23）	0.073
		自我素质与能力（A3）	0.044	不断的学习与提高（A31）	0.009
				积极反思与改正（A32）	0.026

续表

一级指标	权重	二级指标	权重	三级指标	权重
人际交往倾向（B）	0.358	与领导的交往（B1）	0.090	服从指示（B11）	0.021
				分担领导的工作（B12）	0.034
				从领导处寻求帮助与指导（B13）	0.022
				理解、信任领导（B14）	0.031
		与同事的交往（B2）	0.102	与同事平等交往、融洽相处（B21）	0.041
				交流、分享知识技术和资源（B22）	0.037
				关心、理解、信任同事（B23）	0.024
		与家长的交往（B3）	0.051	沟通（B31）	0.027
				理解和信任（B32）	0.024
		与学生的交往（B4）	0.141	关心和帮助（B41）	0.042
				尊重、理解和信任（B42）	0.061
				耐心与亲和力（B43）	0.038
对组织的倾向行为（C）	0.253	组织满意度（C1）	0.103	薪酬福利制度（C11）	0.044
				工作权限分配（C12）	0.021
				人文环境（C13）	0.009
				工作内容和工作流程设计（C14）	0.023
				评价、晋职、激励等制度（C15）	0.019
		组织参与度（C2）	0.075	课程计划和校本课程的开发（C21）	0.018
				学校政策与发展规划的制订（C22）	0.029
				学校校园环境建设（C23）	0.020
				学校中各种矛盾冲突的化解（C24）	0.011
		组织忠诚度（C3）	0.053	对学校的发展、运营和建设的认同（C31）	0.032
				对学校的热爱与依赖（C32）	0.021

同样的道理和步骤，可以计算出教师组织行为评价二级与三级指标的权重分配。由此，教师组织行为评价的各指标的权重分配也就产生了表2-37。

5. 教师组织行为评价量表

以下是我们呈现的完整的《教师组织行为评价量表》及评测方法。

> 使用者：中小学教师、中小学教育管理人员、教育督导人员、教师教育研究人员。
>
> 使用方法：请将下列观测点所列行为与测查对象（或自身）行为进行比对，然后在相应的栏内打"√"，吻合度越高，分值也越高。
>
> 1＝非常不吻合　2＝不太吻合　3＝无法判断　4＝基本吻合
> 5＝完全吻合

一级指标	二级指标	观测点	1	2	3	4	5
教师自我认知行为	自身角色的定位	正确的教育信念、动机、价值观等					
		对教育事业的热爱与忠诚					
	教师性格倾向	有随和、分享、乐观的性格态度					
		有自信、责任感和良好的组织能力					
		有稳定的情绪，良好的适应能力					
	自我素质与能力	不断的学习，并且提升自己的能力					
		对自身素质和能力的强弱能积极反思并改正					
教师人际交往倾向行为	与学生的交往	关心学生，帮助学生全面发展					
		创造相互尊重、理解的和谐气氛					
		对学生细致耐心，具有亲和力					
		了解学生的背景、特点和心理					
		信任学生					
	与同事的交往	不因小事斤斤计较，为人宽厚					
		平等地与每位同事交往					
		关心同事，理解同事					
		对同事信任					
	与领导的交往	主动分担领导的工作					
		积极从领导处寻求帮助与指导					
		理解领导的工作与困难					
		接受领导的批评与建议					
		信任领导					
	与家长的交往	与家长沟通学生的学习、成长情况					
		与家长相互交流、改进教育方法					
		教师和家长间的理解与信任					

续表

一级指标	二级指标	观测点	1	2	3	4	5
教师对组织的行为评价	组织忠诚度	热爱学校，愿意为学校做出贡献					
		认同学校的发展与运营理念					
		为学校的发展与成就而自豪					
		对学校团队建设的认可度					
	组织参与度	参与课程计划和校本课程的开发					
		参与学校政策与发展规划的制订					
		对学校校园环境建设的参与能力					
		对学校发展改革情况的信心					
		对学校中各种矛盾冲突的容忍和化解能力					
		对学校提供的职业发展空间的认可度					
	组织满意度	对学校薪酬福利制度的满意程度					
		对学校工作权限分配的满意程度					
		对学校人文环境的满意程度					
		对学校工作内容和工作流程设计的满意程度					
		对学校评价、晋职、激励等制度的满意程度					

第三章

教师管理行为指标体系的建构[*]

一 研究架构

教师管理行为作为教师行为体系的重要范畴，是本章研究的重点。所有的管理活动都在组织中进行，有组织就有管理。学校作为一个社会组织，学校管理、学校领导、学校经营、学校治理等都属于广义的学校管理领域。教师既是学校管理的对象，又是学校管理的主体。作为组织管理主体的教师，其管理行为是其他行为有效进行的保证，概括来看，教师管理行为的重要性体现在以下3个方面。

第一，教师的管理行为保证教师的所有相关行为都能够按照学校组织的要求及其自身发展需要的方向进行，没有管理行为的调控作用，其他行为有可能偏离学校组织目标的要求或不适应教师专业发展的需要。

第二，通过教师的管理行为，还能够协调教师的组织行为、课程行为、教学行为和现代教育技术行为之间的关系，使它们之间能够有机地结合起来，更有效地实现学校组织目标和促进教师个人的发展。

第三，管理的本质就是资源的分配与利用，而管理资源有6个，即人、财、物、时间、空间和信息。学校组织中教师的管理行为也必然或多或少地涉及人、财、物、时、空、信息资源，怎样才能充分发挥这些资源要素的最大潜能，使人尽其才、物尽其用，如何能更有效地利用这些资源来促进学校组织目标实现，促进教师的专业发展，这都要求教师的管理行为来对这些资源进行最佳组合。本章内容从管理学的理论出发，分析教师

---

* 本章由张天雪和王慧共同完成。王慧，女，硕士，河北艺术职业学院助教，研究方向为教师管理。

管理行为所包含的具体内容，搭建一个教师管理行为指标体系框架，以让学校管理者和教师对教师管理行为有一个清晰和理性的认识。

（一）教师管理行为的理解

本章试图建构一个教师管理行为评价的指标体系，这就需要对教师管理行为体系有一个全面的认识，对其内涵和分类做出假设。我们可以从不同的角度对教师管理行为进行分类，本书的理论假设主要是从管理行为的一般分类及教师对不同学校资源要素的掌控这两个角度来分。从管理行为的一般分类来划分教师的管理行为，主要可以划分为教师的业务管理行为（包括教师的教学管理行为、课堂管理行为、班级管理行为、德育管理行为等）和教师的辅助业务管理行为（教师的自我管理行为、人际管理行为、参与管理行为等）两大类。而从管理资源角度划分是本章的逻辑起点，也是逻辑架构的主体依据即管理对象可以分为人、财、物、时间、空间、信息等资源要素，据此将教师的管理行为初步分为教师对人的管理、对物的管理、对时间的管理、对空间的管理、对信息的管理5个构面，鉴于教师的实际工作中涉及对财的管理较少，在本章中不作为主要的考量内容。在这5个构面确定的基础上，进一步延伸对每个构面下的二级指标分类做出假设。下面对这5大构面的理论来源、内涵和分类依据做出具体解读，并且用图3-1展示了本章选取的教师管理行为体系5大构面结构图及二级指标的理论假设内容。

1. 教师对人的管理

教师对人的管理是教师最主要的管理行为，也是含义最丰富的管理行为，体现的是教师在学校教育过程中形成的与其直接相关的各类人群的关系，通过对这些关系的管理，教师可以实现自身的专业发展、促进学生的个性化的发展及与领导、同事、学生家长的和谐相处和密切合作。在这个维度，我们将其再次细分为教师对自我的管理、对学生的管理、与同事的合作、与领导的沟通、与家长的交流。这完全是依据教师在日常管理中所涉及的人物身份进行划分的，也基本上比较全面地覆盖了教师对人的管理的范围。这里我们重点从管理的角度来谈，与前述教师组织行为中涉及的对自我、对学生、对同事等有着不同的内涵。

美国心理学家林格伦曾经指出："一个教师在教室里所要做的第一件

事就是了解他自己。"① 但是，正确地了解自己比了解他人更难。正因为如此，我们经常可以听到有的教师抱怨学生如何不思进取，却没有意识到自己的引导与鼓励是多么缺乏魅力与效果；有的教师总在强调学生有多少的问题行为，却没有想到自己的管理手段是多么的单一和贫乏。更有甚者，把自己的偏激认识当作"独出心裁"，把自己违反教育、教学规律的举动误认为"创新"。因此，身为人师者很有必要下功夫准确地了解自己，进行有效的自我管理。自我管理能力强的教师不仅能够高绩效地完成工作，而且能够以自身的楷模作用带动和指导学生进行自我管理；而自我管理能力弱的教师在教学工作中大多缺乏计划性，比较盲目随意，不能够很好地完成教学任务②。鉴于教师的自我管理如此重要，教师对人的管理首先就应当是对自我的管理，自我管理的具体内容又包括：对职业生涯的规划管理、专业发展、日常教学工作的优化等方面。

在管理过程中，对于学校和学生，教师具有双重身份，站在学校的角度看，教师是被管理的对象；站在学生的角度看，教师又是管理者。作为管理者角色的教师，其最主要的管理对象就是学生，对学生的管理贯穿于其教学管理、课堂管理、班级管理的过程中，体现在对学生知、情、意、行4方面进行有效的指导和管理，达到促进学生全面且有个性地健康发展的目的。教师对学生的管理既涉及教师对学生学习行为的指导、学业成就的评价，又涉及对学生问题行为的处理、对学生品行修养的养成、健全人格的塑造，总之要在和谐、平等、民主的新型师生关系氛围中对学生进行管理，因此评价教师对学生的管理也可以作为一个二级指标。

教师作为学校组织中的一员，必然要与组织中的其他成员产生关系，这种关系是否为良性互动直接影响到教师在组织中的地位和作用的发挥，所以教师也要对与同事的关系进行管理，尽量和同事保持良好的合作关系。虽然在学校组织中，站在学校的角度，教师是被管理的对象，但是教师也可以主动地去经营管理和学校领导的关系，通过与领导进行有效地沟通、参与领导决策等方式在某种程度上实现其对领导的管理。无论是国内还是国外都越来越强调教师与家长的合作关系，通过与家长的及时有效的交流与合作可以促进学生的全面发展，所以教师对人的管理也应该包括对

---

① 林格伦：《课堂教育心理学》，云南人民出版社1983年版，第659页。
② 孙美龙：《教师自我管理的方法》，《中国教育学刊》2006年第4期。

与家长的合作关系的管理。

2. 教师对物的管理

教师对物的管理主要是指教师在教学工作中所涉及的物质资源的管理，包括各种教学用具（如黑板、实验器材等）、教学辅助设备（如计算机、幻灯机、录音机、摄像机等）、学校里的各类设施等。首先，教师应该学会熟练使用这些设备设施，这是基本的技术操作。其次，教师能够在教学过程中适当地使用这些设备设施，而不是依赖性地使用。有些教师认为，越多地使用教学多媒体设备越有利于教学，其实这是对直观教学的曲解，直观教学最大的直观应该是教师的语言，包括教师的口头语言与肢体语言，多媒体及其他教具至多是一种辅助手段。教师在工作中，既不应该一味追求多媒体教学，也不应该对多媒体教学嗤之以鼻，而是应该把传统教学手段与现代教学手段结合使用，以切实提高课堂教学质量。物质资源除了传统的和现代的教学设备，还应该包括学校里的各类其他能为教学所用的资源设施，教师都应该具备管理利用的意识和能力。在教师的日常管理工作中，教师是否合理充分的利用了教具、教学设备和学校里的其他设施来支持自己的教学活动及学生的学习活动，也直接体现了一个教师管理素养的高低，尤其是在科技高速发展的时代，现代化的教学设备更新很快，教师能否快速地掌握多媒体设备的用法和高效地利用它们，都会影响到教师的工作绩效。

除了各种看得见、摸得着的设施、设备、器材需要教师管理利用，教师在学校的物质文化建设中也发挥着不可或缺的作用。学校的物质文化作为学校文化中的一个有机组成部分，是学校文化的外壳，奠定着学校文化存在和发展的物质基础，同时它又是学校文化"内核"——精神文化的载体，是学校内人的对象化活动的结果。具体而言，学校物质文化主要是通过学校物理环境，如建筑、绿化、雕像（塑）等的创设来体现和发挥它育人的功效的[1]，教师可以通过积极参与学校的物质文化建设、对学校物质文化的影响、管理，来促进学校物质环境的育人功效的实现。

3. 教师对时间的管理

作为企业经营者，时间就是金钱；作为教育工作者，时间就是生命。因为教育是不可逆的活动，把大量的时间放在毫无意义的琐事上，不但浪

---

[1] 姜永杰：《论学校物质文化》，《南京邮电学院学报》2001年第4期。

费自己的职业生命，产生职业倦怠，更是浪费学生的生命，把学生美好的童年时光变得苍白无力。在管理学领域，时间管理的含义并非意味着去管理时间，而是在面对时间流动的过程中如何进行自我管理。教师对时间的管理是指教师为提高其时间利用率和有效性，应用科学的原则和一定的策略，对其自身时间的耗用进行有效的管理，能够科学、合理地支配时间；加强自我管理，努力成为时间的主人，从而达到提高管理效能的目的。我们认为时间管理的要义在于目标、计划与方法3点：就是凡事要有个目标，给目标一个明确清晰的计划，而在完成计划时要有技巧。我们经常看到有的教师每天忙得跟陀螺一样，工作下来，精疲力竭，但多数情况下都是在做着同样的劳动，如西西夫斯一样的苦役。但是，有的名师则能基于反思，而不断获得工作的价值与意义，能够有效地把控时间，不但教有所获，并且能够教有所成。

从行为范畴来看，教师的时间管理能力主要包括对时间的规划能力、对时间的调控能力和对时间的评估能力，是个体的工作方式和习惯的体现。教师的时间规划能力是指教师明确发展目标、制订相应的工作计划、分轻重缓急安排工作任务、合理分配自己时间的能力。教师的时间监控能力是指克制不良习惯、拒绝干扰、严格自律地利用和运筹时间的能力。教师的时间评估能力是指教师对自己运用和运筹时间行为分析、反思、评价的能力[1]。据此，在本章我们将教师对时间的管理细分为对时间的规划行为、对时间的调控行为和对时间的评估行为。

4. 教师对空间的管理

教师的一切行为，包括教学行为、管理行为、人际交往行为都是发生在特定的空间场域，是否能有效地利用好这些空间也体现了教师管理素养的高低。一般来说，对空间的主动管理是教师容易忽略的部分，而通过对空间的高效管理所能产生的对学生发展、教师工作绩效的促进效果又是不容质疑的，所以对教师的管理行为进行全面的评价绝对有必要强调教师对空间管理的部分。

一方面，教师对人的管理、对物的管理都是发生在这些空间里，空间对教师的行为起到了一定的限制作用；另一方面，教师也可以发挥主观能

---

[1] 杨雪梅：《北京市小学教师时间管理能力的调查与思考》，《北京教育学院学报》2007年第3期。

动性,有意识地根据教学和管理需要去改造空间,实现对空间的高效利用和管理。笔者曾经去过一所学校,这所学校的每间专用教室都实行"预算控制下的任课教师负责制",当你走进历史教室时,仿佛走进了历史的时空;当你走进地理教室时,仿佛走进了山河宇宙;当你走进科学教室时,仿佛畅游在科学的海洋中。我们的学校建筑长期以来都是排列式的,正正方方,规规矩矩的。其实从教育的角度来讲,这样的学校建筑要逐步用多元、不规则、个性的空间布局来替代,让每一面墙都有文化,让每一间教室都充盈着个性化的阳光。但是,现实毕竟不可能一步逾越,在当下军营式的学校环境中,教师的空间管理主要集中在空间拓展和空间文化布置上。因此,在本章中我们将教师对空间的管理假设为对校内空间的管理和对校外空间的管理两部分。从这两个方面搜集资料和设计指标变量,认为教师对校内空间的管理主要涉及:教室的布置、课桌椅的摆放、教研室空间的有效利用、校园空间场地的开发利用等;对校外空间的管理主要指教师对能与学生产生联系的社区空间,如博物馆、敬老院的管理利用,通过引导学生深入这些空间中,达到对其进行教育的目的,促进其知识、道德、修养的全面发展和提升。

5. 教师对信息的管理

在信息社会,信息素养的高低是一个人能力的重要体现,教师的信息素养指教师在教育教学中,有意识、批判性地收集和处理信息,高效、负责地应用信息,创造性地利用信息进行教育和教学活动的能力[①]。就中小学教师而言,教师的信息素养应该包括以下两个层面的内涵:一是在意识、态度层面上的内容,即对信息、信息社会、教育信息化的认识和态度,这是信息社会的每一个教育工作者必须具备的素养;二是信息能力,即实际操作层面的素养,是教师对各种信息技术的理解和活用的能力,即对信息的获取、理解、分析、加工、处理、创造、传递的理解和活用能力,这是信息素养的重要内容[②]。

教师作为传道授业解惑者,首先必须对各种信息有清楚的把握,才能

---

① 郑朝晖:《中学教师信息素养现状及培训策略研究——以石家庄市中学教师为调查对象》,《河北师范大学教育硕士学位论文》2007年第11期。

② 刘志成:《中小学教师信息素养培养的研究》,《辽宁师范大学教育硕士研究生学位论文》2007年第9期。

解学生所惑。面对浩如烟海的庞杂的信息，教师如何才能取其精华、去其糟粕，这就需要教师具备一定的信息素养，对信息进行有效管理。在本章，我们把教师所接触到的、可利用的信息按其重要性和运用频率分为：与教学直接相关的信息、政策及法规类的信息和其他拓展性的信息资源。教师对信息的管理主要就是对这3种信息的获取、理解、分析、加工、处理、创造、传递的理解和运用的行为。

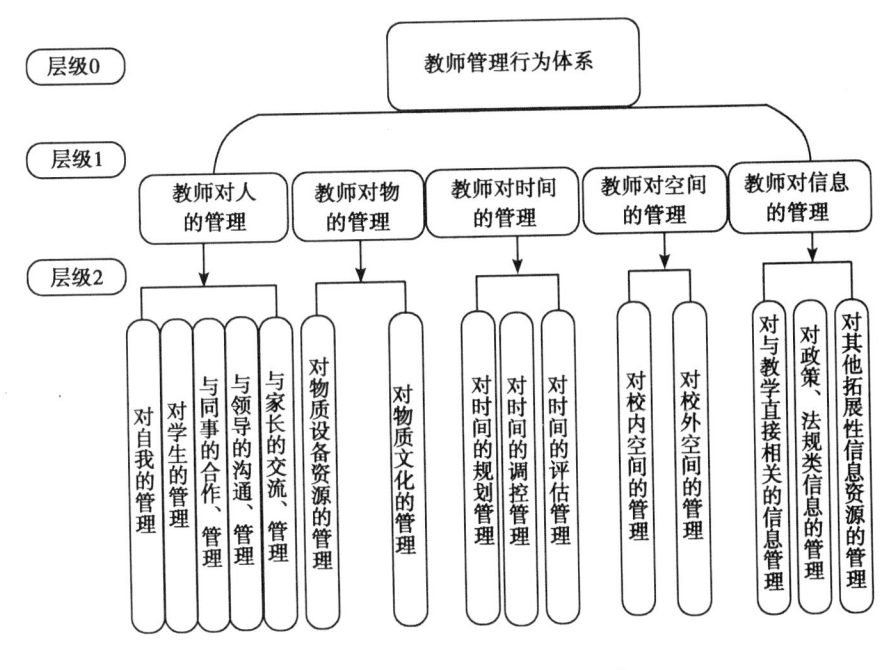

图 3-1 教师管理行为体系结构

（二）研究工具

鉴于测量法在指标建构过程中广泛搜集各方意见上有独特的优势，并且在教师管理行为评价指标体系建构过程的重要环节——指标的收集、筛选与指标权重的确定中主要综合运用自编的准量表进行变量采集，因此本章的研究工具包括两个方面：教师管理行为评价准量表和教师管理行为评价指标相对重要性准量表。

1. 教师管理行为评价准量表的编制

如前所述，在文献分析和专家访谈的基础上已经初步确定了教师管理行为5个一级指标，再参考国际上一些权威的教师能力标准（或教师绩效评价标准的内容），我们建立了教师管理行为评价项目库。但是，要验证这些项目的合理性和适用程度，筛选出最优的评选指标就需要用数据来说明，于是我们编制了教师管理行为评价准量表，量表的编制过程主要遵循以下原则和方法：(1) 简明易懂；(2) 措辞准确，忌模棱两可；(3) 尽可能情景化，迂回曲折投射；(4) 以广大中小学教师日常工作、生活中的典型管理行为作为指标选取的实际依据；(5) 编排要醒目，阅读不吃力；(6) 相同因素（分量表）下的指标分散开，不集中，以免反应偏向。而从准量表项目的初拟、试测到正式准量表的形成主要经过以下3个阶段。

(1) 第一阶段：教师管理行为评价准量表项目库的初步建立。

根据已经假设的教师管理行为指标体系的5个一级构面：教师对人的管理、对物的管理、对时间的管理、对空间的管理、对信息的管理，教师管理行为评价指标体系的指标确立就是要从这5大构面出发建立准量表的项目库。在初步拟定部分指标的情况下，对相关专家和教师进行访谈，请其提出对教师管理行为所包含内容的看法，将一些指标整理后补充。具体步骤如下：第一步，将美国的课堂教学评价标准[1]、夏洛特·丹尼尔森的教学评价标准[2]、乔治亚州开发的教师表现评估量表（TPAI）、明尼苏达大学的学生评价教师教学表及英国的有效教学管理标准[3]、有效教学的起码标准[4]等所包含的具体内容，依据教师管理行为的5大构面分类提取。第二步，将意思相近且抽象程度相当的项目合并，将与教师管理行为相关程度较低的项目删除。第三步，对一定数量的中小学教师进行访谈，鼓励其列举自己在日常工作生活中进行的管理行为；利用头脑风暴法让教育专家或学者列举教师的管理行为，其中有些行为是教师日常实践的，还有一些是教师忽略的但是需要加强的行为，将访谈中谈到的教师管理行为的内容进行分类整理，将出现频率较高且已有指标中未能涵盖的部分补充进

---

[1] Authory J. Shinkfield & Daniel Stufflebeam, Teacher Evaluation: Guide to Effective Practice. US: Kluwer Acadermic Publishers, 1995, p. 75.

[2] Ann Adams Bullock & Parmalee P. Hawk, Developing A Teaching Portfolio: A Guide for Preservice and Practicing Teacher. New Jersey: Prentice-Hall, 2001, pp. 95 – 96.

[3] Cyril & Doreen Poster, Teacher Appraisal—Training and Implementation (2nd ed.). London: Routledge, 1993. pp. 226 – 230.

[4] Ibid., pp. 230 – 231.

来。第四步,将所有项目进行进一步的整理,初步完成教师管理行为评价准量表项目库的建立,共包含69项内容。

(2) 第二阶段:教师管理行为评价预测准量表。

对教师管理行为评价准量表项目库的69项内容的合理性请管理学和教育学专家及在同事和中小学教师间进行咨询与鉴定,将认为不恰当的题目删除,内容有交叉的题目合并,表述不清的题目修正,经过删改后剩下54个指标,再选取10位中小学教师进行访谈对问题的可读性进行检验,对题目进行调整后剩下51题,作为较大规模预测的量表。量表在零级维度上有教师对人的管理、对物的管理、对时间的管理、对空间的管理、对信息的管理5大构面,即一级指标。每个构面下又有2—3个二级指标,而每个二级指标下又分别下辖数项三级指标。量表以利克特五点量表式呈现,计分方式为从1至5,由低到高,即非常不符合1分,比较不符合2分,说不好3分,比较符合4分,非常符合5分,分数越高表示教师与该题项所描述内容越一致。题目具体分布情况见表3-1。

表3-1　　　　教师管理行为评价预测准量表项目分布表

构面	项目编号	分类依据
教师对人的管理	对自我的管理:1、11、31、32、37;对学生的管理:2、6、7、12、13、36、38、39、44、45;教师与同事的合作、管理:17、18、26、27、47;教师与领导的沟通、管理:8、41、42;教师与家长的交流、管理:10、46、50	测量教师对人的管理、与人沟通合作的能力
教师对物的管理	对物质设备资源的管理:3、4、43;对物质文化的管理:19、20	测量教师对物质资源和物质文化的管理和驾驭能力
教师对时间的管理	对时间的规划:15、16、33;对时间的调控:23、24、25;对时间的评估:34	测量教师对时间的规划、调控和评估能力
教师对空间的管理	对教室空间的管理:21、22、51;对教研室空间的管理:28;对校园空间的管理:29;对相关校外空间的管理:30	测量教师管理利用空间促进自身和学生发展的能力
教师对信息的管理	对与教学直接相关信息的管理:5、14、35、40、49;对政策、法规类信息的管理:9;对其他拓展性信息资源的管理:48	测量教师对信息的处理和利用能力

(3) 第三阶段:教师管理行为评价正式准量表。

正式测量卷是在预测卷的基础上形成的,主要是通过对预测数据利用SPSS19.0统计软件进行项目分析删掉相关度低的题项,然后再经过因子分析剔除交叉负荷严重和负荷值偏小的题项,并对个别项目的因子归属做出调整（这个分析过程后将详述）。经过这一阶段的整理，最终有 38 个指标的正式量表得以确定。

2. 教师管理行为评价指标相对重要性调查准量表的编制

在经过对教师管理行为评价准量表数据的整理分析后，筛选出了教师管理行为评价指标体系的一级、二级和三级指标，但是要确定每项指标的权重就需要对各级指标的相对重要性做进一步的调查。于是，我们又编制了教师管理行为评价指标相对重要性量表，并且以五点式量表的比较形式呈现，请专家依次进行指标间的两两比较，选项依次为"明显重要、稍微重要、同等重要、稍微不重要、明显不重要"。

指标权重调查准量表中，指标间的两两成对比较有 3 个层次。第一层次为一级指标间的比较，共计有 10 对指标相对重要性比较；第二层次为二级指标中同一组指标间的比较，共计有 9 对指标相对重要性比较；第三层次则是三级指标中同一组指标的比较，共计有 26 对指标相对重要性比较。在获得专家对教师管理行为评价指标相对重要性的比较数据后，就可以采用矩阵对偶法的计算程序，记分计算出每项指标的权重。

（三）研究样本

为了获取指标权重，我们进行了两次较大规模的施测，分为教师管理评价准量表的预测部分和正式施测部分，所选取的被试对象主要是本章的最主要的利益关系人——中小学教师及学校领导。预测阶段共发放评判卷 300 份，回收 282 份，有效问卷 261 份，回收率为 94%，有效率为 87%。预测样本中，男性教师比例为 46.7%，女性教师比例为 53.2%，男女教师性别比例相差不大；从教龄结构看，3 年及以下教龄教师比例为 7.7%，4—6 年教龄教师比例为 10.8%，7—25 年教龄教师比例为 74.9%，26—33 年教龄教师比例为 6.2%，34 年及以上教龄教师所占比例最低，仅为 0.4%；从教学层次来看，小学教师占总样本的 10.8%，初中学教师所占比例最高，达到 70.4%，其次是高中教师，所占比例为 18.8%；从职务层次来看，调查样本中正、副校长占 5.1%，学校中层领导占 25.1%，普通教师占 69.8%；最后从样本的区域分布看，城区学校占 31.2%，集镇学校占 31.6%，农村学校占 37.2%。总体而言，样本结构符合调查研究的目标。

正式施测样本量较大，共计发放测试卷 700 份，回收 625 份，其中有效问卷 562 份，回收率为 89.2%，有效率为 80.3%。回收数据显示，男性教师比例为37.7%，女性教师比例为62.3%，女性教师比例高于男性教师比例，这个数据也基本和现实中的中小学教师性别比例是吻合的，中小学阶段由于学生的身心特性和女教师所固有的亲和性特征，女性教师偏多。从教龄层面来看，教龄在6年及以下的教师占总数的30.8%，7—25年的占60%，26年及以上的占9.2%，说明被调查样本以中青年教师为主，这在一定程度上也反映了样本地区当前中小学教师的年龄结构比较合理。从教学层次来看，小学教师占样本的50.3%，初中教师占32%，高中教师占17.7%，分布比较均匀。从教师的职务来看，81.1%为中小学普通教师，真正体现了教师的主体地位，但是也有19.9%的校长和学校中层领导，可以从一定程度上体现评价主体的多元化。从学校所在地区来看，分别有46.1%的教师来自城区学校，15.1%的教师来自集镇，38.8%的教师来自农村，这样的样本分布尽管与现实中农村教师多不相符，但是从行为优化角度看，我们假设城区教师的行为效标会稍微好些，故取样上有主观故意性的偏差。

二 教师管理行为评价指标体系验证过程

（一）教师管理行为评价预测卷的分析

利用SPSS16.0统计软件对量表的所有题目进行编码，将预测的261份有效测试卷输入后建立数据库。记分方式为：非常不符合1分，比较不符合2分，说不好3分，比较符合4分，非常符合5分。教师管理行为评价指标体系的指标筛选过程在这里可以看作教师管理行为评价准量表的构建过程，其基本程序为：（1）项目分析与筛选，通过项目分析对准量表中的项目进行初步筛选；（2）探索性因素分析（EFA），采用主成分分析（Prin Cipaleomponent Analysis，PCA）和正交旋转Varimax法进行探索性因素分析，以检验每个构面的结构效度，进一步筛选项目。

1. 项目分析

项目分析主要是用来筛选准量表中区分度不大的项目，以项目分数与量表总分的相关作为项目区分度的主要指标。在本章中进行项目分析的具体方法是：采用样本T检验的方法从敏感性的角度对项目进行筛选。先对本量表的项目进行编码，计算每位被试者的51个项目的总得分，将量表的得分按照高低分排序，划分高低分组，把测试总分最高的前27%作为高分组，测试总分最低的后27%作为低分组，对高低二组受试者每题得分的平均值进行显著性检验，最后以高低分组的T检验是否显著作为项目的鉴别指数，删掉不显著、没有鉴别力的项目。使用上述方法对原始量表进行项目分析法的结果如表3-2所示。

表3-2　　　　　　　高、低二组T检验差异报表

题项	T值	显著性（双侧）	题项	T值	显著性（双侧）	题项	T值	显著性（双侧）
1	14.179*	0.000	18	-2.122*	0.035	35	18.785*	0.000
2	14.736*	0.000	19	19.574*	0.000	36	15.596*	0.000
3	12.020*	0.000	20	19.495*	0.000	37	5.253*	0.000
4	16.300*	0.000	21	17.572*	0.000	38	16.619*	0.000
5	17.479*	0.000	22	14.842*	0.000	39	17.203*	0.000
6	19.404*	0.000	23	11.706*	0.000	40	15.131*	0.000
7	17.326*	0.000	24	-0.205	0.838	41	15.253*	0.000
8	16.255*	0.000	25	14.151*	0.000	42	15.385*	0.000
9	0.241	0.810	26	14.647*	0.000	43	20.650*	0.000
10	18.094*	0.000	27	16.494*	0.000	44	4.338*	0.000
11	18.414*	0.000	28	20.390*	0.000	45	15.891*	0.000
12	18.598*	0.000	29	21.160*	0.000	46	15.609*	0.000
13	15.917*	0.000	30	19.311*	0.000	47	0.347	0.728
14	18.855*	0.000	31	16.329*	0.000	48	15.264*	0.000
15	16.121*	0.000	32	19.915*	0.000	49	14.310*	0.000
16	15.226*	0.000	33	20.477*	0.000	50	15.167*	0.000
17	14.252*	0.000	34	18.479*	0.000	51	13.000*	0.000

注：*代表$P<0.001$。

根据表3-2显示的结果可知，采用独立样本T检验法对原始量表中的全部51个项目进行项目分析后，共有48个项目通过显著性检验，说明其均具有较好的鉴别度，而其他4个项目显示差异性不明显，这4个项目为：第9题（对与自身相关的政策、法律、规章制度十分敏感）、第24题（工作时间常常挤占休息时间）、第47题（与其他教师之间存在着暗中竞争的关系）。故经过项目的初步筛选，决定删除第9、第24和第47题，准量表剩下48个题项。

2. 因子分析

本章欲采用因子分析法对教师管理行为评价准量表的因子构成进行探讨。利用因子分析保留题项的判断标准为：（1）题项在某一因子上的负荷超过0.40；（2）题项之间不存在交叉负荷（Cross-loading），即不再两

个因素上都有超过 0.40 的负荷；（3）因子包含的题项大于或等于 3 个；（4）因子归属不当的题项及不易被解释的题项。准量表是否适合做因素分析，需要看其 KMO 值与 Bartlett 球形检验的结果。KMO 是 Kaiser-Meyer-Olkin 的取样适当性度量，KMO 统计量越接近 1，做因素分析的效果越好。一般认为，当 KMO 值大于 0.9 时效果最佳，0.7 以上时效果尚可，0.6 时效果勉强，0.5 以下时就不适宜做因素分析。Bartlett's 球形检验结果显著，表示相关系数可以用于因素分析抽取因子。

利用 SPSS19.0 统计软件对项目分析后剩下的 48 个项目进行主成分分析，取样适当性指标 KMO 值为 0.959，大于 0.9；Bartlett 球形检验达到显著，代表母群体的相关矩阵间有共同因素存在，适合做因素分析。而陡坡检验（scree test）生成的碎石图是根据最初抽取因素所能解释的变异量高低绘制而成，"碎石图"（scree plot）底部的碎石，表示陡坡图底端的因素不具有重要性，可以舍弃不用。从碎石图的情形，也可以作为挑选因素分析数目的标准。从碎石图（图 3-2）可以看出，从第 5 个因素后，坡度线基本平坦，则平坦的碎石可以忽略，即平坦后的共同因素可以去掉，并且根据已有理论假设，保留 5 个因素比较适宜，所以在主成分分析时限制抽取 5 个因子，因子的累计解释率为 48.404%，具体各因子负荷值见表 3-3。

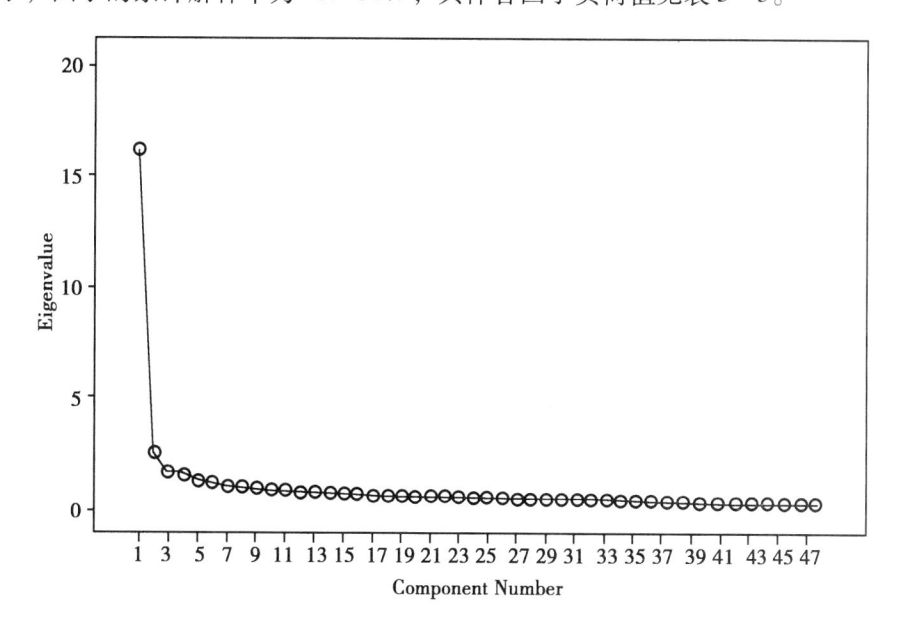

图 3-2　总量表碎石图

表 3-3　　　　　　　　各因子方差特征值及贡献率

公共因子	特征值	方差贡献率·(%)	方差累计贡献率（%）
F1	6.850	14.271	14.271
F2	5.279	10.999	25.270
F3	5.042	10.504	35.774
F4	4.154	8.654	44.428
F5	1.908	3.976	48.404

确定提取 5 个因子后，同时实施 Varimax 变异最大正交旋转得到的转轴后的成分矩阵（表 3-4）。该表中各个项目依据各共同因子中题项的因子负荷量的大小排序，所以很容易考查各共同因素所包含的层面题项，并且按照心理学的统计习惯，在操作时选择不显示转轴后负荷量小于 0.40 的部分，则能清楚地看出每个共同因子分别所包含的题项。如果因子负荷值小于 0.40 时就有可能被删除，同时每个题目的内容以及与其他题目之间的关系也被考虑在内，交叉负荷严重的题目也可能被删除。由于每删掉一个项目，其他项目之间的关系也会发生变化，故我们每删掉 1 个题项就重新做一次正交旋转的因子分析。最后经过 11 次操作，共删除 10 个题项，其中因子负荷值小于 0.40 的包括第 26、第 10、第 39、第 45、第 42 和第 48 题，交叉负荷严重的包括第 1、第 5、第 19 和第 32 题，通过对其内容的确认，最终准量表共筛选出 38 个项目，这 38 个项目的因子负荷值和因子归属结构如表 3-4 所示。

表 3-4　　　　　　　　总量表转轴后的成分矩阵

因子1（人）		因子2（时间）		因子3（信息）		因子4（物）		因子5（空间）	
项目	最大附值	项目	最大附值	项目	最大附值	项目	最大附值	项目	最大附值
41	0.725	7	0.467	16	0.681	6	0.551	3	0.654	51	0.628
30	0.668	36	0.545	15	0.592	35	0.551	4	0.567	22	0.608
2	0.480	38	0.523	25	0.577	49	0.493	43	0.533	28	0.529
8	0.627	13	0.527	11	0.561	40	0.474	20	0.461	29	0.504
33	0.545	27	0.507	23	0.553	14	0.441			21	0.499

续表

因子1（人）				因子2（时间）		因子3（信息）		因子4（物）		因子5（空间）	
项目	最大附值	项目	最大附值	项目	最大附值	项目	最大附值	项目	最大附值	项目	最大附值
31	0.474	46	0.475	34	0.544						
17	0.601	37	0.466								
18	0.514	44	0.453								
12	0.483	50	0.429								

提取方法：主成分分析　　旋转方法：含 Kaiser 正态化的 Varimax 法　　(a) 转轴收敛于 10 个迭代。

从表 3-4 可见，教师管理行为评价量表由 5 个因子构成，并且分析量表的因子结构可以发现，量表的 5 个因子分属 5 个领域，分别是教师对人的管理领域（因子1）、教师对时间的管理领域（因子2）、教师对信息的管理领域（因子3）、教师对物的管理领域（因子4）及教师对空间的管理领域（因子5）。由此可以说，这些因子结构与原有理论假设是基本一致的。利用探索性因子分析（主成分分析、正交极大旋转法），可以将准量表归为 5 个因子，每个因子的所含项目个数不等，这 5 个因子可以看作准量表的 5 大构面，每个构面所含指标数分别为：教师对人的管理 18 个，教师对时间的管理 6 个，教师对信息的管理 5 个，教师对物的管理 4 个，教师对空间的管理 5 个，共 38 个。

通过认真比较每个因子中所包含的具体项目内容发现，总体来看每个因子的组成项目能够被比较合理地解释，但是也有个别项目在因子的归属上与原假设不一致，下面对其做出具体讨论。

（1）第 6 个项目：充分利用学生的背景信息指导教学。在问题设计的理论假设中是把其归入为教师对人的管理层面的，但是因素分析的结果是它被划分到因素 4——对物质和信息资源的管理中，通过查阅文献寻找理论支持和深度思考，认为该项目应该被归到因素 4——对物质和信息资源的管理中，因为这个项目的主要含义体现的是教师对信息的充分利用，更好地利用学生的背景信息指导教学，应该属于对信息的管理。

（2）第 33 个项目：制定职业生涯规划，追求专业发展。在准量表设计的理论假设中是把其归入为教师对时间的管理层面的，但是因素分析的结果是它被划分到因素1——对人的管理中，通过查阅文献寻找理论支持和深度思考，认为该项目应该被归到因素1——对人的管理中，因为这个项目的主要含义应该是教师对自我发展的规划管理，在强调教师专业发展的背景下，教师制定针对性的职业生涯规划，并且据此做出工作计划安排，应该是对自我管理的体现。

（二）教师管理行为评价指标体系正式卷的分析

经过对教师管理行为的预测准量表进行项目分析和因子分析，共删掉13个题项，并且对个别题目的构面归属进行了调整，最终形成了教师管理行为评价的正式准量表。该准量表包括38个题项，5大构面也看作5个分量表，通过对正式准量表的数据进行的分析主要是为了对5个分量表分别进行探索性因子分析，以提取出每个分量表所包含的公因子，它们可视为教师管理行为评价的二级指标。最后对该正式准量表的信度和效度进行分析。

1. 分量表的探索性因子分析

前面分析验证了教师管理行为评价指标准量表可以提取5个因子，即包含5大构面后，就需要进一步分析5大构面的内容，通过对5个分量表分别进行探索性因子分析，探究每个分量表的维度划分以得出二级指标。

（1）分量表1——教师对人的管理。

分量表1共包含18个项目，KMO与Bartlett检验结果显示：KMO值为0.921，Bartlett球形检验达到显著，表示非常适合进行因子分析。于是将这18个项目进行主成分因子分析，提取出特征值大于1的因子3个，进一步参考碎石图（图3-3），可以发现特征值自因子4开始平坦下滑，因此提取3个因子是比较合适的。根据表3-5的数据，3个公共因子的特征值依次为6.522、1.919、1.351，解释变异量为48.906%，表示这3个因子能够较大程度地解释整个分量表。

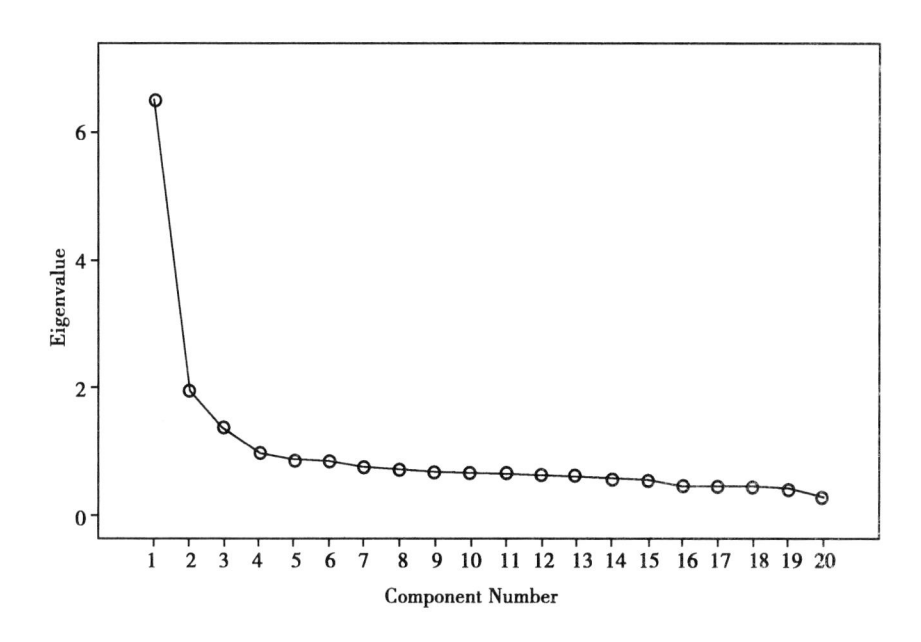

第三章 教师管理行为指标体系的建构

图 3-3 分量表 1 碎石图

表 3-5 各因子方差特征值及贡献率

公共因子	特征值	方差贡献率（%）	方差累计贡献率（%）
F1	6.522	32.610	32.670
F2	1.919	9.596	42.206
F3	1.351	6.753	48.906

表 3-6 分量表 1 成分矩阵

因子 1（对学生）		因子 2（对同事、家长、领导）		因子 3（对自我）	
项目	最大附值	项目	最大附值	项目	最大附值
10	0.755	33	0.787	15	0.741
36	0.720	21	0.650	30	0.700
31	0.694	7	0.612	26	0.633
24	0.667	8	0.568	25	0.485
9	0.658	14	0.524		
29	0.634	37	0.505		
6	0.605				
1	0.458				

提取方法：主成分分析 转轴收敛于 5 个迭代。

进行 Varimax 正交旋转转轴后的成分矩阵,是依据各共同因子中题项的因子符合量的大小排序,所以很容易看出各共同因子所包含的题项。表 3-6 是该分量表转轴后的成分矩阵,可以看出各项目的因子负荷量介于 0.458—0.832 之间。因子 1 包含 8 个项目,通过参照每个项目的内容可以将其命名为教师对学生的管理;因子 2 包含 6 个项目,参照大部分项目的内容后将其命名为教师对与同事、领导、学生家长关系的管理;因子 3 包含 4 个项目,核对其内容后将其命名为教师对自我的管理。在准量表编制的最初理论假设中,将教师对人的管理构面划分为 5 个维度,即教师对自我的管理、对学生的管理、对与同事关系的管理、对与领导关系的管理、对与学生家长关系的管理。将因子结构与原有理论假设比较发现,该因子结构建议将教师对与同事关系、与领导关系、与家长关系的管理合并为 1 个维度,通过讨论认为这样调整是比较合理的,从这部分分析可以得出初步结论:一级指标教师对人的管理下包含 3 个二级指标,即教师对学生的管理,教师对与同事、领导、学生家长关系的管理及教师对自我的管理。

在这里还要提出讨论的是第 15 个项目:在教学、科研、课程开发等方面与同事的共享资源、密切合作,在准量表设计时将其作为教师对与同事关系的管理中的内容,但是因子分析却将其归纳到教师自我管理的旗下。通过与一些教师的探讨认为,虽然该项目的内容可以理解为教师在与同事合作进行专业发展和创新方面的主动表现,但还是更倾向于教师对与同事关系的管理方面。

(2) 分量表 2——教师对时间的管理。

分量表 2 共包含 6 个项目,KMO 与 Bartlett 检验结果显示:KMO 值为 0.789,Bartlett 球形检验达到显著,表示适合进行因子分析。于是将这 6 个项目进行主成分因子分析,提取出特征值大于 1 的因子 1 个,碎石图 3-4 也显示提取 1 个因子是比较合适的。根据表 3-7 的数据,提取出的这 1 个因子的特征值为 2.584,解释变异量为 51.670%,表示这个因子能够较大程度地解释整个分量表。

表 3-7　　　　　　　　　各因子方差特征值及贡献率

公共因子	特征值	方差贡献率(%)	方差累计贡献率(%)
F1	2.584	51.670	51.670

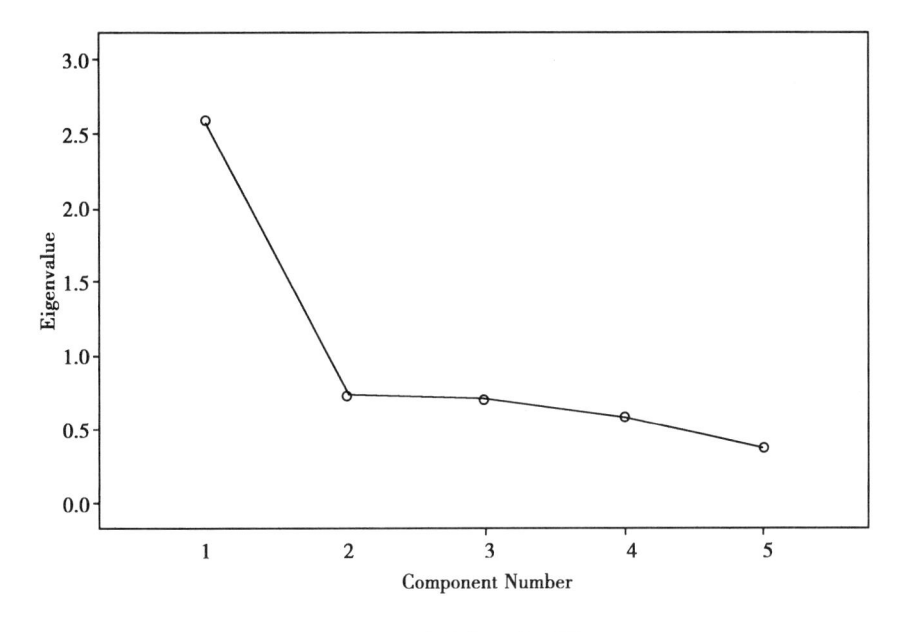

第三章 教师管理行为指标体系的建构

图 3-4　分量表 2 碎石图

表 3-8　　　　　　　　　分量表 2 成分矩阵

因子 1	项目	13	12	20	27	38	19
	最大附值	0.797	0.776	0.714	0.678	0.632	0.615

表 3-8 是分量表 2 的成分矩阵，可以看出各项目的因子负荷量介于 0.615—0.797 之间，并且由于分量表 2 只提取出了 1 个因子无法进行转轴。对分量表 2 的因子分析没能实现教师对时间管理构面的进一步维度划分，但是在准量表设计的理论假设中，从行为范畴角度出发，将教师对时间的管理划分为：对时间的规划管理、对时间的调控管理和对时间的评估管理。这 3 个维度的划分在有理论支持，在与专家的讨论中也得到了他们的认可，鉴于此，我们将教师对时间的管理划分为 3 个维度，维度 1 对时间的规划管理包含 2 个项目（第 38 和第 12 项），维度 2 对时间的调控管理包含 3 个项目（第 13、第 19 和第 20 项），维度 3 对时间的评估管理包含 1 个项目（第 27 项）。从这部分分析可以得出初步结论：一级指标教师对时间的管理下包含 3 个二级指标，即教师对时间的规划管理、教师对时间的调控管理及教师对时间的评估管理，这与最初假设是基本一致的。

(3) 分量表 3——教师对信息的管理。

分量表 3 共包含 5 个项目，KMO 与 Bartlett 检验结果显示：此处的 KMO 值为 0.829，Bartlett 球形检验也达到显著，表示适合进行因子分析。于是将这 5 个项目进行主成分因子分析，提取出特征值大于 1 的因子 1 个，进一步参考碎石图 3-5，证明提取 1 个因子是比较合适的。根据表 3-11 的数据，3 个公共因子的特征值为 2.958，解释变异量为 49.07%，表示这个因子能够较大程度地解释整个分量表。

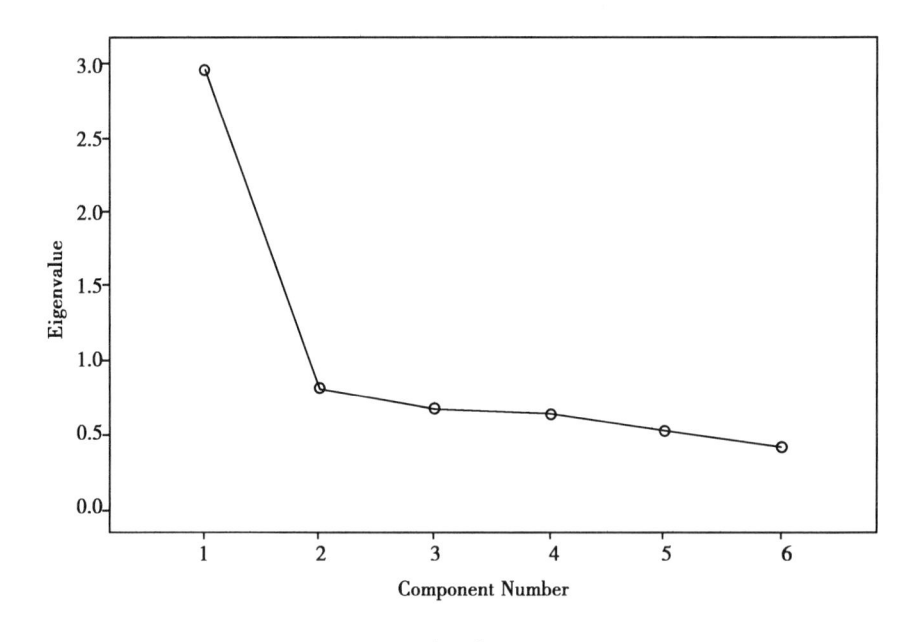

图 3-5　分量表 3 碎石图

表 3-9　　　　　　　　各因子方差特征值及贡献率

公共因子	特征值	方差贡献率（%）	方差累计贡献率（%）
F1	2.958	49.07	49.07

表 3-10　　　　　　　　分量表 3 成分矩阵

因子 1	项目	5	28	11	4	32
	最大附值	0.785	0.744	0.720	0.698	0.662

表 3-10 是分量表 3 的成分矩阵，可以看出各项目的因子负荷量介于 0.662—0.785 之间，并且由于分量表 3 只提取出了 1 个因子无法进行转

轴。对分量表 3 的因子分析没能实现教师对时间管理构面的进一步维度划分，但是通过仔细分析这 5 个项目的内容，可以将其从对促进自身专业发展的信息及促进学生发展的信息进行分类，前者包含 2 个指标（11、28），如第 11 个：充分利用学生评教、同事评议等评价信息改进教学；后者包含 3 个指标（4、5、32），如第 32 个：充分利用网络资源为学生提供学习素材或进行答疑。其后将这种分类的可行性和合理性与专家进行了讨论，认为是可行的。从这部分分析可以得出初步结论：一级指标教师对信息的管理下包含 2 个二级指标，即教师对促进自身专业发展的信息的管理，教师对促进学生发展的信息的管理。对最初提出的假设——教师对信息的管理，包括对与教学直接相关的信息、政策及法规类的信息和其他拓展性的信息的管理做出了调整。

（4）分量表 4——教师对物的管理。

分量表 4 共包含 4 个项目，KMO 与 Bartlett 检验结果显示：KMO 值为 0.695，Bartlett 球形检验也达到显著，表示比较适合进行因子分析。于是将这 4 个项目进行主成分因子分析，提取出特征值大于 1 的因子 2 个，参照碎石图 3-6 也显示提取 2 个因子是比较合适的。根据表 3-11 的数据，2 个公共因子的特征值分别为 2.157、0.842，累计解释变异量为 74.993%，表示这 2 个公共因子能够很好地解释整个分量表。

表 3-11　　　　　　　　各因子方差特征值及贡献率

公共因子	特征值	方差贡献率（%）	方差累计贡献率（%）
F1	2.157	53.936	53.936
F2	0.842	21.057	74.993

表 3-12　　　　　　　　　　分量表 4 成分矩阵

因子 1		因子 2	
项目	最大附值	项目	最大附值
16	0.838	2	0.891
35	0.838	3	0.790

提取方法：主成分分析　　转轴收敛于 3 个迭代

表 3-12 是分量表 4 转轴后的成分矩阵，可以看出各项目的因子负

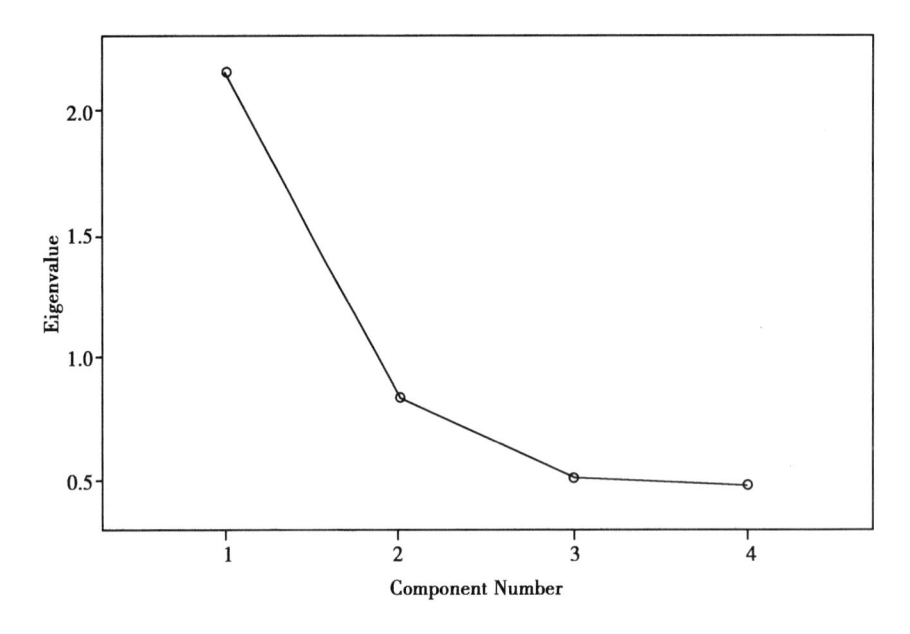

图 3-6　分量表 4 碎石图

荷量介于 0.790—0.838 之间。因子 1 包含 2 个指标 (16、35)，通过参照每个项目的内容可以将其命名为教师对学校资源的开发管理；因子 2 包含 2 个指标 (2、3)，参照项目的内容后将其命名为教师对教学设备的利用管理。因子结构与原有理论假设基本上是一致的，从这部分分析可以得出初步结论：一级指标教师对物的管理下包含 2 个二级指标，即教师对学校资源的开发管理和教师对教学设备的利用管理。对最初提出的假设——教师对物的管理，包括对物质设备资源和物质文化的管理做出了调整。

(5) 分量表 5——教师对空间的管理。

分量表 5 共包含 5 个项目，KMO 与 Bartlett 检验结果显示：KMO 值为 0.791，Bartlett 球形检验也达到显著，表示适合进行因子分析。于是将这 5 个项目进行主成分因子分析，提取出特征值大于 1 的因子 2 个，碎石图 3-7 也显示提取 2 个因子是比较合适的。根据表 3-13 的数据，2 个公共因子的特征值分别为 2.678、0.843，累计解释变异量为 70.410%，表示这 2 个公共因子能够很好地解释整个分量表。

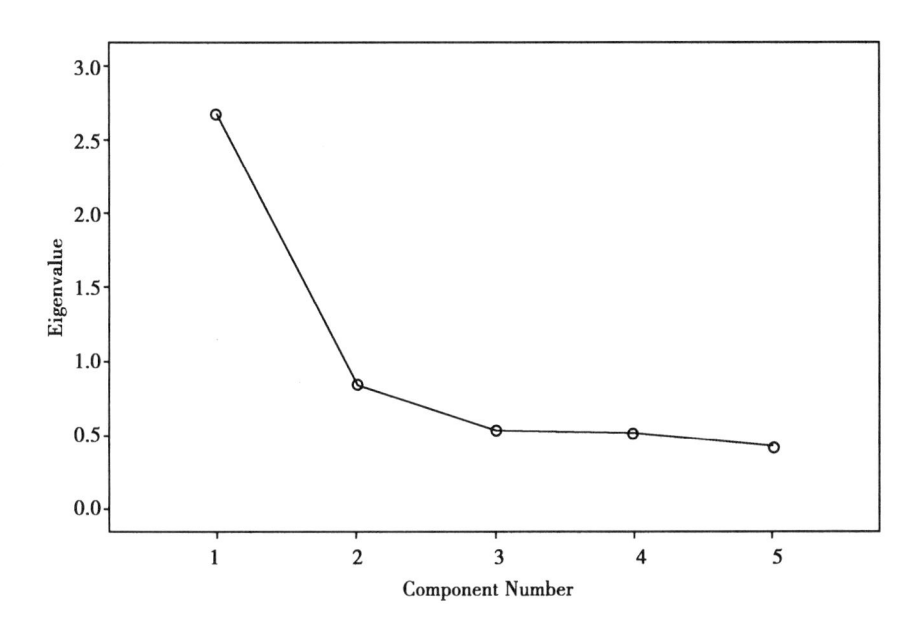

[图表：分量表5碎石图，横轴Component Number 1-5，纵轴Eigenvalue，数值约为2.68、0.84、0.54、0.52、0.42]

图3-7　分量表5碎石图

表3-13　　　　　　　　　　因子方差特征值及贡献率

公共因子	特征值	方差贡献率（%）	方差累计贡献率（%）
F1	2.678	35.328	35.328
F2	0.843	35.082	70.410

表3-14　　　　　　　　　　分量表5成分矩阵

因子1		因子2	
项目	最大附值	项目	最大附值
34	0.840	22	0.895
18	0.795	23	0.776
17	0.556		

提取方法：主成分分析　　转轴收敛于3个迭代

表3-14是分量表5转轴后的成分矩阵，可以看出各项目的因子负荷量介于0.556—0.895之间。因子1包含3个指标（17、18、34），通过参照每个项目的内容可以将其命名为教师对教室空间的利用管理；因子2包含2个指标（22、23），参照项目的内容后将其命名为教师对教室外空间的利用管理。因子结构与原有理论假设基本上是一致的。从这部分分析可

以得出初步结论：一级指标教师对空间的管理下包含 2 个二级指标，即教师对教室空间的利用管理和教师对教室外空间的利用管理。对最初提出的假设——教师对空间的管理包括对校内空间和校外空间的管理做出了调整。

2. 信度分析

在因子分析之后，为进一步了解量表的可靠性与有效性，一般要做信度检验。在利克特态度量表中常用的信度检验方法为 Cronabach 系数和折半信度（split-half reliability）。Cronabach 系数既是内部一致性的函数，也是项目间相关程度的函数。Cronabach 系数的值在 0 和 1 之间，若系数小于 0.35，则可靠性过低；若系数介于 0.35 至 0.70，则尚可接受；若系数大于 0.70，则意味着信度相当高。我们用 SPSS19.0 统计软件对正式准量表及其所包含的 5 个分量表做了信度分析，结果如表 3 - 18 所示：整个教师管理行为评价准量表的系数为 0.871，5 个分量表各自的系数也都介于 0.715—0.853 之间，α 系数都大于 0.70，这说明"教师管理行为评价准量表"具有良好的内部一致性信度。此外，对整体准量表所做的折半信度分析结果显示：斯皮尔曼—布朗（Spearmen-Brown）折半信度为 0.816，格特曼（Guttman）折半信度为 0.812，都达到了较高的水平，这也表明了本量表具有良好的同质性。

表 3 - 15　　　　　　　教师管理行为评价指标各分量表信度

	α系数
教师管理行为评价准量表	0.871
分量表1——对人的管理	0.853
分量表2——对时间的管理	0.763
分量表3——对信息的管理	0.790
分量表4——对物的管理	0.715
分量表5——对空间的管理	0.782

为了检验本准量表的跨时间稳定性，从原先被测试者中随机选取 50 位中小学教师在第一次正式施测后的两周进行第二次施测，结果显示，大部分项目的重测信度在 0.70 以上，5 个分量表的重测信度在 0.710—0.832 之间，总体准量表的重测信度为 0.846。以上各信度系数都均显著

相关，说明该准量表具有较高的跨时间稳定性。综上所述，同质信度和重测信度检验都表明教师管理行为评价准量表具有较高的稳定性和可靠性，同时达到了心理测量学的要求标准。

3. 效度分析

效度是一种测验能够准确地测量出所要测量的问题的特性或者功能的程度。对准量表的效度检测可以从内容效度、结构效度、表面效度、效标效度、经验效度等多方面进行。在这部分我们主要从内容效度和结构效度两方面对教师管理行为评价准量表进行分析。

（1）内容效度。

内容效度主要是系统检查准量表的内容，从而确定准量表是否为所要调查的行为领域的代表性取样。内容效度的建立主要依赖两个条件，即内容范围明确和取样有代表性。确定准量表内容效度方法是通常由专家对准量表项目与所涉及的内容范围进行符合性判断，这是一种定性分析的方法。为保证所设计准量表具有较好的内容效度，我们主要做了如下工作。

首先，对测量的内容范围做出明确、详细的界定。通过仔细观察与分析广大中小学教师的日常管理行为方式，并且在对一定数量的中小学教师进行深入访谈的基础上，给出了教师管理行为评价的可操作性定义。同时，进行了大量的文献检索，参考了国内外关于教师管理行为与教师评价的相关成果，并且结合有关教师评价标准、教师能力标准和专家意见，拟定出了准量表的原始项目。

其次，量表项目内容的代表性取样。项目内容的代表性取样，主要是指根据教师管理行为样本的相对重要性来选择项目内容，而不是随机取样，这样能使选出的项目尽量包含所测内容范围的主要方面。也就是说，本章所编制的准量表并没有选择教师管理行为内涵所容纳的所有方面，而是选取了相对重要的，又经过预测后中小学教师反映比较好的项目。

最后，进行专家评定。在"专家评定这"个环节，主要是在正式施测前，邀请相关专家和中小学教师代表审定各个项目的内容并对项目内容的代表性进行逐一评定，以保证项目的内容的合适性和代表性，同时邀请一些教育经济管理专业与心理学专业的研究生同学帮助校正准量表项目的表达方式。综上所述，本量表具有较好的内容效度。

（2）结构效度。

结构效度就是测验能够测量到某一理论构想或心理特征的程度。结构效度的检验过程比较复杂,一般要借助因子分析法或聚合效度与辨别效度等来进行分析。为了考察本章所设计量表的效度,我们计算了5个分量表分数之间及各分量表分数与总量表分数之间的相关系数。一般来说,分量表得分与量表总分之间最好是呈较高度相关,而分量表之间的关系最好是呈中度相关。教师管理行为评价准量表的结构效度分析结果如表3-16所示。

表3-16 各分量表分数之间及其与总量表分数间的相关系数矩阵

	对人的管理	对时间的管理	对信息的管理	对物的管理	对空间的管理
对人的管理	1				
对时间的管理	0.644*	1			
对信息的管理	0.754*	0.648*	1		
对物的管理	0.711*	0.549*	0.714*	1	0.
对空间的管理	0.714*	0.600*	0.667*	0.664*	1
总量表	0.942*	0.775*	0.869*	0.827*	0.836*

* 表示 P<0.01,显著相关

从表3-16中可以发现,各分量表分数与总量表分数间的相关系数均明显高出各分量表分数间的相关系数,这表明各分量表既能够对总量表做出贡献,同时又具有一定的相对独立性。具体来看,各分量表的相关系数在0.549—0.754之间,各分量表与总量表的相关系数在0.775—0.942之间,并且以上相关都非常显著（P<0.01）,表明该量表具有较好的结构效度。

(三) 教师管理行为评价指标的确定

经过对教师管理行为评价量表的因子分析所确定的5个构面,即可以作为教师管理行为评价指标体系的5个一级指标,它们是:教师对人的管理、教师对物的管理、教师对时间的管理、教师对空间的管理、教师对信息的管理。通过对5个分量表分别进行的因子分析又确定了教师管理行为评价的二级指标。而最终筛选出来的准量表的38个指标能够较具体地描述教师管理行为,可以作为三级指标的观测点。通过对这些项目内容进行进一步的归纳、概括,以更加简洁明了的意象作为三级指标。经过将每个二级指标下所包含项目的内容进行认真解读与分析拟定三级指标的名称,再请专家和研究生同学对其适当性进行评判,最终确定的教师管理行为评价一级、二级、三级指标的详细构成如表 3-17 所示。

表 3-17　　　　　　　　教师管理行为评价指标

一级指标	二级指标	三级指标	观测点
教师对人的管理	对学生的管理	引导全面发展	鼓励学生发表观点，参与课堂活动、班级活动
			注重学生的品行修养教育，促其全面发展
		促进学业发展	了解学生差异，因材施教
			客观评价学生的学业成就
			精选作业，减轻学生负担
		约束学生行为	妥善处理学生的问题行为
			注重对学生的安全教育
		尊重信任学生	与学生平等友好的交流、交往
	对自我的管理	反思教学和行为	经常反思教学和管理行为
		追求专业发展	制定职业生涯规划，追求专业发展
		自我情绪管理	进行有效的情绪管理
	对与同事、学校领导、学生家长关系的管理	与同事的合作	与同事保持平等友好的关系
			在教学、科研等方面与同事共享资源、密切合作
			与其他科任教师交流学生特点和学习情况
		与领导的沟通	与学校领导关系融洽
			与领导进行良性互动，沟通问题或参与决策
		与家长的合作	与学生家长关系融洽
			采用多种形式与家长沟通学生的学习发展情况
教师对时间的管理	对时间的规划管理	根据目标分配时间	工作目标明确，并且能够按照目标合理规划分配时间
		工作和闲暇时间的规划	合理规划工作时间和闲暇时间
	对时间的调控管理	灵活运用时间	能够根据任务的轻重缓急，合理分配时间
		有效调控课堂时间	合理掌控课堂时间，很少拖堂或空堂
		有效控制工作进度	能够排除干扰，按着计划好的进度工作
	对时间的评估管理	反思时间利用情况	经常回顾、分析自己对时间的利用情况
教师对物的管理	对教学设备的利用管理	熟练运用教学设备	熟练运用各种教学工具，如教具、图书、多媒体设备
		注重教学设备内涵开发	注重教学设备的教育性、安全性和趣味性
	对学校资源的利用管理	利用学校其他设施	针对学生的不同需求，开发和利用学校的资源、设施
		利用学校物质文化资源	积极参与学校的物质文化建设

续表

一级指标	二级指标	三级指标	观测点
教师对信息的管理	对促进学生发展的信息的管理	利用学生背景信息	充分利用学生背景信息指导教学
		适当运用教学资料	对教材、教参等教学资料既充分利用，又不过度依赖
		充分利用网络资源	充分利用网络资源为学生提供学习素材或答疑
	对促进自身发展的信息的管理	充分利用"他评"信息改进教学	充分利用学生评教、同事评议等评价信息改进教学
		吸收新知识求发展	把相关知识与最新研究成果融于自己的教学实践
教师对空间的管理	对教室空间的管理	维护室内环境	帮助学生创设整洁的室内环境，使其愉悦学习
		安排教室空间	合理安排教室空间，包括课桌椅和教学用具的摆放等
		注重教室空间内涵	注重教室空间安全性、教育性和舒适性的结合
	对教室外空间的管理	充分利用教研室	把教研室变成知识共享的平台
		利用其他场地支持学生发展	充分利用校园环境里的建筑场地等支持学生活动

（四）教师管理行为评价指标权重的建立

指标建构中权重的分配对于指标运用、判断与参考都具有重要意义。由于教师管理行为指标系统中，各指标对于教师管理绩效的贡献各有不同，因此其在实际应用上的重要性必然会有所区别，所以一套科学又具有实用性的教师管理行为评价指标应该包含其各指标间相对重要性权重分配的内容，才能提供其正确的绩效评估结果。从指标的观点出发，权重是指某一组指标群内各指标间的比重关系，某一指标的权重是该指标在某一组指标群中的相对重要程度。而一组指标群内的各指标的相对应权重则组成了这组指标群相对应的权重体系，在本章中主要采用矩阵对偶法求得教师管理行为评价指标的权重。

1. 矩阵对偶法使用说明

矩阵对偶法，即两两比较法主要是通过对指标体系中的各项指标进行两两比较，在这一系列可供比较的指标中，找出各项指标的优先顺序，进而确定各项指标权重值。矩阵对偶法的数学基础是矩阵理论，但是由于一般矩阵的求解过于复杂，本章主要采用一种改进的矩阵对偶法来求权重。这种矩阵对偶法规定判断的等级依次为：同等重要、稍微重要、明显重要，判断值一律是整数①。具体操作步骤如下。

（1）列出优先矩阵，编制权数调查表。在所有需要比较的指标中，找出指标重要性先后顺序，分别将指标依次填入编制好的权数调查表（如表3-21所示）。调查表还要详细说明调查的意义、目的、内容以及背景，并且介绍每个调查指标的含义及比较法则。表3-18中的数字指各对指标比较的顺序，其中加圈的数字是比较的前项，不加圈的数字则是比较的后项。有了比较的顺序就可以进行比较了，该表中比较的顺序应该是：①乙和甲；②丙和乙；③丁和丙；④丙和甲；⑤丁和乙；⑥丁和甲。需要指出的是，在使用矩阵对偶法进行比较时，比较的顺序是固定的，不能随便改变。每次将两个指标进行比较后，按照上表中比较前项和后项的标记给各项指标记分，并且将分数记在上面表格样式的空白表格中，同时记上配对比较时另一项指标的相应评分。（2）将指标做两两比较，按以下原则记分：对评价指标体系中的两个指标逐一做两两比较，按重要性程度记分，两指标比较总分为4分，若甲指标比乙指标明显重要，则甲记4分，乙记0分；若二者同等重要，则各记2分；若甲比乙稍微重要，则甲记3分，乙记1分（如表3-18所示）。（3）按列统计各指标分值。（4）将各指标得分求和并做归一化处理。（5）按列填上各指标权重。（6）若有2位以上的专家参与确定权重，则将各专家对各指标的权重分别求和，再取其平均值。

表3-18　　　　　　　　　　权数调查表

比较前项＼比较后项	甲	乙	丙	丁
甲		①	④	⑥
乙	1		②	⑤
丙	4	2		③
丁	6	5	3	

---

① 霍力岩：《编制教育评估方案的一个关键问题——加权及其方法研究》，《教育科学研究》2000年第1期。

表 3-19　　　　　　　　　　矩阵对偶法记分方法

计分		含义
甲	乙	
4	0	两项指标相比，甲比乙明显重要
2	2	两项指标相比，甲与乙同等重要
3	1	两项指标相比，甲比乙稍微重要

2. 一级指标权重的求解过程

教师管理行为评价构面的相对重要性准量表共收回 15 份，其中有效准量表共 12 份。现以教师管理行为评价指标体系的 5 大一级指标权重计算为示范，运用矩阵对偶法，求出它们各自的权重。将 5 大一级指标分别编号为：A 教师对人的管理、B 教师对物的管理、C 教师对时间的管理、D 教师对空间的管理、E 教师对信息的管理。列矩阵见表 3-20。

表 3-20　　　　教师管理行为评价一级指标矩阵对偶法比较顺序

比较前项＼比较后项	A 教师对人的管理	B 对物的管理	C 对时间的管理	D 对空间的管理	E 对信息的管理
A 教师对人的管理		①	⑤	⑧	⑩
B 对物的管理	1		②	⑥	⑨
C 对时间的管理	5	2		③	⑦
D 对空间的管理	8	6	3		④
E 对信息的管理	10	9	7	4	

表 3-20 中的数字指各对指标比较的顺序，其中加圈的数字是比较的前项，不加圈的数字则是比较的后项。以一位专家填写的教师管理行为一级指标的相对重要程度问卷为例，他认为：①B 教师对物的管理比 A 对人的管理明显不重要；②C 对时间的管理与 B 对物的管理同等重要；③D 对空间的管理比 C 对时间的管理明显不重要；④E 对信息的管理和 D 对空间的管理同等重要；⑤C 对时间的管理比 A 对人的管理明显不重要；⑥D 对空间的管理比 B 对物的管理稍微不重要；⑦E 对信息的管理和 C 对时间的管理同等重要；⑧D 对空间的管理比 A 对人的管理明显不重要；⑨E 对信息的管理比 B 对物的管理稍微不重要；⑩E 对信息的管理比 A 对人的管理明显不重要。根据矩阵对偶法记分表，将该专家对以上各项指标比较后的

结论转化为分数,完成如下教师管理行为评价一级指标权数评判结果统计表,如表3-21所示。

表3-21　教师管理行为评价一级指标权数评判结果统计表

指标	A对人的管理	B对物的管理	C对时间的管理	D对空间的管理	E对信息的管理
A对人的管理		0	0	0	0
B对物的管理	4		3	1	1
C对时间的管理	4	1		0	2
D对空间的管理	4	3	4		
E对信息的管理	4	3	2	2	
得分	16	7	9	3	5
归一化后的权重	16/40=0.40	7/40=0.18	9/40=0.23	3/40=0.08	5/40=0.13

以此类推,首先将12位专家对教师管理行为评价一级指标重要性比较的结果,都利用矩阵对偶法求解;然后将每项指标的12组权重数值分别求和,再取其平均值,最后得出5大指标的相对权重。按相对重要性,教师管理行为评价一级指标的顺序为:对人的管理、对时间的管理、对信息的管理、对物的管理、对空间的管理。5大指标的相对权重如表3-22所示。

表3-22　教师管理行为评价指标构面权重与重要性排序

教师管理行为评价构面	构面权重	构面重要性排序
A 教师对人的管理	0.39	1
B 教师对物的管理	0.15	4
C 教师对时间的管理	0.24	2
D 教师对空间的管理	0.06	5
E 教师对信息的管理	0.16	3
总和	1.00	

3. 二级、三级指标权重的确定

以矩阵对偶法分析得到教师管理行为评价一级指标的权重后,再以同样方法计算二级、三级指标权重。

（1）教师对人的管理中二级、三级指标权重。

首先计算一级指标——教师对人的管理所下辖的 3 个二级指标，即教师对学生的管理、对与同事、领导、家长关系的管理及对自我的管理的权重。表 3-23 是以 1 位专家填答的"教师管理行为评价指标相对重要性调查问卷"结果为例计算出的 3 个二级指标的权重。以此类推，首先将 12 位专家对教师对人的管理构面中的二级指标重要性比较的结果，都利用矩阵对偶法求解；然后将每项指标的 12 组权重数值分别求和，再取其平均值。最后得出 3 个二级指标的相对权重（表 3-26），以同样的计算步骤求得该构面下三级指标权重的分布情况（表 3-23）。

表 3-23　　　教师对人的管理构面下二级指标权数评判结果统计表

比较前项＼比较后项	A 对学生的管理	B 对与同事、领导、家长关系的管理	C 对自我的管理
A 对学生的管理		0	1
B 对与同事、领导、家长关系的管理	4		2
C 对自我的管理	3	2	
得分	7	2	3
归一化后的权重	7/12 = 0.58	2/12 = 0.17	3/12 = 0.25

表 3-24　　　教师对人的管理二级指标权重与重要性排序

教师对人的管理评价构面	二级指标权重	指标重要性排序
A 对学生的管理	0.53	1
B 对与同事、领导、家长关系的管理	0.14	3
C 对自我的管理	0.33	2
总和	1.00	

表 3-25　　　教师对人的管理三级指标权重与重要性排序

教师对学生的管理	三级指标权重	指标重要性排序
引导全面发展	0.27	2
促进学业发展	0.35	1
约束学生行为	0.19	4
尊重信任学生	0.19	3
总和	1.00	

续表

教师对自我的管理	三级指标权重	指标重要性排序
反思教学和行为	0.35	2
追求专业发展	0.46	1
自我情绪管理	0.19	3
总和	1.00	
教师对与同事、领导、家长关系的管理		
与同事的合作	0.41	1
与领导的沟通	0.39	2
与家长的合作	0.20	3
总和	1.00	

（2）教师对时间的管理中二级、三级指标权重。

参照对构面一内二级、三级指标的计算过程，同样将12位专家对教师对时间的管理构面中的二级指标重要性比较的结果，利用矩阵对偶法求解；然后将每项指标的12组权重数值分别求和，再取其平均值；最后得出3个二级指标的相对权重（表3-26），以同样的计算步骤求得该构面下三级指标权重的分布情况（表3-27）。

表3-26　　教师对时间的管理二级指标权重与重要性排序

教师对时间的管理评价构面	构面权重	构面重要性排序
A 对时间的规划管理	0.39	2
B 对时间的调控管理	0.44	1
C 对时间的评估管理	0.17	3
总和	1.00	

表3-27　　教师对时间的管理三级指标权重与重要性排序

教师对时间的规划管理	三级指标权重	指标重要性排序
根据目标分配时间	0.57	1
合理规划工作和闲暇时间	0.43	2
总和	1.00	

续表

教师对时间的调控管理	三级指标权重	指标重要性排序
灵活调整时间	0.267	3
有效调控课堂时间	0.35	2
有效控制工作进度	0.38	1
总和	1.00	
教师对时间的评估管理		
根据目标分配时间	1.00	1
总和	1.00	

（3）教师对信息的管理中二级、三级指标权重。

参照对构面一内二级、三级指标的计算过程，同样将12位专家对教师对信息的管理构面中的二级指标重要性比较的结果，利用矩阵对偶法求解；然后将每项指标的12组权重数值分别求和，再取其平均值，最后得出3个二级指标的相对权重（表3-28），以同样的计算步骤求得该构面下三级指标权重的分布情况（表3-29）。

表3-28　教师对信息的管理二级指标权重与重要性排序

教师对信息的管理评价构面	构面权重	构面重要性排序
A 对促进自身专业发展的信息的管理	0.50	1
B 对促进学生发展的信息的管理	0.50	1
总和	1.00	

表3-29　教师对信息的管理三级指标权重与重要性排序

教师对促进学生发展的信息的管理	三级指标权重	指标重要性排序
利用学生背景信息	0.35	2
适当运用教学资料	0.35	1
充分利用网络资源	0.30	3
总和	1.00	
教师对促进自身发展的信息的管理		
充分利用"他评"信息改进教学	0.46	2
吸收新知识求发展	0.54	1
总和	1.00	

(4) 教师对物的管理中二级、三级指标权重。

参照构面一内二级、三级指标的计算过程,将 12 位专家对教师对物的管理构面中的二级指标重要性比较的结果,利用矩阵对偶法求解;然后将每项指标的 12 组权重数值分别求和,再取其平均值;最后得出 3 个二级指标的相对权重(表 3-30)。以同样的计算步骤求得该构面下三级指标权重的分布情况(表 3-31)。

表 3-30　　　教师对物的管理二级指标权重与重要性排序

教师对物的管理评价构面	构面权重	构面重要性排序
A 对学校资源的开发管理	0.17	2
B 对教学设备的利用管理	0.83	1
总和	1.00	

表 3-31　　　教师对物的管理三级指标权重与重要性排序

教师对教学设备的管理	三级指标权重	指标重要性排序
熟练运用教学设备	0.57	1
注重教学设备内涵开发	0.43	2
总和	1.00	
教师对学校资源的管理		
利用学校其他设施	0.44	2
利用学校物质文化资源	0.56	1
总和	1.00	

(5) 教师对空间的管理中二级、三级指标权重。

参照对构面一内二级、三级指标的计算过程,同样将 12 位专家对教师对空间的管理构面中的二级指标重要性比较的结果,利用矩阵对偶法求解;然后将每项指标的 12 组权重数值分别求和,再取其平均值;最后得出 3 个二级指标的相对权重(表 3-32),以同样的计算步骤求得该构面下三级指标权重的分布情况(表 3-33)。

表 3-32　　教师对空间的管理二级指标权重与重要性排序

教师对空间的管理评价构面	构面权重	构面重要性排序
对教室空间的利用管理	0.83	1
对教室外空间的利用管理	0.17	2
总和	1.00	

表 3-33　　教师对空间的管理三级指标权重与重要性排序

教师对教室空间的管理	三级指标权重	指标重要性排序
维护室内环境	0.23	3
安排教室空间	0.37	2
注重教室空间内涵	0.40	1
总和	1.00	
教师对教室外空间的管理		
充分利用教研室	0.56	1
利用其他场地支持学生发展	0.44	2
总和	1.00	

（五）教师管理行为评价指标体系

综合对教师管理行为评价指标体系内一级指标、二级指标、三级指标权重的计算结果，完成对整个教师管理行为评价指标体系内指标权重的确立，然后进一步将三级指标权重归一化建构完成教师管理行为评价指标体系（表 3-34）。

表 3-34　　　　　　　　教师管理行为评价指标体系

评价领域	一级指标		二级指标		三级指标	
	指标	权重	指标	权重	指标	权重
教师管理行为	教师对人的管理	0.39	对学生的管理	0.21	引导全面发展	0.06
					促进学业发展	0.07
					约束学生行为	0.04
					尊重信任学生	0.04
			对与同事、领导、家长关系的管理	0.05	与同事的合作	0.02
					与领导的沟通	0.02
					与家长的互动	0.01
			对自我的管理	0.13	反思教学和行为	0.05
					追求专业发展	0.06
					自我情绪管理	0.02
	教师对物的管理	0.15	对教学设备的利用管理	0.12	熟练运用教学设备	0.07
					注重教学设备内涵开发	0.05
			对学校资源的开发管理	0.03	利用学校其他设施	0.01
					开发学校物质文化资源	0.02
	教师对时间的管理	0.24	对时间的规划管理	0.10	根据目标分配时间	0.06
					合理规划工作和闲暇时间	0.04
			对时间的调控管理	0.11	灵活调整时间	0.03
					有效掌控课堂时间	0.04
					有效控制工作进度	0.04
			对时间的评估管理	0.03	根据目标分配时间	0.03
	教师对空间的管理	0.06	对教室空间的利用管理	0.05	维护室内环境	0.01
					布置教室空间	0.02
					注重教室空间内涵	0.02
			对教室外空间的利用管理	0.01	充分利用教研室	0.006
					利用其他场地支持学生发展	0.004
	教师对信息的管理	0.16	对促进自身专业发展的信息的管理	0.08	充分利用"他评"信息改进教学	0.04
					吸收新知识求发展	0.04
			对促进学生发展的信息的管理	0.08	充分利用学生背景信息	0.03
					适当运用教学资料	0.03
					充分利用网络资源	0.02

三 使用建议与补充

第一，开发出一套完备的教师管理行为评价的指标体系可以引导教师审视自己的教学和管理行为，进而发现不足，改进行为。各个学校在具体实施中，可以针对本校的情况和教师的特点改进和优化评价指标体系，尤其可以补充一些指标体系中不存在、而本校教师工作中经常进行的管理行为，开发出本校教师管理行为评价指标体系及可以直接用来测量教师管理行为表现的评估表。广大中小学教师可以应用这个评估表进行自我评价，追踪和改进自身的管理行为表现。学校也可以参考评价结果来分析学校管理中存在的制约因素，为促进教师管理行为的完善提供外部保障。

第二，本章根据管理学理论建构教师管理行为评价指标体系，用途定位于中小学教师的自我评价，促进教师的专业发展，是发展性评价的一种。而树立正确的自我评价观是教师自我评价顺利开展的重要前提，因为思想是行动的先导，有什么样的思想观念就会产生什么样的行为表现。教师在进行自我评价时不能放大自己的优点，隐藏自己的缺点，而是要清楚地认识自我评价的目的，真正达到通过自评发现问题、改进教学，真正实现专业成长与发展。

第三，在本章中的指标筛选过程中删除的数项初拟指标，都能够在文献理论与实务主张中发现其立论基础与重要性，因此初步假设，指标删除结果可能与利益相关人的观点不同有关。因此，建议未来的研究可以吸取学校外部关系人的观点，进而比较内部、外部关系人对教师管理行为看法的差异，进一步拓展和完善教师管理行为评价指标体系的内容。

第四，本章还有赖于后续研究者对所建构的教师管理行为评价指标体系做进一步审视并验证，最好能够进行实地施测，然后评估实际成效，再收集相关数据和信息，不断修正该指标体系，让教师管理行为的评价指标体系能够不断完善与发展，更加全面和具有可操作性。

四　教师管理行为评价量表

使用者：中小学教师、中小学教育管理人员、教育督导人员、教师教育研究人员。

使用方法：请将下列观测点所列行为与测查对象（或自身）行为进行比对，然后在相应的栏内打"√"，吻合度越高，分值也越高。

1 = 非常不吻合　　2 = 不太吻合　　3 = 无法判断　　4 = 基本吻合
5 = 完全吻合

一级指标	二级指标	三级指标	观测点	1	2	3	4	5
教师对人的管理	对学生的管理	引导全面发展	鼓励学生发表观点，参与课堂活动、班级活动					
			注重学生的品行修养教育，促其全面发展					
		促进学业发展	了解学生差异，因材施教					
			客观评价学生的学业成就					
			精选作业，减轻学生负担					
		约束学生行为	妥善处理学生的问题行为					
			注重对学生的安全教育					
		尊重信任学生	与学生平等友好的交流、交往					
	对自我的管理	反思教学和行为	经常反思教学和管理行为					
		追求专业发展	制定职业生涯规划，追求专业发展					
		自我情绪管理	进行有效的情绪管理					
	对与同事、领导、家长关系的管理	与同事的合作	与同事保持平等友好的关系					
			在教学、科研等方面与同事共享资源、密切合作					
			与其他科任教师交流学生特点和学习情况					
		与领导的沟通	与学校领导关系融洽					
			与领导进行良性互动，沟通问题或参与决策					
		与家长的合作	与学生家长关系融洽					
			采用多种形式与家长沟通学生的学习发展情况					

续表

一级指标	二级指标	三级指标	观测点	1	2	3	4	5
教师对时间的管理	对时间的规划管理	根据目标分配时间	工作目标明确，并且能够按目标合理规划分配时间					
		工作和闲暇时间的规划	合理规划工作时间和闲暇时间					
	对时间的调控管理	灵活运用时间	能够根据任务的轻重缓急，合理分配时间					
		有效调控课堂时间	合理掌控课堂时间，很少拖堂或空堂					
		有效控制工作进度	能够排除干扰，按照计划好的进度工作					
	对时间的评估管理	反思时间利用情况	经常回顾、分析自己对时间的利用情况					
教师对物的管理	对教学设备的利用管理	熟练运用教学设备	熟练运用各种教学工具，如教具、图书、多媒体设备					
		注重教学设备内涵开发	注重教学设备的教育性、安全性和趣味性					
	对学校资源的利用管理	利用学校其他设施	针对学生的不同需求，开发和利用学校的资源、设施					
		利用学校物质文化资源	积极参与学校的物质文化建设					
教师对信息的管理	对促进学生发展的信息的管理	利用学生背景信息	充分利用学生背景信息指导教学					
		适当运用教学资料	对教材、教参等教学资料既充分利用，又不过度依赖					
		充分利用网络资源	充分利用网络资源为学生提供学习素材或答疑					
	对促进自身发展的信息的管理	充分利用"他评"信息改进教学	充分利用学生评教、同事评议等评价信息改进教学					
		吸收新知识求发展	把相关知识与最新研究成果融于自己的教学实践					
教师对空间的管理	对教室空间的管理	维护室内环境	帮助学生创设整洁的室内环境，使其愉悦学习					
		安排教室空间	合理安排教室空间，包括课桌椅和教学用具的摆放等					
		注重教室空间内涵	注重教室空间安全性、教育性和舒适性的结合					
	对教室外空间的管理	充分利用教研室	把教研室变成知识共享的平台					
		利用其他场地支持学生发展	充分利用校园环境里的建筑场地等支持学生活动					

第四章

教师课程行为指标体系的建构

一 研究架构

第8轮中小学课程改革自2000年实施以来,在总体上分为两个阶段,以2001年教育部公布的《基础教育课程改革纲要(试行)》为起点至2010年,这个阶段是课程改革的启动和实施阶段,重点在于课程体制的重建、教材的重建和教师课程意识的唤醒与课程行为的培养;第二个阶段以2010年教育部颁行的《教育部关于深化基础教育课程改革进一步推进素质教育的意见》为标志,重点是校本选修课程、学校特色化建设和考试评价改革。此次课程改革最大的亮点就是赋予地方课程开发权、赋予学校和教师课程开发权,实行三级课程管理体制,其中国家课程又分为了国家必修课程和国家选修课程,从教师到学校,从家长到学生,课程的选择权都扩大了。与此同时,学校内部的课程权力分配也强调了分权、参与、校本知识共享和学校课程顶层设计与办学特色的吻合。教师作为学校中具有课程管理能力的成员,既是享有课程管理的权力并参与学校的课程管理者,又是课程实施的执行者、建设者与调适者,还是课程实施中问题的协商者与解决者。

(一) 教师课程行为的理解

新课程改革之前,中小学教师只需要有教学意识,并且在教学过程中按照规定按部就班地执行就足够了,不需要课程意识,甚至于没有课程意识。在新课程改革之后,伴随着三级课程管理体制中课程权的分权和下移,新的课程理念在中小学渐渐深入教师之心,教师也逐渐地被赋予越来越多的课程自主权。如何贯彻落实好三级课程是很多学校面临的问题。由于国家课程、地方课程和校本课程的内涵和目的不尽相同，因此在学校课程中三级课程在不同阶段所占的比例也不同，如图4-1所示。

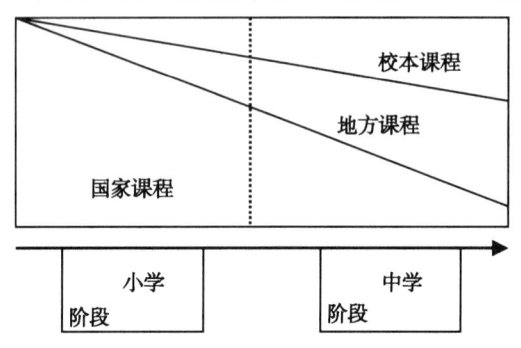

图4-1 学校课程中三级课程比例

由图4-1可以看出，在基础教育阶段，国家课程在学校课程结构中仍然处于主导地位，而地方课程和校本课程处在辅助地位；从小学到高中，随着年级的升高，地方课程和校本课程占总课程的比例不断增大。尽管地方课程和校本课程在中小学课程中所占比例相对较少，但是协调落实好三级课程依然十分必要，不管把课程分为多少级，最终都要在学校中落实践行。教师是学校课程的执行者，随着学校支配课程自主权的逐步增加，教师也获得相当的课程自主权。因此，具备课程能力的中小学教师运用可支配的课程权力，把课程意识转化、落实到国家、地方和学校这三级课程的实施过程中，从而使得教师课程行为应运而生。教师课程行为及其产生可以用图4-2表示。

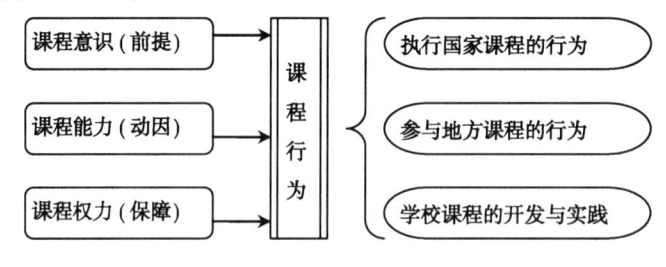

图4-2 教师课程行为及其产生

鉴于上述对课程的理解，结合新课程改革后施行国家、地方和学校三级课程分级管理的制度，本章中教师课程行为可以界定为具备一定课程能力的教师在课程意识的支配下，运用相应的课程权力，根据国家、地方和学校三级课程在学校课程中的不同分配比例，结合自身所处的教育阶段，按照课程设置的相应指导要求，并且以课程为依托所进行的一系列行为活动的总和，主要包括对国家课程的执行行为、对地方课程的参与行为、对校本课程的开发行为，以及围绕这3个维度的行为所展开的其他课程行为。

(二) 技术路线

我们首先阐述教师课程行为评价指标体系的构建原则和假设，分析构建指标体系框架的过程，即依教师对待不同层次的课程所采取的不同行为为标准划分若干维度。在此基础上，我们对教师课程行为指标体系进行构建，首先筛选出教师课程行为的指标，然后进一步确定各指标的权重，最后构建教师课程行为的指标体系。我们给出教师课程行为评价指标体系的实施建议，主要是对教师课程行为量表的施测、教师课程行为评价指标的具体应用进行说明，其基本逻辑如图4-3所示。

二 教师课程行为准量表编制

(一) 提取教师课程行为评价维度

如前所述，我们在架构教师课程行为维度时的依据主要是根据课程管理体制中的三级课程而依次设计的，本书将教师课程行为划分为3个维度，即执行国家课程行为、参与地方课程行为和开发学校课程行为。这样划分后，我们要为相应的课程行为进行指标划分，而这些划分的依据来自大量的既有文献，在文献梳理的基础上细化3个维度下的各种课程行为。确定细化的课程行为的来源有两个：一是通过对与以"课程管理"、"课程领导"、"课程开发"、"课程参与"及其近义概念"课程运筹"和"课程经营"等相关的专著、学术论文、学位论文等文献进行梳理，带有前瞻性地列出教师可以参与的课程行为。二是以"列举教师课程行为涵盖内容"为主题，分别征询教研室相关人员、中小学校长、具备课程组织与实施经验的教师和课程专家的意见，收集他们对课程行为的看法。在此基础上，归纳合并相同或相近的课程行为，删除重复的课程行为，整理出粗略的课程行为项目框架，如表4-1所示。

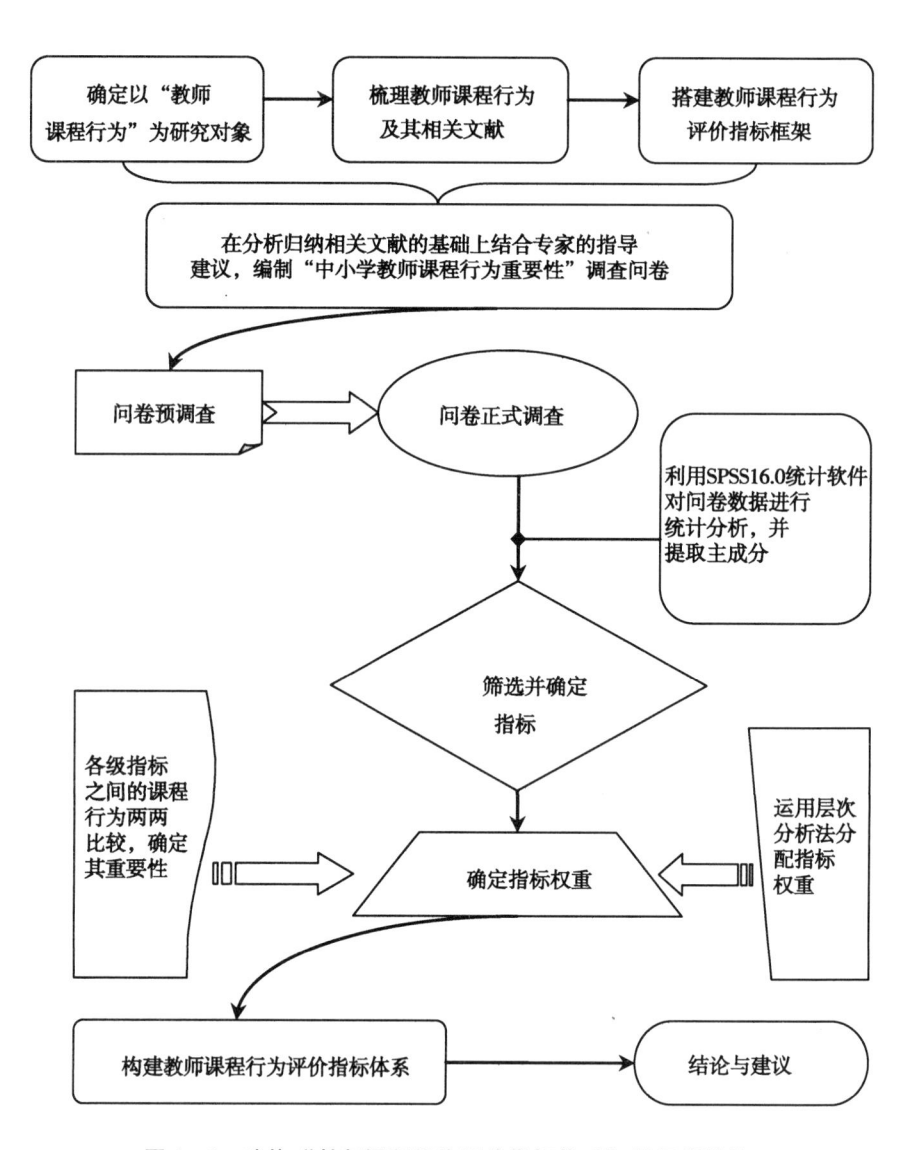

图 4-3 建构"教师课程行为评价指标体系"的逻辑结构

表 4-1　　　　　　　　　课程行为及其细化项目列表

维度	相对具体的课程行为项目
a 执行国家 课程	a1. 及时了解课程改革的政策与信息
	a2. 能够把各阶段性课程目标与整体课程目标有机联系起来
	a3. 理解每级课标 3 个维度（认知与技能、过程与方法、态度与情感及价值观）的具体含义
	a4. 能够根据三维课标实施教学
	a5. 熟悉所教学科课程的性质及与其他学科的关系
	a6. 向教育督导或者教研员反映有关课程设计的问题
	a7. 针对不同的学生，在国家课程框架内制订出个性化课程计划
	a8. 严格无误地执行课程大纲要求
	a9. 能够将课程计划具体化为自己的教学计划
b 参与地方 课程	b1. 认同地方课程及其开发，领会地方课程目标
	b2. 熟悉地域文化，参与地方课程的开发
	b3. 参与制订符合地方特色和学生发展需求的课程计划
	b4. 向相关地方课程开发人员提出自己的建议
	b5. 为地方课程开发寻找相关素材与资源
	b6. 理解地方课程的文本并进行个性化的拓展
	b7. 根据学校和自身实际情况选择相应的地方课程进行传习
	b8. 及时反思地方课程存在的问题，提出改进的建议
	b9. 撰写相关地方课程的研究体会
	b10. 指导学生选择适合他们自己的地方课程
c 开发校本 课程	c1. 认同校本课程并有强烈的校本课程开发意愿
	c2. 掌握校本课程相关知识和校本课程开发的一般步骤
	c3. 能够以所在学校的教育理念指导课程开发实践
	c4. 调查本校学生对校本课程的需求，有效利用学校和社区的资源进行相应的校本课程开发
	c5. 利用相应的课标理论确定校本课程的课标
	c6. 具备将不同的素材整合成校本课程内容的能力
	c7. 参与或主持一个团队对某个校本课程进行合作开发
	c8. 撰写相应的校本课程大纲，编制与课标相吻合的课程教材
	c9. 以灵活的教学组织形式实施校本课程
	c10. 能够使校本课程成为学生成长的必要补充
	c11. 能够改造现有的以课外活动、学校文化为系统的校本课程
	c12. 能够进行校本课程方面的课题研究
	c13. 借助专家力量与学生、家长和社区人士共同开发校本课程
	c14. 能够将校本课程文本化、系列化、长期化

（二）教师课程行为准量表预测

要编制一份高质量的指标性量表，需要经过编拟预试量表、预试、整理量表与编号、项目分析、信度分析和效度分析。当我们将教师课程行为评价项目提取完毕，后续的任务就是要建立具体的评价指标，还得按照量表编制原则将评价项目转化成可以测量的评价指标，为此编制了《"中小学教师课程行为重要性"咨询问卷（试测稿）》。此次预测下放时间为2011年5月下旬，主要通过现场面向培训的教育硕士和中小学教师，并且利用网络途径联系往届教育硕士和浙江省"领雁工程"培训学员发放评判卷230份，回收207份，有效评判卷193份，回收率90%，准量表有效率83.9%，符合统计分析要求。借助SPSS19.0统计软件对原始数据进行初步统计分析，主要采取项目分析和因子分析方法，其中因子分析的过程中还涉及主成分分析。

1. 项目分析

通过项目分析筛选教师的多种课程行为，确保准量表总体区分度。在本章，项目分析就是根据预测准量表的试测结果对组成测验的各个项目（教师课程行为）进行分析，并且按照一定的准则评价各项目的好坏，为研究者筛选准量表项目提供参考依据。项目分析的指标有项目难度和区分度两项。然而取舍项目时，首先要看区分度，其基本原理是求出准量表每一个题项的CR值（Critical Ratio），将CR值未达到显著水平的题项删除或修改。因为，低区分度的项目不能有效测量个体之间的差别，一般认为准量表中各项目系数在0.3—0.7之间最佳。使用项目分析的基本程序是：（1）分别求出测量结果中每位个体所得总分；（2）找出高、低分组总人数27%处的分数，按照总分高低次序排序并分组；（3）用独立样本T检验检测每题项平均数的差异情况；（4）根据T值是否显著，判定相应题项是保留还是删除或修改，从而提高准量表的质量。对预测准量表进行项目分析的结果如表4-2所示。

表4-2　　高、低两组Independent Samples Test结果呈列表

题项	T值	显著性（双侧）	题项	T值	显著性（双侧）	题项	T值	显著性（双侧）
a1	3.427	0.001	b3	5.088*	0.000	c4	7.653*	0.000
a2	4.362*	0.000	b4	5.694*	0.000	c5	8.636*	0.000

续表

题项	T值	显著性（双侧）	题项	T值	显著性（双侧）	题项	T值	显著性（双侧）
a3	6.543*	0.000	b5	6.520*	0.000	c6	6.569*	0.000
a4	3.839	0.001	b6	4.713*	0.000	c7	6.695*	0.000
a5	5.178*	0.000	b7	4.485*	0.001	c8	8.060*	0.000
a6	4.613*	0.000	b8	7.692*	0.000	c9	5.075*	0.000
a7	6.237*	0.000	b9	5.728*	0.000	c10	8.108*	0.000
a8	4.522*	0.000	b10	7.126*	0.000	c11	10.475*	0.000
a9	4.428*	0.000	c1	6.793*	0.000	c12	7.006*	0.000
b1	5.332*	0.000	c2	4.617*	0.000	c13	7.889*	0.000
b2	5.484*	0.000	c3	6.276*	0.000	c14	6.706*	0.000

* 代表 $P<0.001$。

我们知道，在进行独立样本 T 检验时，当 P 小于 0.05（即 sig 的值小于 0.05）时，T 值显著。在此也表明此题有效，能够区分出不同被试的反应程度，应予以保留。反之，如表 4-2 所示，项目 a1、a4 与 b7 的 T 值虽然小于 0.05，但是与其他各项目相比，该 3 个项目的区分度仍然不能高效测量出被试的反应程度，故理应予以删除或修改。至于最终要怎么处理这 3 个项目，还要看接下来的分析情况。

2. 信效度分析

本检测采取 Cronabach α 系数来检验准量表的内在一致程度。经测量，首先"中小学教师课程行为重要性"咨询问卷的 Cronbach's Alpha 为 0.819，表明该准量表具有较高的稳定性。其次，通过因子分析（Factor Analysis）测量准量表的结构效度。本次预测的有效样本量与变量数的比为 5.85 : 1，在比较合理的范围之内。除此之外，结构效度还需要依据 KMO 统计量和 Bartlett's 球形检验加以判断。KMO 统计量是用于比较各变量间的简单相关和偏相关的大小，以便探查变量间的偏相关性，取值范围在 0—1 之间。一般认为当 KMO 大于 0.9 时效果最佳，小于 0.7 以上效果尚可，小于 0.6 时效果很差，小于 0.5 时则不适宜做因子分析。Bartlett's 球形检验用于检验相关阵是否是单位阵，即各个变量是否各自独立。Bartlett's Tests 结果显著，表示相关矩阵间有共同因素存在，适合进行因子分析，相关系数可以用于因子分析抽取因子。经检验，结果如表 4-3 所示。

表 4-3　　　　　　　　　KMO 及 Bartlett's 检验

Kaiser-Meyer-Olkin Measure of Sampling Adequacy.		0.768
Bartlett's Test of Sphericity	Approx. Chi-Square	2210.545
	df	528
	Sig.	0.000

由表 4-3 可知，此次预测准量表的 KMO 值为 0.768，表明各变量间的相关程度无太大差异，数据比较适合做因子分析。而球形假设被拒绝，说明各指标间并非独立，其取值也是有联系的。

3. 主成分分析

为了检验准量表中每个构面的结构效度，进一步对因子筛选进行探讨，本章采用主成分分析法（Principal Component Analysis，PCA）和正交旋转 Varimax 法。进行探索性因素分析判断题项取舍的标准有以下 4 点：（1）题项在某一因子上的负荷超过 0.40；（2）题项之间不存在交叉负荷（Cross-loading），即 2 个因素上都有超过 0.40 的负荷；（3）因子包含的题项大于或等于 3 个；（4）因子归属不当的题项及不易被解释的题项。

首先，查看主成分分析法中每个题项解释的变量共同度有无低于 60% 的情况。由于准量表中每个原始变量的所有方差都能被因子解释，所以每个原始变量的共同度均为 1，表中不再显示，具体如表 4-4 所示。

表 4-4　　　　　　　　　预测准量表变量共同度描述

变量共同度							
题项	最终解共同度	题项	最终解共同度	题项	最终解共同度	题项	最终解共同度
a1	0.376	b1	0.683	b10	0.580	c9	0.621
a2	0.612	b2	0.610	c1	0.585	c10	0.763
a3	0.634	b3	0.730	c2	0.732	c11	0.625
a4	0.393	b4	0.605	c3	0.607	c12	0.572
a5	0.704	b5	0.703	c4	0.731	c13	0.536
a6	0.659	b6	0.783	c5	0.692	c14	0.586
a7	0.626	b7	0.501	c6	0.731		
a8	0.723	b8	0.574	c7	0.656		
a9	0.780	b9	0.636	c8	0.578		

根据因子分析最终解计算出的变量共同度用以解释原始变量方差，如表 4-4 中的 a1 的最终解共同度为 0.376，表示可以解释假设上一级指标方差的 37.6%，而 a2 则能 61.2% 的解释上一级指标。由此可见，a1 与 a4 的最终解共同度偏低，结合上述项目分析的结果，决定将此两项目予以删除。其次，利用 SPSS 统计软件进行主成分分析，其中陡坡检验（scree test）生成的碎石图是根据最初抽取因素所能解释的变异量高低绘制而成，碎石图底部的碎石表示陡坡图底端的因素不具有重要性，可以舍弃不用。从碎石图的情形看，也可以作为挑选因子分析数目的标准。由此，根据图 4-4 可以看出，从第 4 个因子往后碎石渐呈平坦态势。

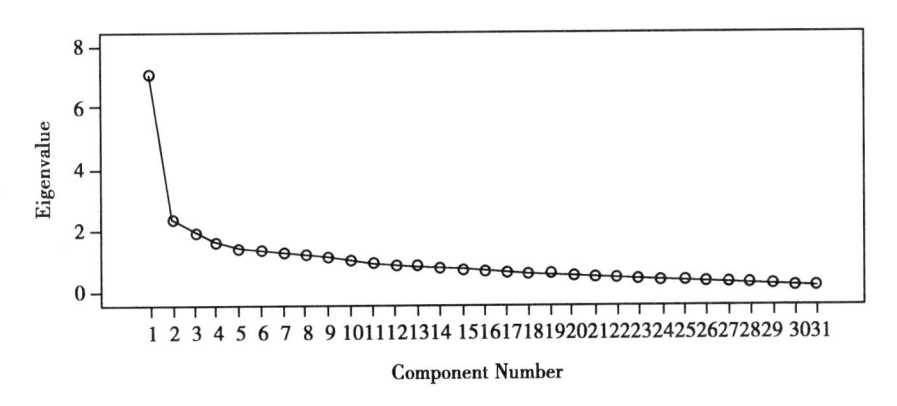

图 4-4　教师课程行为各因子分析碎石图

接下来看因子贡献率，表 4-5 是在特征值大于 1 的情况下，对删除 2 个项目后剩下的 31 个项目进行主成分分析提取了 10 个因子后，其前 3 个特征值累计解释了总变量的 60.344%，说明现存的 31 个变量可以提取出最具解释力的 3 个主要因子，这也证明前文 3 个维度划分的合理性。

表 4-5　　　　　　　　　　　总方差解释表

主成分序号	初始特征值			总贡献率		
	总分	方差百分比	累计百分比	总分	方差百分比	累计百分比
1	7.054	36.534	36.534	7.054	36.534	36.534
2	2.336	12.431	18.965	2.336	12.431	18.965
3	2.004	11.379	60.344	2.004	11.379	60.344

确定提取 3 个因子后，进行方差最大正交旋转。依据各学科运用 SPSS

统计软件的习惯，在此将原来的系统默认值 0.10 改为了 0.40，则转轴后负荷量小于 0.40 的部分不显示在列表中，各变量的因子负荷值如表 4-6 所示。

表 4-6　　　　　　　　转轴后的成分矩阵（a）表

项目	主成分			项目	主成分		
	因子1	因子2	因子3		因子1	因子2	因子3
a2$_{移}$		0.499		b10		0.511	
a3	0.452			c1			0.492
a5	0.436	-0.103		c2			0.403
a6	0.481			c3			0.491
a7	0.474			c4			0.594
a8	0.415			c5		-0.100	0.584
a9	0.451			c6			0.516
b1		0.463		c7			0.583
b2		0.546	-0.095	c8			0.595
b3		0.448	-0.108	c9			0.434
b4		0.486	-0.116	c10			0.547
b5		0.451	-0.150	c11			0.619
b6		0.479	-0.074	c12			0.584
b7		0.551	-0.109	c13			0.648
b8		0.576	-0.119	c14			0.549
b9		0.442	-0.108				

提取方法：主成分分析　　[a] 转轴收敛于 5 个迭代。

由于不存在因子负荷值小于 0.40 的项目，而存在交叉负荷的项目数目相对多些，好在其交叉负荷程度相对较轻，还有就是项目 a2 出现了归因差异，具体情况如表 4-6 所示。通过认真比较每个因子包含的变量，发现总体来看能够被比较合理的解释，但是出现轻度交叉负荷的项目在修改或保留问题上仍然需要做出具体讨论。

（1）a2（能够把各阶段性课程目标与整体课程目标有机联系起来）被统计软件归因于因子 2，这就表明原本属于执行国家课程的课程行为被纳入参与地方课程的课程行为之列，但是考虑到整体课程目标属于宏观层面的指导，是在国家层面规划制定的，鉴于此，仍然将其归属到因子 1

之列。

（2）a5与因子2出现轻度交叉，决定将a5（熟悉所教学科课程的性质及与其他学科的关系）改为"熟悉所教学科的性质及与其他学科的关系，明确相关课程政策对自己所教授学科的要求"。

（3）因子2下列共10个项目，但是有8个项目与因子3呈现轻度交叉，限于项目数，导师建议整合一些项目，即将b2与b3整合为"熟悉地域文化，参与制定符合地方特色和学生发展需求的课程"，b4与b5整合成"向相关地方课程开发人员提出自己的课程设想，并为地方课程开发寻找相关素材与资源"，b6与b7整合为"理解地方课程的文本，选择符合学校和自身实际情况的地方课程进行教授、传习"，b8与b9整合为"撰写相关地方课程的研究体会，及时反思地方课程存在问题并提出改进的建议"。

（4）c5（利用相应的课标理论确定校本课程的课标）与因子2存在轻度交叉，将其改为"能以所在学校的办学理念指导课程开发实践"。

经过上述过程的测量，对原有项目进行删减和修整，并且对主成分分析提取的3个因子予以初步命名，如表4-7所示。

表4-7　　　　　　　因子命名及其所属因子项目数量列表

主成分	因子1	因子2	因子3
命名	执行国家课程	参与地方课程	学校课程开发与实践
包含项目数	7	6	14

（三）教师课程行为准量表分析

对《"中小学教师课程行为重要性"咨询准量表（预测稿）》的统计分析与修改后，我们形成了《"中小学教师课程行为重要性"咨询准量表》正式测量表，准量表设3个一级指标，共有测量点27项。通过当面集体测量的方式向中小学教师下发正式测试卷620份，回收584份，有效558份，回收率94.19%，准量表有效率90%。测量表的Cronabach α为0.902，KMO统计量和Bartlett's球形检验结果如表4-8所示。

表 4-8　　　　　　　　　　KMO and Bartlett's Test

Kaiser-Meyer-Olkin Measure of Sampling Adequacy.		0.923
Bartlett's Test of Sphericity	Approx. Chi-Square	4630.265
	df	351
	Sig.	0.000

KMO 值为 0.923，Bartlett's Tests 结果显著（P < 0.001），比较适合进行因子分析，相关系数可以在因子分析中抽取因子。接下来对每一个维度分别进行信度和效度测量，以判断该维度是否可以进一步做因素分析，从而提取项目主成分。

1. 对"执行国家课程"维度各指标的分析

借助 SPSS19.0 统计软件测量归属于维度一"执行国家课程"的 7 个项目的内在信度与结构效度，结果如表 4-9 所示。

表 4-9　　　　　　　　维度一分部信度、效度检验列表

信度检验		
Cronbach's Alpha	Cronbach's Alpha Based on Standardized Items	N of Items
0.795	0.795	7
KMO 及 Bartlett's 检验		
Kaiser-Meyer-Olkin Measure of Sampling Adequacy.		0.759
Bartlett's Test of Sphericity	Approx. Chi-Square	550.478
	df	21
	Sig.	0.000

据此可知，该部分的 Cronbach's Alpha 系数为 0.795，表明该部分量表的内在信度尚佳。KMO 统计量的值为 0.759，说明结构效度效果尚可，Bartlett's Test 检验显示，$X^2 = 550.478$（df = 21 Sig. = 0.000）达到显著，拒绝球形假设。因此，此评分表具备了进一步做因素分析的条件。

对归属于一级指标"执行国家课程"的 7 个项目进行主成分因子分析，提取出特征值大于 1 的 2 个因子。参考因子走势碎石图 4-5，可以看出特征值自因子 3 开始平坦下滑，因此提取 2 个因子是比较合适的。

表 4-10 的数据显示：提取出来的 2 个公共因子的特征值依次为 2.512 和 1.024，累计解释变异量为 75.123%，表示这 3 个因子能够较大

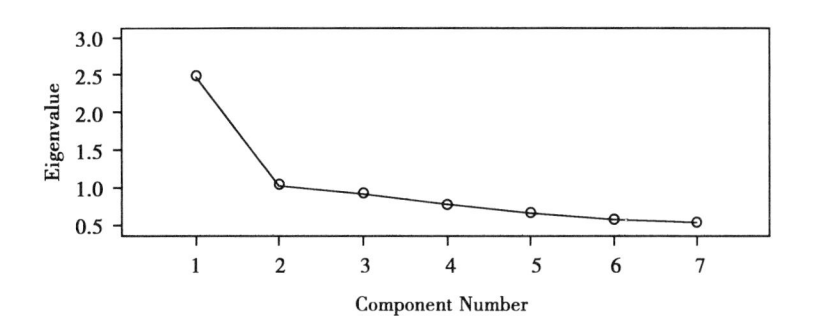

图 4-5 "执行国家课程"下各因子走势碎石图

程度地解释整个分量表。

表 4-10 公共因子方差特征根与贡献率

主成分序号	初始特征值			总贡献率		
	总分	方差百分比	累计百分比	总分	方差百分比	累计百分比
1	2.512	49.109	49.109	2.512	49.109	49.109
2	1.024	26.014	75.123	1.024	26.014	75.123

确定提取 2 个因子后，进行方差最大正交旋转（Varimax），得到转轴成分矩阵，各项目的因子负荷值和归属情况见表 4-11。各项目的因子负荷量大小，均在 0.401 到 0.806 之间。

表 4-11 转轴后的成分矩阵（a）表

因子 1		因子 2	
项目	最大附值	项目	最大附值
A1	0.725	A5	0.482
A2	0.797	A6	0.760
A3	0.679	A7	0.806
A4	0.401		

提取方法：主成分分析　(a) 转轴收敛于 3 个迭代。

根据 2 个因子各自包含的题项内容表述，可以分别为其命名为"熟知自己学科的课程信息（因子1）"和"执行国家课程计划（因子2）"，2 个因子包含的题项数分别为 4 个和 3 个（表 4-12）。

表 4-12　　　　　　　因子命名及其所属因子项目数量列表

	因子 1	因子 2
命名	熟知自己学科的课程信息	执行国家课程计划
包含项目	A1/A2/A3/A4	A5/A6/A7

2. 对"参与地方课程"维度各指标的分析

测量归属于维度二"参与地方课程"的 6 个项目的内在信度与结构效度如表 4-13 所示。

表 4-13　　　　　　　维度二分部信度、效度检验列表

信度检验		
Cronbach's Alpha	Cronbach's Alpha Based on Standardized Items	N of Items
0.788	0.788	6

KMO 及 Bartlett's 检验		
Kaiser-Meyer-Olkin Measure of Sampling Adequacy.		0.839
Bartlett's Test of Sphericity	Approx. Chi-Square	783.354
	df	15
	Sig.	0.000

据此可知，该部分的 Cronbach's Alpha 系数为 0.788，表明该部分量表的内在信度尚佳。KMO 统计量的值为 0.839，说明结构效度效果上佳，Bartlett's Test 检验显示，$X^2 = 783.354$（df = 15 Sig. = 0.000）达到显著，拒绝球形假设。因此，此评分表具备了进一步做因素分析的条件。

对归属于一级指标"参与地方课程"的 6 个项目进行主成分因子分析，提取出特征值大于 1 的 2 个因子。参考因子走势碎石图 4-6，可以看出特征值自因子 3 开始平坦下滑，因此提取 2 个因子是比较合适的。

表 4-14 的数据显示，提取出来的 2 个公共因子的特征值依次为 1.975 和 1.256，累计解释变异量为 72.539%，表示这 3 个因子能够较大程度地解释整个分量表。

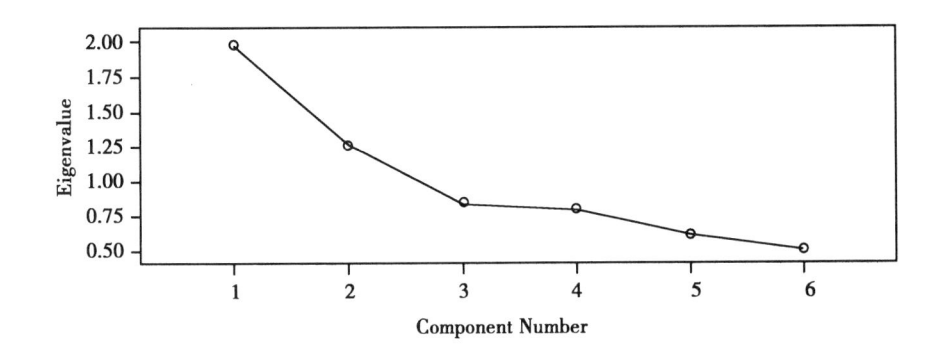

图 4-6 "参与地方课程"下各因子走势碎石图

表 4-14　　　　　　公共因子方差特征根与贡献率

主成分序号	初始特征值			总贡献率		
	总分	方差百分比	累计百分比	总分	方差百分比	累计百分比
1	1.975	43.169	43.169	1.975	43.169	43.169
2	1.256	29.370	72.539	1.256	29.370	72.539

确定提取 2 个因子后，进行方差最大正交旋转（Varimax），得到转轴成分矩阵，各项目的因子负荷值和归属情况见表 4-15。如表 4-15 所示，各项目的因子负荷量大小，均在 0.587 到 0.792 之间。

表 4-15　　　　　　转轴后的成分矩阵（a）表

项目序号	主成分	
	因子 1	因子 2
B1	0.638	0.014
B2	0.789	
B3	0.767	
B4		0.792
B5		0.771
B6	0.049	0.587

提取方法：主成分分析　　(a) 转轴收敛于 3 个迭代。

由表 4-15 可知，项目 B1、B6 出现轻度交叉负荷情况。尽管如此，但考虑到各自的主要因子占有主导地位，再者本维度包含项目数相对较少，也不适合删除相应选项，故维持原有项目。根据每个因子所包含项目的内容，分别为其命名为"参与和开发地方课程（因子1）"和"选择与组织地方课程（因子2）"2个因子包含的题项数均为3个，具体如表4-16所示。

表4-16　　　　　　因子命名及其所属因子项目数量列表

	因子1	因子2
命名	参与和开发地方课程	选择与组织地方课程
包含项目	B1/B2/B3	B4/B5/B6

3. 对"自主开发校本课程"维度各指标的分析

测量归属于维度三"自主开发校本课程"的14个项目的内在信度与结构效度，如表4-17所示。

表4-17　　　　　　维度三分部信度、效度检验列表

信度检验		
Cronbach's Alpha	Cronbach's Alpha Based on Standardized Items	N of Items
0.882	0.882	14
KMO 及 Bartlett's 检验		
Kaiser-Meyer-Olkin Measure of Sampling Adequacy.		0.921
Bartlett's Test of Sphericity	Approx. Chi-Square	2407.839
	df	91
	Sig.	0.000

据此可知，该部分的 Cronbach's Alpha 系数为0.882，表明该部分量表的内在信度尚佳。KMO 统计量的值为0.921，说明结构效度效果比较好，Bartlett's Test 检验显示，$X^2 = 2407.839$（df = 91 Sig. = 0.000）达到显著，拒绝球形假设。因此，此评分表具备了进一步做因素分析的条件。

对归属于一级指标"自主开发校本课程"的14个项目进行主成分因子分析，提取出特征值大于1的2个因子。参考因子走势碎石图4-7，可以看出特征值自因子3开始平坦下滑，因此提取2个因子是比较合适的。

据表4-18的数据显示，提取出来的2个公共因子的特征值依次为5.539和1.050，累计解释变异量为58.593%，表示这3个因子能够较大程度地解释整个分量表。

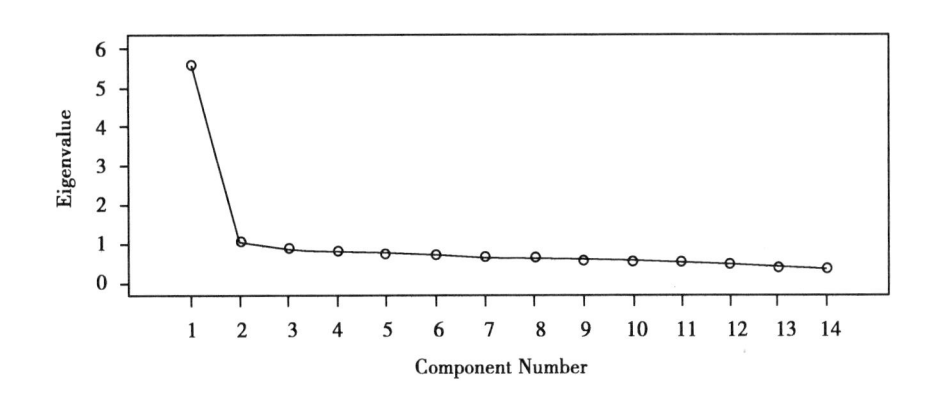

图4-7 指标"学校课程开发与实践"下各因子走势碎石图

表4-18　　　　　公共因子方差特征根与贡献率

主成分序号	初始特征值			总贡献率		
	总分	方差百分比	累计百分比	总分	方差百分比	累计百分比
1	5.539	45.677	45.677	5.539	45.677	45.677
2	1.050	12.916	58.593	1.050	12.916	58.593

确定提取2个因子后,进行方差最大正交旋转(Varimax),得到转轴成分矩阵,各项目的因子负荷值和归属情况见表4-19。如表4-19所示,各项目的因子负荷量大小,均在0.467到0.730之间。

表4-19　　　　　转轴后的成分矩阵(a)表

项目序号	主成分		项目序号	主成分	
	因子1	因子2		因子1	因子2
C1		0.717	C8	0.476	
C2		0.625	C9	0.730	
C3		0.694	C10	0.661	
C4		0.695	C11	0.624	
C5		0.618	C12	0.643	
C6	0.510		C13	0.605	
C7		0.467	C14	0.562	

提取方法:主成分分析　　(a)转轴收敛于3个迭代

根据2个因子各自包含的题项内容表述,可分别为其命名为"学校课程实施与反思（因子1）"和"校本课程开发（因子2）"，2个因子包含的题项数分别为8个和6个，具体见表4-20。

表4-20　　　　　　　因子命名及其所属因子项目数量列表

	因子1	因子2
命名	学校课程实施与反思	校本课程开发
包含项目	C6/C8—C14	C1/C2/C3/C4/C5/C7

（四）确定教师课程行为评价指标

通过运用SPSS19.0统计软件进行的信度、效度检验和探索性因素分析，最终提取出3个一级指标，6个二级指标，27个三级指标，经过对每级指标所属题项的概括归纳、拟定命名，以尽量简明易懂的方式呈现了三级指标框架见表4-21。

表4-21　　　　　　　教师课程行为三级指标统计表

一级指标	二级指标	三级指标
（Ⅰ）执行国家课程	（ⅠA）熟知自己学科的课程信息	（ⅠA1）理解课标的3个维度（认知与技能、态度与情感及价值观、过程与方法）的具体含义 （ⅠA2）能够把各阶段课程目标与整体课程目标有机联系起来 （ⅠA3）熟悉所教学科的性质及与其他学科的关系，明确相关课程政策对自己所教学科的要求 （ⅠA4）严格无误地执行课程大纲
	（ⅠB）执行国家课程计划	（ⅠB1）能够将课程计划具体化为自己的教学计划 （ⅠB2）向教育督导或者教研员反映有关课程设计的问题 （ⅠB3）针对不同的学生，在国家课程框架内制订出个性化课程计划
（Ⅱ）参与地方课程	（ⅡA）参与和开发地方课程	（ⅡA1）认同地方课程及其开发，领会地方课程目标 （ⅡA2）熟悉地域文化，参与制定符合地方特色和学生发展需求的课程 （ⅡA3）向相关地方课程开发人员提出自己的课程设想，并为地方课程开发寻找相关素材与资源
	（ⅡB）选择与组织地方课程	（ⅡB1）理解地方课程的文本，选择符合学校和自身实际情况的地方课程进行教授、传习 （ⅡB2）撰写相关地方课程的研究体会，及时反思地方课程存在的问题并提出改进的建议 （ⅡB3）指导学生选择适合他们自己的地方课程

续表

一级指标	二级指标	三级指标
（Ⅲ） 学校课程 开发与 实践	（ⅢA） 校本课程 开发	（ⅢA1）认同校本课程并有强烈的校本课程开发意愿 （ⅢA2）调查本校学生对校本课程的需求，利用相应的课标理论确定校本课程的课标 （ⅢA3）掌握校本课程相关知识和校本课程开发的一般步骤与技能 （ⅢA4）参与或主持一个团队对某个校本课程进行合作开发 （ⅢA5）能够以所在学校的办学理念指导课程开发实践 （ⅢA6）能够改造现有的课外活动、学校文化为系统的校本课程
	（ⅢB） 学校课程实施 与反思	（ⅢB1）能够有效利用学校和社区的资源进行相应的校本课程开发 （ⅢB2）撰写相应校本课程大纲，编制与课标相吻合的课程教材 （ⅢB3）以灵活的教学组织形式实施校本课程 （ⅢB4）能够使校本课程成为学生成长的必要补充 （ⅢB5）具备将不同的素材整合成校本课程内容的能力 （ⅢB6）能够进行校本课程方面的课题研究 （ⅢB7）借助专家力量与学生、家长和社区人士共同开发校本课程 （ⅢB8）能够将校本课程文本化、系列化、长期化

（五）确定教师课程行为评价指标权重

1. 确定权重的方法

中小学教师课程行为评价指标已经确定，接下来是分配评价指标的权重。在同一评价指标体系中，由于评价结论随着评价指标权重的分配不同而出现差异，因此按照一定的方法，根据中小学教师课程行为的实际情况和每项评价指标在整个评价指标体系中的地位与作用，为每项评价指标赋予一定的数值加以定位，从而合理、准确地分配指标权重。

目前，比较科学的、常用的权重分配方法有关键特征调查法、两两比较法、德尔菲法（DelPhi Technique）、矩阵对偶法、层次分析法（The Analytic Hierarchy Process，简称 AHP）等。但是，不管哪种方法都是从指标集的高级向低级演进，即先确定一级指标的权重，再确定二级指标的权重，最后确定三级指标的权重，然后对各级指标进行归一化处理，使每一级指标的权数和均为 1。由于层次分析法可以简化烦琐的计算过程，并且可以通过一致性检验对最初的判断矩阵进行不断调整，直至判断矩阵的一致性可以接受，因此这个分析方法能够获得评价人士的认同。本章采用层次分析法来确定评价指标的权重。

层次分析法是一种以定量与定性相结合的系统化、层次化的分析方法，由美国著名运筹学家托马斯·塞蒂（T. L. Saaty）于 20 世纪 70 年代首次提出来。此分析方法的特点是以人们的经验判断为基础，把烦琐问题中的各种因素通过简化为相互联系的有序层次,将一层次元素两两比较的重要性进行定量描述,然后利用数学方法计算反映每一层次元素的相对重要性次序的权值,将权数指派到各个一级指标上去,然后逐步依次指派到下一级指标,直至末一级指标。① 根据最终提取出的 3 个一级指标、6 个二级指标和 27 个三级指标,在本论文中确立权重的指标层次结构模型如图 4-8 所示。

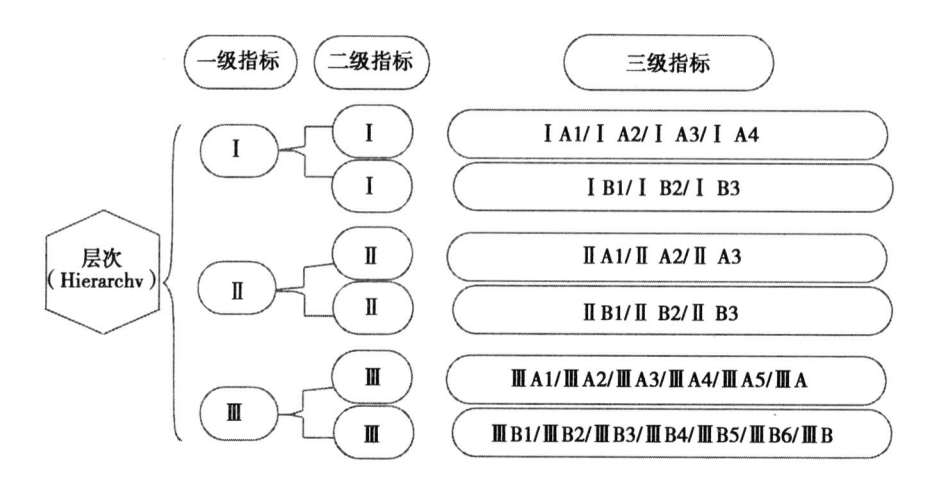

图 4-8　指标层次结构模型

2. 设置评价指标权重

首先,构造判断矩阵。将评价指标进行两两比较,根据"相对重要等级表"②(表 4-22)确定各个指标的等级。一级指标两两比较,隶属于同一个一级指标的二级指标两两比较,否则不能进行两两比较,隶属于同一二级指标的三级指标两两比较,否则不能进行两两比较。

表 4-22　　　　　　　　　　相对重要等级表

相对重要等级	定义	说明
1	同等重要	两者具有同等重要性
3	略为重要	一个稍微比另一个重要
5	较为重要	一个明显比另一个重要
7	尤为重要	一个强烈比另一个重要

---

① 陈超:《中小学教师网络课程评价指标体系研究》,西南大学硕士学位论文,第 39 页。
② 朱德全、宋乃庆:《教育统计与测评技术》,西南师范大学出版社 2007 年版,第 390 页。

续表

相对重要等级	定义	说明
9	绝对重要	一个极端比另一个重要
2、4、6、8	两相邻程度的中间值	需要择中时采用
上列各数倒数	反比较	

其次，设置判断参照值。由于教师课程行为评价调查准量表对每一个行为评价指标的重要性进行了测量，因此通过计算准量表中对应行为评价指标的重要性的评价值，根据评价值的高低反映相应行为重要性的差异。假设 I_x、I_y 是某一层次评价方面中任意两个指标的重要性分值（即平均分值），为了构造判断矩阵 X，作如下规定：

若 $0.125 < I_x - I_y \leq 0.25$，则 I_x 稍微比 I_y 重要，Saaty 标度取 3；

若 $0.375 < I_x - I_y \leq 0.5$，则 I_x 明显比 I_y 重要，Saaty 标度取 5；

若 $0.625 < I_x - I_y \leq 0.75$，则 I_x 强烈比 I_y 重要，Saaty 标度取 7；

若 $0.875 < I_x - I_y$，则 I_x 极端比 I_y 重要，Saaty 标度取 9；

若差值在两个参照值中间，则 Saaty 标度取 2、4、6、8。

根据上述原则构造出判断矩阵 X，并根据 AHP 法的运用步骤进一步求解，最终确定教师课程行为评价指标体系中的指标权重。接下来确定各级评价指标的权重。

（1）计算一级指标权重：

运用 SPSS19.0 统计软件对相应指标做描述性统计，分析得到各指标项重要性的平均分值如表 4 – 23 所示。

表 4 – 23　　　　　　　　一级指标平均分值

		I	II	III
N	Valid	558	558	558
	Missing	0	0	0
Mean		3.8515	3.5541	3.5686

根据表 4 – 23 一级指标重要性分值，构造判断矩阵，记为 X，则

$$X = \begin{pmatrix} 1 & 4 & 4 \\ 1/4 & 1 & 1/2 \\ 1/4 & 2 & 1 \end{pmatrix}$$

对矩阵 X 中每列进行归一化处理。具体做法是，先把每列 3 个数值分别相加算出其所在列数值之和，然后用每个数值除以所在列的和得到归一化的值，矩阵 X 每列归一化后所得矩阵记为 Y，则

$$Y = \begin{pmatrix} 0.67 & 0.57 & 0.73 \\ 0.17 & 0.14 & 0.09 \\ 0.17 & 0.29 & 0.18 \end{pmatrix}$$

对矩阵 Y 中每行的 3 个数值分别相加得到一个列数为 1 的矩阵 Z，则

$$Z = \begin{pmatrix} 1.97 \\ 0.40 \\ 0.64 \end{pmatrix}$$

进而将矩阵 Z 的各数进行归一化处理，即确定一级 3 个指标的初始权重，其矩阵记为 W，则

$$W = \begin{pmatrix} 0.65 \\ 0.13 \\ 0.22 \end{pmatrix}$$

接下来对得到的指标初始权重进行一致性检验以判断是否有效。判断矩阵的一致性检验计算公式为 CR = CI/RI，一致性比率是一致性检验指标 CI 与同阶平均随机一致性指标 RI 之比，记为 CR。其中 CI 是判断矩阵的一致性指标，与矩阵的最大特征根 λ_{max} 有关，计算公式是 CI = (λ_{max} - n) / (n - 1)；RI 为随机一致性指标，与矩阵的阶数有关，查找平均随机一致性指标表（表 4 - 24）得出相应的一致性指标 RI 的值[①]。指标权重一致性检验指的是当 CR < 0.1，则判断矩阵满足一致性，层次分析法得出的结论是一致的，相反，就需要重新调整判断矩阵，对评分进行重新修改，直到具有满意的一致性为止。

表 4 - 24　　　　　　平均随机一致性指标 RI 标准值

n	1	2	3	4	5	6	7	8	9
RI	0	0	0.58	0.90	1.12	1.24	1.32	1.41	1.45

上述判断矩阵一致性的计算过程如下：

---

① 李雁冰：《课程评价论》，上海教育出版社 2002 年版，第 133 页。

$$XW = \begin{pmatrix} 1 & 4 & 4 \\ 1/4 & 1 & 1/2 \\ 1/4 & 2 & 1 \end{pmatrix} \times \begin{pmatrix} 0.65 \\ 0.13 \\ 0.22 \end{pmatrix} = \begin{pmatrix} 2.05 \\ 0.40 \\ 0.64 \end{pmatrix}$$

$$\lambda_{max} = \sum_{t=1}^{3} (XW)_t / nW_t = 2.05/3 \times 0.65 + 0.40/3 \times 0.13 + 0.64/3 \times 0.22 = 3.04662$$

$$CR = CI/RI = [(\lambda_{max} - n)/(n-1)]/RI = [(3.04662 - 3)/(3-1)]/0.58 \setminus 0.0402 < 0.1$$

根据计算结果可知，判断矩阵满足一致性，即分配一级指标各个评价指标间的权重用层次分析法分析检验是有效的。

（2）计算二级指标权重

运用 SPSS19.0 统计软件对相应指标做描述性统计，分析得到二级指标项重要性的平均分值如表 4-25 所示。

表 4-25　　　　　　　　二级指标平均分值

		ⅠA	ⅠB
N	Valid	558	558
	Missing	0	0
Mean		3.9051	3.7802

按照一级指标的步骤，根据上表指标重要性分值，由判断矩阵 X 算出二级指标初始权重 W，如下所示：

$$X \Rightarrow W = \begin{pmatrix} 1 & 2 \\ 1/2 & 1 \end{pmatrix} \Rightarrow \begin{pmatrix} 0.67 \\ 0.33 \end{pmatrix}$$

由于二阶矩阵总是一致的，故上述矩阵无须进行一致性检验。同理，其他两项二级指标的权重计算结果如表 4-26 所示。

表 4-26　　　　　　　　二级指标权重

指标（index）		ⅡA	ⅡB	ⅢA	ⅢB
N	Valid	558	558	558	558
	Missing	0	0	0	0
Mean		3.6434	3.4648	3.5063	3.6154
权重		0.75	0.25	0.36	0.64

（3）计算三级指标权重。

采用同样的方法，同样的计算步骤，算出三级指标初始权重如表4-27所示。

表4-27　　　　　　　　　三级指标权重

指标（index）		ⅠA1	ⅠA2	ⅠA3	ⅠA4	ⅠB1	ⅠB2	ⅠB3
N	Valid	558	558	558	558	558	558	558
	Missing	0	0	0	0	0	0	0
Mean		4.1703	4.0735	3.8280	3.5484	4.0197	3.5251	3.7957
权重		0.49	0.32	0.14	0.05	0.62	0.10	0.28
一致性检验		$\lambda_{max}=4.137$，$CR=0.05<0.1$				$\lambda_{max}=3.090$，$CR=0.078<0.1$		
指标（index）		ⅡA1	ⅡA2	ⅡA3	ⅡA4	ⅡB1	ⅡB2	ⅡB3
N	Valid	558	558	558		558	558	558
	Missing	0	0	0		0	0	0
Mean		3.4158	3.5323	3.4104		3.7312	3.5842	3.6147
权重		0.25	0.50	0.25		0.54	0.16	0.30
一致性检验		$\lambda_{max}=3$，$CR=0$				$\lambda_{max}=3.0097$，$CR=0.008<0.1$		
指标（index）		ⅢA1	ⅢA2	ⅢA3	ⅢA4	ⅢA5	ⅢA6	ⅢB1
N	Valid	558	558	558	558	558	558	558
	Missing	0	0	0	0	0	0	0
Mean		3.3799	3.5627	3.5108	3.4194	3.5000	3.6649	3.5896
权重		0.06	0.23	0.14	0.09	0.13	0.35	0.10
一致性检验		$\lambda_{max}=6.136$，$CR=0.02<0.1$						
指标（index）		ⅢB2	ⅢB3	ⅢB4	ⅢB5	ⅢB6	ⅢB7	ⅢB8
N	Valid	558	558	558	558	558	558	558
	Missing	0	0	0	0	0	0	0
Mean		3.4910	3.7742	3.7312	3.5484	3.5573	3.5000	3.7312
权重		0.05	0.26	0.19	0.08	0.08	0.05	0.19
一致性检验		$\lambda_{max}=8.04$，$CR=0.004<0.1$						

（六）建构教师课程行为评价指标体系

经过上述计算，教师课程行为评价3个层次的指标权重全部确定，而且判断矩阵均满足一致性。将每一层次的权重归一化处理，即一级指标权重和为1，一级指标下属层次的二级指标权重和为其对应一级指标的权重，自然所有二级指标权重和也为1，三级指标亦然。与最终建构完成中小学教师课程行为评价指标体系，指标体系中各课程行为的权重分配如表 4-28 所示。

表 4-28　　　　　中小学教师课程行为评价指标体系

评价领域	一级指标（权重）	二级指标（权重）	三级指标（权重）
中小学教师课程行为	执行国家课程（0.65）	熟知自己学科的课程信息（0.44）	理解课标的3个维度的具体含义（0.215） 能把各阶段课程目标与整体课程目标有机联系起来（0.141） 熟悉所教学科的性质及与其他学科的关系，明确相关课程政策对自己所教授学科的要求（0.062） 严格无误地执行课程大纲（0.022）
		执行国家课程计划（0.21）	能够将课程计划具体化为自己的教学计划（0.130） 向教育督导或者教研员反映有关课程设计的问题（0.021） 针对不同的学生，在国家课程框架内制订出个性化课程计划（0.059）
	参与地方课程（0.13）	参与和开发地方课程（0.10）	认同地方课程及其开发，领会地方课程目标（0.025） 熟悉地域文化，参与制定符合地方特色和学生发展需求的课程（0.050） 向相关地方课程开发人员提出自己的课程设想，并为地方课程开发寻找相关素材与资源（0.025）
		选择与组织地方课程（0.03）	理解地方课程的文本，选择符合学校和自身实际情况的地方课程进行教授、传习（0.016） 撰写相关地方课程的研究体会，及时反思地方课程存在的问题并提出改进的建议（0.005） 指导学生选择适合他们自己的地方课程（0.009）
	学校课程开发与实践（0.22）	校本课程开发（0.08）	认同校本课程并有强烈的校本课程开发意愿（0.0048） 调查本校学生对校本课程的需求，利用相应的课标理论确定校本课程的课标（0.0184） 掌握校本课程相关知识和校本课程开发的一般步骤与技能（0.0112） 参与或主持一个团队对某个校本课程进行合作开发（0.0072） 能够以所在学校的办学理念指导课程开发实践（0.0104） 能够有效利用学校和社区的资源进行相应的校本课程开发（0.0280）
		学校课程实施与反思（0.14）	能改造现有的课外活动、学校文化为系统的校本课程（0.0140） 撰写相应的校本课程大纲，编制与课标相吻合的课程教材（0.0070） 以灵活的教学组织形式来实施校本课程（0.0364） 能够使校本课程成为学生成长的必要补充（0.0266） 具备将不同的素材整合成校本课程内容的能力（0.0112） 能够进行校本课程方面的课题研究（0.0112） 借助专家力量与学生、家长和社区人士共同开发校本课程（0.0070） 能够将校本课程文本化、系列化、长期化（0.0266）

三 结论与建议

（一）结论

本章在对教师课程行为及其相关文献进行梳理归纳的基础上，界定教师课程行为的概念及其内容，并且尝试根据中小学践行三级课程管理制度的政策要求划分教师课程行为分析框架，并以此为积淀，将其作为教师课程行为评价准量表设计和指标体系建构的基础。随后，利用SPSS19.0统计软件对教师课程行为评价准量表测量所得的数据进行统计分析，实证分析的结果在一定程度上验证了此分析框架的合理性。

教师课程行为的形成受到课程理念、课程能力和课程权力的制约。不同教师虽然持有的课程理念存在差异，具备的课程能力水平有高低，但是其拥有的课程权力的大小最终制约着教师课程行为能否正常的发挥。鉴于这样的认识，在三级课程划分的维度下，结合文献分析的现实，前瞻性地提出教师应该具备的课程行为，并且通过准量表的形式对课程行为进行量化，以测量其重要性，利用项目分析对课程行为进行筛选，结合因子分析中的主成分分析提取出能够解释相应课程行为的因子，根据其内容提炼出二级指标，再利用层次分析法确定3个层次下不同指标的权重，最终建构完成一个具备3个一级指标、6个二级指标和27个三级指标的中小学教师课程行为评价指标体系。

此评价指标体系的建立，为评价教师课程行为提供了量化的、可操作的参照准则。对教师个体而言，使其便于诊断自己的课程行为规范，为其行为的改进与优化，以及自我成长提供帮助。对学校来说，可以为学校管理者提供一套考察、评价教师课程行为倾向的参考体系，指导管理者更好地激励教师，提高教师的工作绩效，在促进教师成长的同时提高教学质量。

（二）建议

开发出一套完备的教师课程行为评价的指标体系可以深化教师的课程

理念，促进教师课程能力的养成，审视自己对待课程的行为，进而提高课程行为的有效性。本文建构的教师课程行为评价指标体系带有普遍性，而不是针对某一具体学校教师而设。所以，在具体实施中，各个学校可以针对本校的三级课程实施的实情对该评价指标体系进行改进和优化，尤其可以补充一些该指标体系中不存在、而本校在贯彻落实三级课程过程中教师对待课程的有效行为，开发出适合本校教师课程行为评价的指标体系，编制可以直接用来评价教师课程行为表现评估表进行自我评价，以便追踪、改进自身的课程行为。学校也可以参考评价结果来分析学校实施三级课程过程中存在的制约因素，为促进教师课程行为的完善提供外部保障。

另外，虽然本章搜集了大量的有关教师课程行为的文献资料，并且为获得教师课程行为重要性数据进行了一定量的准量表调查，最终按照预期目标建构了中小学教师课程评价指标体系，但是由于缺乏必要的经费支持等现实条件的限制，在后续研究中还需要进一步完善此评价指标体系。具体不足表现在：

（1）在指标的初步筛选过程中，删除或修改的课程行为初拟指标可能受到利益相关人的不同认识和主观判断的影响，因此在后续研究中可以考虑多采纳校外相关人员（如教研人员、相关领域专家及学生家长等）对教师课程行为的看法，深化、丰富教师课程行为评价指标体系的内容。

（2）采用单一的层次分析法确定课程行为评价指标体系的权重，对于少数几项行为指标的确定和权重分配等问题考虑不周，因此可以考虑结合专家调查以及借助判断矩阵等方法来完善评价指标的权威性和科学性。

（3）在本量表设计与验证过程中，《教育部关于深化基础教育课程改革进一步推进素质教育的意见》刚颁布不久，各地还没有进入政策执行阶段。固在本章中的教师课程行为在国家课程层面仍然明确为"国家课程的执行行为"。随着国家课程校本化进程，日后的使用者可在这部分进一步加以改编。

（4）教师课程行为评价标准及其可操作性问题有待进一步研究确立。此外，尚需以此评价指标体系在广大中小学进行大规模的实证研究，以期能提高此套指标体系的信度与效度。

四　教师课程行为评价量表

> 使用者：中小学教师、中小学教育管理人员、教育督导人员、教师教育研究人员。
>
> 使用方法：请将下列观测点所列行为与测查对象（或自身）行为进行比对，然后在相应的栏内打"√"，吻合度越高，分值也越高。
>
> 1＝非常不吻合　2＝不太吻合　3＝无法判断　4＝基本吻合　5＝完全吻合

一级指标	二级指标	三级指标	1	2	3	4	5
执行国家课程	熟知自己学科的课程信息	理解课标的3个维度（认知与技能、态度与情感及价值观、过程与方法）的具体含义					
		能够把各阶段课程目标与整体课程目标有机联系起来					
		熟悉所教学科的性质及与其他学科的关系，明确相关课程政策对自己所教授学科的要求					
		严格无误地执行课程大纲					
	执行国家课程计划	能够将课程计划具体化为自己的教学计划					
		向教育督导或者教研员反映有关课程设计的问题					
		针对不同的学生，在国家课程框架内制订出个性化课程计划					
参与地方课程	参与和开发地方课程	认同地方课程及其开发，领会地方课程目标					
		熟悉地域文化，参与制定符合地方特色和学生发展需求的课程					
		向相关地方课程开发人员提出自己的课程设想，并为地方课程开发寻找相关素材与资源					
	选择与组织地方课程	理解地方课程的文本，选择符合学校和自身实际情况的地方课程进行教授、传习					
		撰写相关地方课程的研究体会，及时反思地方课程存在的问题并提出改进的建议					
		指导学生选择适合他们自己的地方课程					

续表

一级指标	二级指标	三级指标	1	2	3	4	5
学校课程开发与实践	校本课程开发	认同校本课程并有强烈的校本课程开发意愿					
		调查本校学生对校本课程的需求，利用相应的课标理论确定校本课程的课标					
		掌握校本课程相关知识和校本课程开发的一般步骤与技能					
		参与或主持一个团队对某个校本课程进行合作开发					
		能够以所在学校的办学理念指导课程开发实践					
		能够有效利用学校和社区的资源进行相应的校本课程开发					
	学校课程实施与反思	能够改造现有的课外活动、学校文化为系统的校本课程					
		撰写相应的校本课程大纲，编制与课标相吻合的课程教材					
		以灵活的教学组织形式来实施校本课程					
		能够使校本课程成为学生成长的必要补充					
		具备将不同的素材整合成校本课程内容的能力					
		能够进行校本课程方面的课题研究					
		借助专家力量与学生、家长和社区人士共同开发校本课程					
		能够将校本课程文本化、系列化、长期化					

第五章

教师教学行为指标体系的建构*

如果我们把一所学校比喻成一架飞机的话,那么这架飞机最危险和最关键的时刻就是起飞和降落。飞机能够从平地瞬间飞到万米高空,靠的是飞机有良好的发动机,有卓越的驾驶员。对于学校而言,学校教学就是这架飞机的发动机,而教师就是驾驶员,教师的教学行为直接决定着飞机飞行的高度、速度和平稳度。

一 教师教学行为的理解与构成

教师的教学隐性蕴含着其观念系统,显性表现于其行为系统,通过行为谱系研究教师教学观念、能力是行为研究的基本路径之一。目前,教师教学已经进入转折期,今日的教学已经不同于昔日简单的教师教、学生学,更不能局限于教师教什么,学生就学什么。先学后教、以学带教、以学促教已经成为一种理念,翻转课堂、教学观察等更是凸显了教师教学行为的全程性,不仅是课堂这个阵地的产物,而且是课前、课堂、课后一体化的集合。"把课堂还给学生","提升学生的学习力","学生是风景,教师是背景;学生是演员,教师是导演;学生是运动员,教师是教练员"将使未来教学充满选择性,对教师从观念到行为,从能力到习惯都提出了新的要求。这些都是随着新课程改革的深化而深化的,其影响力究竟有多大,尚未全知,但是当下教师的教学行为改观并不是很明显,是否真的体现了新课程理念,还有待观察和实证测量,这就需要有一个技术参照标准。因此,对教师教学行为指标体系的建构就是为了解决该问题,它能够

---

* 本章由张天雪和李娜共同完成。李娜,河北唐山人,硕士,北京盲文出版社编审,主要研究方向:教师教育。

凸显行为的可测量性、可改进性和优化性。

《教育大辞典》中把教学行为定义为"教学过程中，为达到一定的教学目的，教师和学生所采取的行为。不仅是教师与学生之间的相互作用、学生之间的相互作用，还包括教师、学生与整个教学环境的相互作用。主要是研究课堂教学中教师与学生的相互作用。研究时可以分为教授行为与学习行为，也可分为教师行为与学生行为"[①]。接下来又分别从教师和学生行为两方面具体展开"从教师教授行为方面看，教师不仅对学生施加影响，也受学生行为的影响，教师不断观察学生的行为以修正自己的行为，一般有观察、诊断、施加作用、评价等行为。从学生学习行为方面看，学生行为发生在教学环境中，要受教学环境的影响，一般有确认、接受、判断和评价等行为。在课堂教学设计中，教学行为的设计是非常重要的"。这个定义指出教学行为不是单一的教师的行为，而是教师和学生共同采取的行为，并且二者相互作用，同时还指出了其与教学环境的作用。教学行为是教师在传授学生知识、促进学生发展过程中对教学准备、课堂授课、课后效果检验等的一系列行为。教师教学行为重视学生的全面发展，而并不是让学生按统一规格发展，针对学生的个体差异实施差异性教育。教学行为重视过程的转变，教师在教学中不仅注重教师自身关于教学方面的行为标准，而且注重学生探求知识的行为过程，从而使学生在教学过程中思维有所发展，既掌握了科学知识，又养成了良好的学习习惯。本章中的教师教学行为仅限定为语文、数学、英语、文科综合（包括政治、历史、地理）、理科综合（包括化学、物理、生物）等文化课教师的教学行为，而不包括音乐、美术、体育等艺术或特长学科的教师教学行为。

教师教学行为是教师行为中内容最多的组成部分，也是教师行为5大组成部分（组织行为、管理行为、课程行为和现代教育技术行为）之一。教师教学行为的深入研究和指标体系的建构利于整个教师行为的纵深规划与发展，本章把教师教学行为分为教师教学准备行为、教师课堂教学行为和教师课后反思行为3个部分。

---

① 顾明远：《教育大辞典（增订合编本）》，上海教育出版社1998年版，第721页。

二 教师教学准备行为评价指标体系的建构

教师教学准备行为是教师教学行为中最重要的组成部分之一，是教师课堂授课之前对教学方式、教学媒体、教学方法、教学时间等多方面预期准备的行为过程，这一准备过程具有范围广、角度宽、层次深的特点。

例如，从时间上，教学准备行为可以定义为对学年、学期、课时具有连续性和拓展性的纵深准备行为；从内容和信息上，教学准备行为可以定义为囊括教学大纲、课标内容、教案内容、参考资料、拓展性信息、即时信息、课后作业等多项内容的具体准备行为；从对人的准备上，教学准备行为可以分成教师授课前对学生、督导人员、集体备课教师等相关人员的准备行为；从形式上，教学准备行为可以定义为教学方式、教学媒体、教学方法3种视角多层次的准备行为。顾明远的《教育大辞典》中把教学方式定义为教学方法的活动细节。教学过程中具体的活动状态，表明教学活动实际呈现的形式。本章认为，教学方式层面的准备行为又包括集体备课和教学设计、小组协作备课和教学设计、个别化备课、多样化备课4种形式；教学媒体层面又包括纸笔、道具、视听、网络、综合媒体5种媒体的准备形式。本章中对教学方法采取《教育大辞典》中的第二个定义，即师生为完成一定教学任务而在共同活动中所采用的教学方式、途径和手段。这一层面包括示范教学、案例教学、情境教学、创意教学、自主学习5种基本方法的准备形式。所以说，教学形式上的定义集聚教学准备行为的3大特点于一身，是各类定义中较复杂的。

本章中，教师教学准备行为的指标体系是通过整理收集的文献、访谈资料，依据理论基础、借鉴各国教师教学指标和专业标准，制定指标模型，对教师人群进行大量的试测和施测，再运用SPSS19.0统计软件中的因素分析提取公因子，构成三级指标，再根据两两比较法计算出指标权重，按权重大小构建而成的，适合于教师教学准备行为的体系。本节中试图建立教师教学准备行为的指标体系，并把教学准备行为下划为三级指标，详见指标体系构建图5-1，此后将详细阐述指标的提取过程。

（一）教师教学准备行为评价指标假设模型的建构

首先，以"教师教学准备行为应包括哪些范围"为题，在经济发达

第五章 教师教学行为指标体系的建构

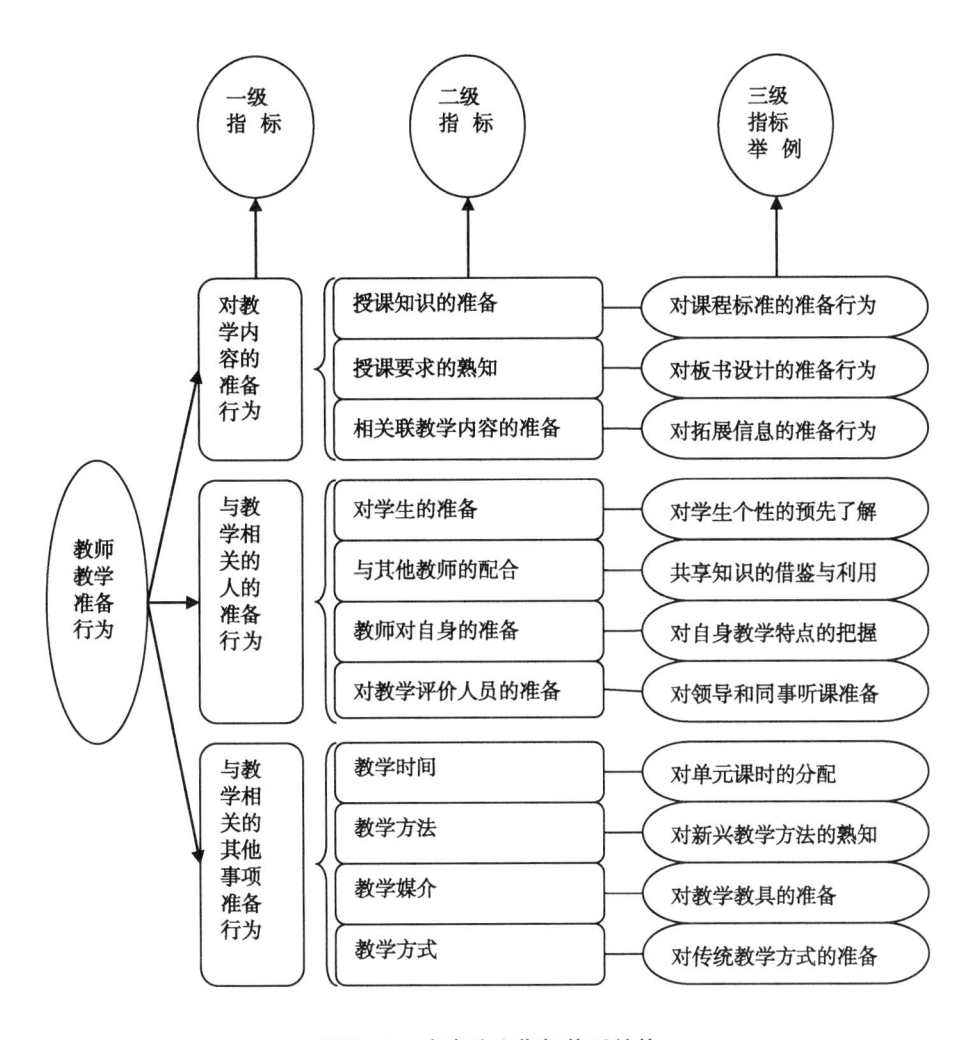

```
                    ┌─ 授课知识的准备 ──── 对课程标准的准备行为
        对教学内容   │
        的准备行为  ─┼─ 授课要求的熟知 ──── 对板书设计的准备行为
                    │
                    └─ 相关联教学内容的准备 ─ 对拓展信息的准备行为

                    ┌─ 对学生的准备 ────── 对学生个性的预先了解
教师      与教学相关  │
教学  ──  的人的准备 ─┼─ 与其他教师的配合 ── 共享知识的借鉴与利用
准备      行为        │
行为                  ├─ 教师对自身的准备 ── 对自身教学特点的把握
                    │
                    └─ 对教学评价人员的准备 ─ 对领导和同事听课准备

                    ┌─ 教学时间 ────────── 对单元课时的分配
        与教学相关   │
        的其他事项  ─┼─ 教学方法 ────────── 对新兴教学方法的熟知
        准备行为    │
                    ├─ 教学媒介 ────────── 对教学教具的准备
                    │
                    └─ 教学方式 ────────── 对传统教学方式的准备
```

图 5-1 本章论文指标体系结构

省份浙江（选取温州、金华、丽水）和中等发达省份河北（选取唐山、秦皇岛），在每个城市选取 1 所中学，总计 5 所，约 350 位教师。对其他中小学老师的选取主要是浙江师范大学 5 个培训班，总计约 200 人。另外，对中小学校长、管理人员、教师展开小范围的访谈，收集对中小学教师教学准备行为的看法，同时收集浙江省、河北省以及选取的 5 个城市关于教师教学标准、评价的相关文件，也收集了 8 所中小学对本学校教师教学行为要求的相关文件①。

---

① 此类文件均来自中小学校长或学校其他管理人员。

其次，我们对美国、英国和日本的教师专业标准指标进行收集、整理，通过对3个国家指标框架的了解与分析，发现3个国家的教师专业标准都非常全面和完整，同时对教师的要求也非常高。发达国家经过漫长时期、几经修改（特别是美国经历了一个世纪）制定的专业标准，为本章构建教师教学准备行为指标体系模型提供了很好的借鉴。

最后，本指标体系从教学行为、教学准备行为两个着眼点对国内国外专著、学位论文、学术论文的相关文献做了趋势分析和内容综述，以期对近10年的文献脉络有良好的把握。本章主要以皮亚杰等人的建构主义理论，布鲁纳的认知—发现理论，加涅的教学设计理论、泛能教学设计理论为学理基础，具体指导论文的内容和指标体系框架的建构。

结合以上研究，初步构建了教师教学准备行为指标体系的假设模型，从对教学内容的准备、与教学相关的人的准备、与教学相关的其他事项的准备3个维度设计了13个二级指标，二级指标下又总共分设了64个三级指标，具体见表5-1。

表5-1　　　　　　　　教师教学准备行为指标假设模型

一级指标	二级指标	三级指标
对教学内容的准备	授课知识的准备行为	对课程标准、课程大纲的准备 对教学参考资料的准备 对教材的准备 对知识体系与结构的把握 对基本概念与原理的准备 对单元及课时重点与难点的准备
	授课要求的熟知	对板书设计的准备 对作业布置的准备 对课堂突发问题的准备 对教学评价标准的了解 对本节课教学步骤的准备 对近期和远期教学目标的准备
	对相关联的教学内容的准备	对各节课之间衔接的准备 熟悉本门课与其他相关课程的关系 对所授知识应用于实践的设计 对所授知识蕴含思想教育性的设计 授课前对拓展信息的准备 对其他版本教科书体系的了解

续表

一级指标	二级指标	三级指标
教学相关人员的准备	对学生的准备	对学生心理的预先了解 对学生成绩的预先了解 对学生差异程度的预先了解 对学生近期情绪的了解 促进学生主动参与的设计 对培养学生创造性思维的设计
	与集体备课组中其他教师的配合	对集体备课组其他教师性格的了解 集体备课中共享知识的借鉴与利用
	教师对自身的准备	教学前对自身心态、情绪的把握 教学前对自身优势、不足的认知 对自身教学特点与风格的把握
	对检查和听课人员的准备	对同事听课的准备 对领导听课的准备 对教研员听课的准备 对督导等检查人员的准备
对教学时间的计划与分配	课堂教学时间的计划	对本学期授课时间的分配 对单元课时的分配 教学前对本节课授课时间的分配
	非课堂教学时间的计划	对课后反思时间的预留 对课后批改作业时间的预留 对课后辅导时间的预留 对考试测验时间的预留
对各种教学形式的熟知与运用	授课形式	对分组教学的运用能力 对讲授课的驾驭能力 对自学课指导学生的能力 对实验课各个环节把握的能力 对复习课温故知新的能力
	教学方法	根据不同课型准备不同的教学方法 对启发式教学方法运用的设计 对讲授法实施的设计 对讨论法实施的设计 对读书指导法实施的设计 对课堂谈话法实施的设计
	教学媒介	对教室空间的熟悉、布置与利用 对教学教具和演示实验的准备 对学生辅助学习资料的准备 多媒体辅助教学的准备
	教学方式	集体授课方式运用的准备 对分组教学方式运用的准备 对以问题为中心教学组织方式的准备 对研究型教学方式的准备 对情境型教学方式的准备 对个别教学方式的准备 对田野教学方式的准备 对活动教学方式的准备

(二)《教师教学准备行为指标评分表》的统计分析

通过第1稿和第2稿的试测，题项均有所删减和调整，最终形成了《教师教学准备行为指标评分表》的正式稿，共包括40个指标。评分表的3个一级指标都有下属的指标，所以也可以看作3个分属评分表。对正式评分表的数据统计主要是为了对3个分属评分表进行探索性因素分析，以便于提取各自包含的因子，它们可以视为教师教学准备行为评价的二级指标。

正式施测总共发放550份评分表，回收521份，其中有效评分表482份，回收率为94.7%，有效率为87.6%，符合统计学的要求，可以用SPSS19.0统计软件做进一步统计分析。

1. "对教学内容的准备"评分表

要使用SPSS19.0统计软件对数据资料进行探索性因素分析，首先要进行信度、效度检验，确定是否适合做因素分析。从表5-2可知，此评分表的Cronbach's Alpha系数=0.768（>0.70），表明准量表具有较好的可信度。效度检测结果中KMO及Bartlett's Test检验显示KMO=0.741、$X^2=986.817$（df=78 Sig=0.000）达到显著，拒绝球形假设。因此，此评分表具备了进一步做因素分析的条件。

表5-2　　　　　　　　信度、效度检验表

信度检验		
Cronbach's Alpha	Cronbach's Alpha Based on Standardized Items	N of Items
0.768	0.768	13
KMO及Bartlett's检验		
Kaiser-Meyer-Olkin Measure of Sampling Adequacy.		0.741
Bartlett's Test of Sphericity	Approx. Chi-Square	986.817
	df	78
	Sig.	0.000

将"对教学内容的准备"这个一级指标下的13个题项进行主成分因子分析，提取出特征值大于1的3个因子（表5-3），这3个因子的特征值依次为3.941、2.029、1.797，累计可以解释变异量的61.67%，

表示这 3 个因子能够较大程度地解释"对教学内容的准备"这个评分表。进一步参考碎石图 5-2，可以发现特征值自因子 4 开始平坦下滑，坡度线趋于平缓，由于平坦的碎石可以忽略，即平坦后的公因子可以去掉，因此提取 3 个因子是比较合适的，这也与假设模型的 3 个二级指标数目相符。

表 5-3　　　　　　　　"对教学内容的准备"总方差解释表

主成分序号	初始特征值			总贡献率		
	总分	方差百分比	累计百分比	总分	方差百分比	累计百分比
1	3.941	30.160	30.160	3.941	30.160	30.160
2	2.029	18.530	48.690	2.029	18.530	48.690
3	1.797	12.980	61.670	1.797	12.980	61.670
4	0.894	7.097	68.767			
5	0.858	6.371	75.138			
6	0.704	5.181	80.319			
7	0.638	4.676	84.995			
8	0.635	4.657	89.652			
9	0.509	3.342	92.994			
10	0.398	2.599	95.593			
11	0.332	2.094	97.687			
12	0.267	1.595	99.282			
13	0.162	0.718	100.000			

提取方法：主成分分析

确定提取 3 个因子后，进行方差最大正交旋转（Varimax），得到转轴成分矩阵，各项目的因子负荷值和归属情况见表 5-4。表 5-4 中罗列出的各个项目的因子负荷量大小均在 0.462 到 0.772 之间。从 3 个因子各自包含的题项内容可以为其分别命名为授课知识的准备行为（因子 1）、对授课要求的熟知（因子 2）、对相关联的教学内容的准备（因子 3），分别包含 3 个、5 个、5 个题项，具体见表 5-4。

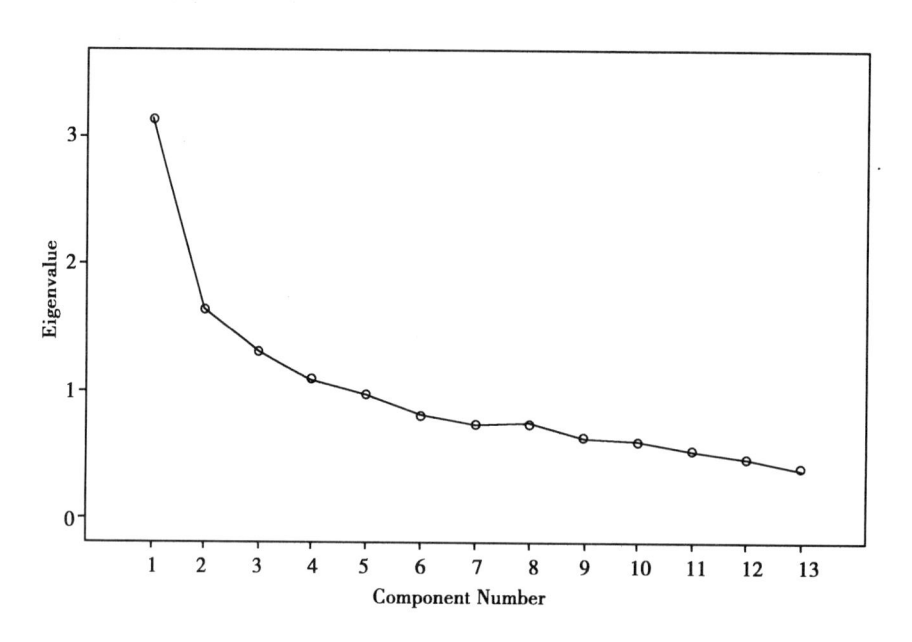

图5-2　"对教学内容的准备"因子分析碎石图

表5-4　　　　　　　　　转轴后的成分矩阵表

因子1		因子2		因子3	
项目	最大附值	项目	最大附值	项目	最大附值
A1	0.528	A4	0.629	A3	0.756
A7	0.537	A11	0.462	A5	0.651
A10	0.588	A13	0.471	A6	0.670
		A14	0.592	A15	0.537
		A9	0.728	A16	0.772

提取方法：主成分分析　(a) 转轴收敛于5个迭代

表5-5　　　　　　　　　指标命名与题项数量统计表

	因子1	因子2	因子3
命名	授课知识的准备	对授课要求的熟知	与相关联教学内容的准备
题项数量	3	5	5

2. "与教学相关的人的准备"评分表

表5-6是"与教学相关的人的准备"评分表的信度、效度检验结果，此评分表的 Cronbach's Alpha 系数 = 0.736（>0.70），表明准量表具有较

好的可信度。效度检测结果中 KMO 及 Bartlett's Test 检验显示 KMO = 0.716，虽然不高，但大于 0.7 也是完全可以做因子分析的，X^2 = 1.432E3（df = 78 Sig = 0.000）达到显著，拒绝球形假设。因此，此评分表具备了进一步做因素分析的条件。

表 5 – 6　　　　　　　　　　信度、效度检验表

信度检验		
Cronbach's Alpha	Cronbach's Alpha Based on Standardized Items	N of Items
0.736	0.740	13
KMO 及 Bartlett's 检验		
Kaiser-Meyer-Olkin Measure of Sampling Adequacy.		0.716
Bartlett's Test of Sphericity	Approx. Chi-Square	1.432E3
	df	78
	Sig.	0.000

将"与教学相关的人的准备"一级指标下的 13 个题项进行主成分因子分析，共提取出 4 个特征值大于 1 的因子（表 5 – 7），特征值依次为 3.255、1.934、1.600、1.023，累计可以解释变异量的 60.097%，表示这 4 个因子能够在较大程度上解释该评分表。进一步参考碎石图 5 – 2，可以发现特征值自因子 4 之后开始平坦下滑，坡度线趋于平缓，由于平坦的碎石可以忽略，即平坦后的因子可以去掉，因此此部分提取 4 个因子是比较合适的，这也与假设模型的 4 个二级指标数目相符。

表 5 – 7　　　　　"与教学相关的人的准备"总方差解释表

主成分序号	初始特征值			总贡献率		
	总分	方差百分比	累计百分比	总分	方差百分比	累计百分比
1	3.255	25.041	25.041	2.562	19.710	19.710
2	1.934	14.880	39.922	1.892	14.556	34.266
3	1.600	12.305	52.226	1.847	14.211	48.478
4	1.023	7.870	60.097	1.510	11.619	60.097
5	0.939	7.224	67.320			

续表

主成分序号	初始特征值			总贡献率		
	总分	方差百分比	累计百分比	总分	方差百分比	累计百分比
6	0.808	6.219	73.539			
7	0.701	5.389	78.928			
8	0.590	4.542	83.470			
9	0.546	4.204	87.674			
10	0.512	3.942	91.616			
11	0.425	3.268	94.884			
12	0.399	3.070	97.954			
13	0.266	2.046	100.000			

提取方法：主成分分析

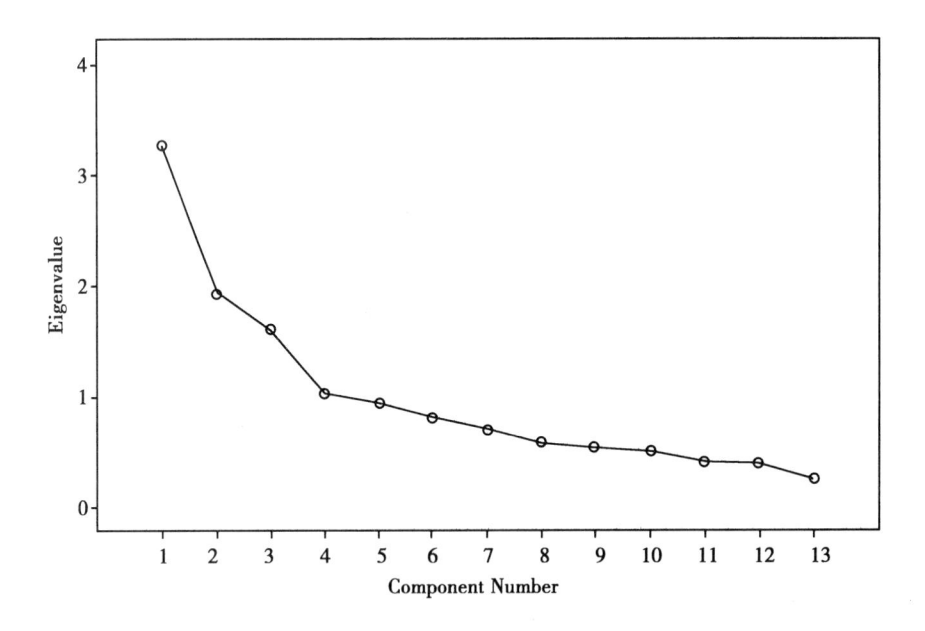

图 5-3 "与教学相关的人的准备"因子分析碎石图

确定提取 4 个因子后，进行方差最大正交旋转（Varimax），得到转轴成分矩阵，各项目的因子负荷值和归属情况见表 5-8。表 5-8 中罗列出的各个项目的因子负荷量大小均在 0.450 到 0.895 之间。从因子各自包含的题项内容可以为因子命名，4 个因子分别命名为对学生的准备（因子1）、与集体备课组中其他教师的配合（因子2）、教师对自身的准备（因子3)、对教学评价人员的准备（因子4），分别包含6个、2个、3个、2个题项，具体见表5-9。

表5-8 转轴后的成分矩阵表

因子1		因子1		因子2		因子3		因子4	
项目	最大附值	项目	最大附值	项目	最大附值	项目	最大附值	项目	最大附值
B1	0.715	B4	0.666	B5	0.659	B11	0.599	B7	0.838
B2	0.612	B9	0.581	B6	0.739	B12	0.895	B8	0.766
B3	0.791	B10	0.450			B13	0.894		

提取方法：主成分分析　　(a) 转轴收敛于5个迭代

表5-9 指标命名与题项数量统计表

	因子1	因子2	因子3	因子4
命名	对学生的准备	与集体备课组中其他教师的配合	教师对自身的准备	对教学评价人员的准备
题项数量	6	2	3	2

3. "与教学相关的其他事项的准备"评分表

表5-10是"与教学相关的其他事项的准备"评分表的信度、效度检验结果，此评分表Cronbach's Alpha系数=0.754（>0.70），表明准量表具有较好的可信度。效度检测结果中KMO及Bartlett's Test检验显示KMO=0.747，大于0.7，可以做因子分析，$X^2=996.123$（df=91，Sig=0.000）达到显著，拒绝球形假设。因此，此评分表具备了进一步做因素分析的条件。

表5-10 信度、效度检验表

信度检验		
Cronbach's Alpha	Cronbach's Alpha Based on Standardized Items	N of Items
0.754	0.764	14
KMO及Bartlett's检验		
Kaiser-Meyer-Olkin Measure of Sampling Adequacy.		0.747
Bartlett's Test of Sphericity	Approx. Chi-Square	996.123
	df	91
	Sig.	0.000

将"与教学相关的其他事项的准备"一级指标下的14个题项进行主成分因子分析,共提取出4个特征值大于1的因子(表5-11),这4个因子的特征值依次为3.159、2.339、1.792、1.311,累计可以解释变异量的61.282%,表示这4个因子能够在较大程度上解释该评分表。进一步参考碎石图5-4,可以发现特征值自因子4之后开始平坦下滑,坡度线趋于平缓,由于平坦的碎石可以忽略,即平坦后的因子可以去掉,因此此部分提取4个因子是比较合适的,这也与假设模型的4个二级指标数目相符。

表5-11 "与教学相关的其他事项的准备"总方差解释表

主成分序号	初始特征值			总贡献率		
	总分	方差百分比	累计百分比	总分	方差百分比	累计百分比
1	3.159	22.563	22.563	3.159	22.563	22.563
2	2.339	15.943	38.506	2.339	15.943	38.506
3	1.792	12.465	50.971	1.792	12.465	50.971
4	1.311	10.311	61.282	1.311	10.311	61.282
5	0.945	6.753	68.035			
6	0.910	6.499	74.534			
7	0.891	6.366	80.900			
8	0.756	5.397	86.297			
9	0.587	3.911	90.208			
10	0.569	3.776	93.984			
11	0.486	3.184	97.167			
12	0.297	1.549	98.716			
13	0.215	0.751	99.467			
14	0.185	0.533	100.000			

提取方法:主成分分析

确定提取4个因子后,进行方差最大正交旋转(Varimax),得到转轴成分矩阵,各项目的因子负荷值和归属情况见表5-12。表5-12中罗列出的各个项目的因子负荷量大小均在0.517到0.788之间。从因子各自包含的题项内容可以为公因子命名,4个因子分别命名为教学时间(因子1)、教学方法(因子2)、教学媒介(因子3)、教学方式(因子4),分别包含5个、4个、3个、2个题项,具体见表5-13。

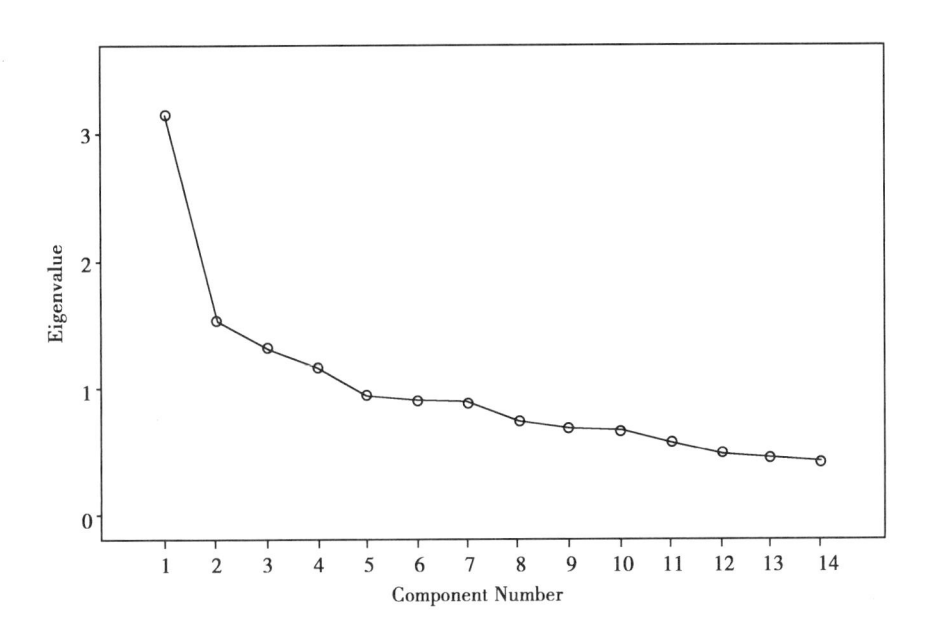

图 5-4 "与教学相关的其他事项的准备"因子分析碎石图

表 5-12 转轴后的成分矩阵表

因子 1		因子 2		因子 3		因子 4	
项目	最大附值	项目	最大附值	项目	最大附值	项目	最大附值
C3	0.614	C1	0.703	C11	0.589	C4	0.788
C7	0.673	C2	0.702	C12	0.628	C5	0.694
C8	0.598	C6	0.627	C13	0.600		
C9	0.685	C9	0.600				
C14	0.517						

提取方法：主成分分析　a 转轴收敛于 5 个迭代

表 5-13 指标命名与题项数量统计表

	因子 1	因子 2	因子 3	因子 4
命名	教学时间	教学方法	教学媒介	教学方式
题项数量	5	4	3	2

（三）教师教学准备行为指标的最终确定

通过运用 SPSS19.0 统计软件进行的信度、效度检验和探索性因素分析，最终提取出 3 个一级指标，11 个二级指标，40 个三级指标，经过对每级指标所属题项的概括归纳、拟定命名，尽量以简明易懂的方式呈现了三级指标框架（表 5-14）。

表 5-14　　　　教师教学准备行为三级指标统计表

所属二级指标	三级指标
授课知识的准备	对课程标准、课程大纲的准备 对教材、教参的准备 能够形成知识体系框架，重点突出、难点分散
授课要求的熟知	对板书设计的准备 对作业布置的准备 对课堂突发问题的准备 对本节课教学步骤的设计 对近期和远期教学目标的准备
对相关联的教学内容的准备	对各节课之间衔接的准备 对教学与学生经验相联系的准备 对所授知识蕴含德育内容的准备 对本节课拓展性信息的准备 对其他版本教科书体系的了解
对学生的准备	对学生个性的预先了解 对学生成绩的预先了解 对班集体近期氛围的了解 对学生近期情绪的了解 促进学生主动参与的计划 对培养学生创造性思维的设计
与集体备课组其他教师的配合	对集体备课组其他教师性格的了解 集体备课中共享知识的借鉴与利用
教师对自身的准备	教学前对自身心态、情绪的把握 教学前对自身优势、不足的认知 对自身教学特点与风格的把握
对教学评价人员的准备	对领导和同事听课的准备 对督导等检查人员的准备
教学时间	对单元课时的分配 教学前对本节课授课时间的分配 对课后反思时间的预留 对课后批改作业、辅导时间的预留 对测验及复习等时间的预留
教学方法	不同课程内容准备不同的教学方法 对启发式教学方法运用的设计 对讲授、讨论等传统教学方法的设计 对发现、探究等新兴教学方法的熟知
教学媒介	对教学教具的准备 对学生辅助学习资料的准备 多媒体辅助教学的准备
教学方式	对集体授课等传统教学方式的准备 对能力分组、情境教学等新兴教学方式的准备

(四) 教师教学准备行为评价指标权重的确定

指标体系的建构过程还应该包括各级指标的权重分配，这对于指标在实际中的参考与运用具有重要意义。由于教师教学准备行为指标体系中，每个指标对于指导教师教学准备中的作用各有差异，所以在实际应用上的重要性必然会有所区别，因此一套科学又具实用性的教师教学准备行为评价指标体系应该包含各指标间相对重要性权重分配的具体分值，才能够为实际中的评估提供正确的结果。本节主要采用两两比较法计算教师教学准备行为评价指标的权重数值。

1. 教师教学准备行为一级指标权重值的计算

本节采用了专家评判的方式获取指标权重的数据，共邀请了15位专家、教师对各级指标的重要程度打分，其中具有10年以上教龄的骨干教师9人（小学、初中、高中各3人），中小学校长3人，专家学者、教授3人（表5-15）。

表5-15　　　　　　　　专家、教师情况统计表

10年以上教龄的骨干教师			中小学校长	专家学者、教授
小学	初中	高中		
3人	3人	3人	3人	3人

教师教学组织行为评价指标体系一共有3个一级指标，数量相对较少，求指标权重的过程相对容易。从表5-16上半部分可知，比较顺序依次为A、B、C，A为指标2（与教学相关的人的准备）比指标1（对教学内容的准备）中前项（与教学相关的人的准备）的得分，a为后项（对教学内容的准备）的得分，B与b、C与c亦同。下面以一位专家为教师教学准备行为一级指标的打分为例，填写具体分数，并计算总分和归一化后的权重。专家给出的结果是：指标2比指标1重要一些（A计3分、a计1分）、指标3比指标2重要一些（B计3分、b计1分）、指标3和指标1同等重要（C、c各计2分）。最后将指标1的得分相加，总计为3分，指标2为4分，指标3为5分。再分别以各指标的分数除以此份一级指标的权重总分，即为各指标归一化后的权重。15位专家、教师对教师教学准备行为指标体系一级指标的重要性比较结果都利用两两比较法求解计算出

权重后，再将每项指标的 15 组权重数取其平均值，最后得出 3 个一级指标的最终权重，见表 5-16 下半部分。按照教师教学准备行为评价一级指标权重的数值（即按照 3 个指标的相对重要性）排序为：与教学相关的人的准备、对教学内容的准备、与教学相关的其他事项的准备。归一权重结果分别为：0.34、0.33、0.33。

表 5-16　　　　　　　　一级指标权重统计表

前项＼后项	指标1：对教学内容的准备	指标2：与教学相关的人的准备	指标3：与教学相关的其他事项的准备
指标1：对教学内容的准备		3	2
指标2：与教学相关的人的准备	1		3
指标3：与教学相关的其他事项的准备	2	1	
总分	3	4	5
归一化后的权重	3/12 = 0.25	4/12 = 0.33	5/12 = 0.42

一级指标排序	15 位专家的权重值	归一权重
与教学相关的人的准备	0.33　0.42　0.42　0.25　0.50　0.25　0.33　0.42　0.33　0.25　0.33　0.42　0.33　0.25　0.33	0.34
与教学相关的其他事项的准备	0.42　0.42　0.25　0.42　0.17　0.42　0.33　0.25　0.25　0.42　0.33　0.25　0.25　0.42　0.42	0.33
对教学内容的准备	0.25　0.17　0.33　0.33　0.33　0.33　0.33　0.42　0.33　0.33　0.33　0.33　0.42　0.25	0.33

2. 教师教学准备行为二级评价指标权重值的计算

二级、三级指标权重值的计算过程和一级指标均相同。首先求解一级指标"教学内容的准备"下的 3 个二级指标（即对授课知识的准备、对授课要求的熟知、对相关联的教学内容的准备）的权重。同样，以一位专家填答的结果为例（见表 5-17 上半部分）计算出 3 个二级指标的权重。以此类推，运用两两比较法把 15 份专家评价表求解后，再分别取其平均值，得出"教学内容的准备"下设的二级指标的最终权重，见表 5-17 下半部分。按照权重的数值排序为：对授课要求的熟知、对相关联的教学内容的准备、对授课知识的准备。归一权重结果分别为：0.42、0.31、0.27。

表 5-17　　"教学内容的准备"下设的二级指标权重统计表

前项＼后项	指标1：对授课知识的准备	指标2：对授课要求的熟知	指标3：对相关联的教学内容的准备
指标1：对授课知识的准备		2	1
指标2：对授课要求的熟知	2		1
指标3：对相关联的教学内容准备	3	3	
总分	5	5	2
归一后的权重	5/12＝0.42	5/12＝0.42	2/12＝0.17

二级指标排序	15位专家的归一权重值	归一权重
对授课要求的熟知	0.42　0.42　0.42　0.42　0.42　0.50　0.33　0.42　0.42　0.42　0.50　0.42　0.33　0.42　0.42	0.42
对相关联的教学内容的准备	0.17　0.25　0.33　0.33　0.42　0.33　0.33　0.33　0.33　0.33　0.33　0.33　0.33　0.17　0.25	0.31
对授课知识的准备	0.42　0.33　0.25　0.25　0.17　0.17　0.33　0.25　0.25　0.17　0.17　0.25　0.33　0.42　0.33	0.27

以同样的步骤和方法求得"与教学相关的人的准备"下设的二级指标权重值（表5-18）和"与教学相关的其他事项的准备"下设的二级指标权重值（表5-19）。

表 5-18　　"与教学相关的人的准备"下设的二级指标权重统计表

前项＼后项	指标1：对学生的准备	指标2：与备课组其他教师的配合	指标3：教师对自身的准备	指标4：对教学评价人员的准备
指标1：对学生的准备		2	2	1
指标2：与备课组其他教师的配合	2		3	2
指标3：教师对自身的准备	2	1		1
指标4：对教学评价人员的准备	3	2	3	

续表

前项 / 后项	指标1：对学生的准备	指标2：与备课组其他教师的配合	指标3：教师对自身的准备	指标4：对教学评价人员的准备
总分	7	5	8	4
归一化后的权重	7/24 = 0.29	5/24 = 0.21	8/24 = 0.33	4/24 = 0.17
二级指标排序	15位专家的归一权重值			归一权重
教师对自身的准备	0.33　0.17　0.33　0.38　0.33　0.25　0.33　0.25　0.38　0.33　0.25　0.33　0.33　0.17　0.33			0.30
对学生的准备	0.29　0.29　0.33　0.29　0.29　0.13　0.33　0.25　0.29　0.29　0.13　0.33　0.29　0.29　0.33			0.27
与备课组其他教师的配合	0.21　0.25　0.21　0.17　0.25　0.29　0.21　0.29　0.17　0.25　0.25　0.21　0.21　0.25　0.21			0.23
对教学评价人员的准备	0.17　0.29　0.13　0.17　0.13　0.33　0.13　0.21　0.17　0.13　0.33　0.13　0.17　0.29　0.13			0.20

表5-19　"与教学相关的其他事项的准备"下设的二级指标权重统计表

前项 / 后项	指标1：教学时间	指标2：教学方法	指标3：教学媒介	指标4：教学方式
指标1：教学时间		2	1	2
指标2：教学方法	2		1	2
指标3：教学媒介	3	3		3
指标4：教学方式	2	2	1	
总分	7	7	3	7
归一化后的权重	7/24 = 0.29	7/24 = 0.29	3/24 = 0.13	7/24 = 0.29
二级指标排序	15位专家的权重值			归一权重
教学方法	0.29　0.25　0.25　0.29　0.29　0.29　0.25　0.25　0.29　0.29　0.29　0.25　0.29　0.25　0.25			0.27
教学时间	0.29　0.33　0.25　0.21　0.21　0.25　0.29　0.21　0.25　0.21　0.29　0.29　0.33　0.25			0.26
教学媒介	0.13　0.17　0.29　0.38　0.29　0.29　0.29　0.21　0.38　0.21　0.29　0.29　0.13　0.17　0.29			0.24
教学方式	0.29　0.25　0.21　0.12　0.29　0.21　0.29　0.25　0.12　0.25　0.21　0.29　0.25　0.25　0.21			0.23

3. 教师教学准备行为三级评价指标权重值的计算

由于本节有11个二级指标，总共下设了40个三级指标，数目较多，并且计算方法也和一级、二级指标相同，所以为了避免重复与烦琐，故省略 11 个权重统计表的计算过程，直接给出三级指标排序和归一权重统计结果，见表 5-20。

表 5-20　　　　　　　三级指标排序和最终权重统计表

所属二级指标	三级指标	归一权重
对授课知识的准备	能够形成知识体系框架，重点突出、难点分散	0.48
	对课程标准、课程大纲的准备	0.29
	对教材、教参的准备	0.23
对授课要求的熟知	对本节课教学步骤的设计	0.23
	对课堂突发问题的准备	0.22
	对近期和远期教学目标的准备	0.20
	对板书设计的准备	0.18
	对作业布置的准备	0.17
对相关联的教学内容的准备	对各节课之间衔接的准备	0.24
	对所授知识蕴含德育内容的准备	0.22
	对教学与学生经验相联系的准备	0.20
	对其他版本教科书体系的了解	0.18
	对本节课拓展性信息的准备	0.16
对学生的准备	对培养学生创造性思维的设计	0.23
	促进学生主动参与的设计	0.22
	对学生近期情绪的了解	0.17
	对学生个性的预先了解	0.15
	对学生成绩的预先了解	0.13
	对班集体近期氛围的了解	0.10
与集体备课组中其他教师的配合	集体备课中共享知识的借鉴与利用	0.69
	对集体备课组其他教师性格的了解	0.31
教师对自身的准备	教学前对自身优势、不足的认知	0.40
	对自身教学特点与风格的把握	0.38
	教学前对自身心态、情绪的把握	0.22
对教学评价人员的准备	对领导和同事听课的准备	0.56
	对督导等检查人员的准备	0.44

续表

所属二级指标	三级指标	归一权重
教学时间	对测验及复习等时间的预留	0.22
	对单元课时的分配	0.21
	教学前对本节课授课时间的分配	0.20
	对课后反思时间的预留	0.19
	对课后批改作业和辅导时间的预留	0.18
教学方法	不同课程内容准备不同的教学方法	0.29
	对发现、探究等新兴教学方法的熟知	0.26
	对启发式教学方法运用的设计	0.24
	对讲授、讨论等传统教学方法的设计	0.21
教学媒介	对教学教具的准备	0.40
	多媒体辅助教学的准备	0.33
	对学生辅助学习资料的准备	0.27
教学方式	对能力分组、情境教学等新兴教学方式的准备	0.75
	对集体授课等传统教学方式的准备	0.25

4. 教师教学准备行为评价指标体系表

教师教学准备行为评价指标归一后的权重值都已经求出，但是权重值是在每一层体系内归一，而并非整个指标体系的总体归一，亦即二级、三级指标是在所属的一级、二级指标下权重值总和各自为1，而并非所有的二级指标之和为1，就是说虽然二级指标权重已经得出，但是这种权重并没有整体归一化于所属的一级或二级指标。以具体数字加以说明：教师对自身的准备、对学生的准备、与集体备课组其他教师的配合、对教学评价人员的准备4个二级指标的权重之和为1，它们属于一级指标与教学相关的人的准备，而与一级指标的权重0.34没有构成指标体系的归属关系，所以利用统计学公式：$M_i = W_i A_j / 100$，将此4个二级指标的权重再次计算为：0.10、0.09、0.08、0.07，总和即为0.34，如此也就形成了与所属上一级指标的连带关系，从而也实现了所有二级的权重之和为1的目标，利于在实际应用的过程中直接乘以权重系数，无须再考虑占总体百分比的问题。三级指标和二级指标计算方法相同，不再此重复赘述，详见表5-21。

表 5-21　教师教学准备行为指标体系和最终权重统计表

一级指标	权重	二级指标	权重	三级指标	权重
与教学相关的人的准备	0.34	教师对自身的准备	0.10	教学前对自身优势、不足的认知	0.040
				对自身教学特点与风格的把握	0.038
				教学前对自身心态、情绪的把握	0.022
		对学生的准备	0.09	对培养学生创造性思维的设计	0.021
				促进学生主动参与的设计	0.020
				对学生近期情绪的了解	0.015
				对学生个性的预先了解	0.013
				对学生成绩的预先了解	0.012
				对班集体近期氛围的了解	0.009
		与集体备课组其他教师的配合	0.08	集体备课中共享知识的借鉴与利用	0.055
				对集体备课组其他教师性格的了解	0.025
		对教学评价人员的准备	0.07	对领导和同事听课的准备	0.039
				对督导等检查人员的准备	0.031
对教学内容的准备	0.33	对授课要求的熟知	0.14	对本节课教学步骤的设计	0.032
				对课堂突发问题的准备	0.031
				对近期和远期教学目标的准备	0.028
				对板书设计的准备	0.025
				对作业布置的准备	0.024
		对相关联的教学内容的准备	0.10	对各节课之间衔接的准备	0.024
				对所授知识蕴含德育内容的准备	0.022
				对教学与学生经验相联系的准备	0.020
				对其他版本教科书体系的了解	0.018
				对本节课拓展性信息的准备	0.016
		对授课知识的准备	0.09	能够形成知识体系框架，重点突出、难点分散	0.043
				对课程标准、课程大纲的准备	0.026
				对教材、教参的准备	0.021
与教学相关的其他事项的准备	0.33	教学方法	0.09	不同课程内容准备不同的教学方法	0.026
				对发现、探究等新兴教学方法的熟知	0.023
				对启发式教学方法运用的设计	0.022
				对讲授、讨论等传统教学方法的设计	0.019
		教学时间	0.09	对测验及复习等时间的预留	0.020
				对单元课时的分配	0.019
				教学前对本节课授课时间的分配	0.018
				对课后反思时间的预留	0.017
				对课后批改作业和辅导时间的预留	0.016
		教学媒介	0.08	对教学教具的准备	0.032
				多媒体辅助教学的准备	0.026
				对学生辅助学习资料的准备	0.022
		教学方式	0.07	能力分组、情境教学等新兴教学方式的准备	0.053
				对集体授课等传统教学方式的准备	0.017

教师教学准备行为评价指标权重计算的完成，也就标志着整个评价指标体系建构的完成。从理论上说，根据此指标体系便可以对中小学教师进行有关课前教学准备行为方面的测评工作，但是由于本节并没有到中小学去实际验证评价指标体系的合理性，可能存在一些不足之处，所以各个学校在具体实施中，需要针对本校的情况和教师的特点，改进和优化该评价指标体系，尤其可以补充一些该指标体系中不存在、而本校教师工作中经常进行的课前准备行为，开发出以校为本的教师教学准备行为评价指标体系；也可以直接为教师的课前准备行为进行评分，评估其表现；还可以用于广大中小学教师的自我评价，以此来改进自身的行为，促进自身的专业发展。总之，在实际应用过程中还需要结合各地区、各学校的具体情况进行考量。

三　教师教学展示行为指标体系的建构

（一）教师教学展示行为指标体系的分类原则与构想

如果我们把教师教学行为比喻为一个戏水的鸭子，那么教学准备行为就是水下的划行动作，而课堂教学行为，也就是教学展示行为则是水面上的游行，而当鸭子低下头沉入水中去捕食时则是课后反思行为。无论是课前的教学准备行为，还是课后的教学反思行为，都要通过课堂教学展示行为体现出来。课堂是教师职业的生命舞台，教师教学行为中的主体部分多是在课堂中展现出来的，研究教师课堂教学行为就抓住了教师教学行为的节点。

1. 教师教学展示行为的基本理解

"课堂"大致有传统和现代两种观点：现代"课堂"观认为，课堂不是物理空间意义上的教室，而是传授和学习知识、主体间平等交往与积极互动的有情境、有气氛、生动的活动"场所"或"领域"。传统"课堂"观认为，课堂即教室。鉴于当下课堂教学改革中的课堂正处于高度变化之中，翻转课堂、幕课系统、行政班的弱化、教学部的兴起及走班制教学、电子课堂、空中课堂等多元化概念的出现，我们无法对其进行确定性的把握，故本节中"课堂"属于传统概念。从教师课堂教学行为存在的方式来看，课堂教学行为可以分为外显教学行为和内隐教学行为。外显教学行为往往是指教师说或做等可见行为，涉及的是教师和学生怎么说和怎么做的问题；内隐教学行为则是指教师在做出可见行为之前头脑中的先在的思想、观念，它解决的是教师和学生之所以要这样说、这样做的问题。本节不研究内隐教学行为，凡教师课堂教学行为均指可测量、可观察的外显行为。本节中教师课堂教学行为指教师在课堂这一特定场所上为完成教学任务、达成教学目标而采取的可观察的外显的教学活动方式[1]。这里的"课堂"是指以教学班为单位，进行各种教学活动的常规教室，不包括音体美、实验课、通用技术等操作性课程教室。这里的"教学行为"指的是外显的教学活动方式，不包括教学观念、教学心理活动等内隐性行为。

2. 教师课堂教学行为指标体系分类预设

本节主要是从教学技能、教学过程角度对教师课堂教学行为进行指标体系框架构建的。从教学技能角度出发，相关学者（傅道春、施长君等）一般把教师行为结构分为3大模块：教学基础行为、教学技术行为和教师组织行为。在此基础上，本指标体系对教师课堂教学行为结构进行了深入分析，把教师课堂教学行为拟设为3大部分：教师课堂教学基础行为、教师课堂教学技艺行为、教师课堂教学维持行为。

（1）教师课堂教学基础行为。

教师课堂教学基础行为是指教师在课堂教学活动中所需要的课堂教学基础技能所对应的教学行为。一般认为，教师课堂教学活动需要两项基础技能：教学语言技能和教学体态技能。相应地，教师课堂教学基础行为则包括语言行为和体态行为。教学语言技能是指教师在课堂上运用经过加工、整理的语言进行传造知识、指导训练、组织教学和师生交流等的行为方式。教师通过语言行为帮助学生获得系统的文化科学知识，转变他们的思想，教师语言表达行为的好坏，直接影响到学生语言和思维的发展，影响教学目标的实现。苏霍姆林斯基说："教师的语言修养在极大程度上决定着学生在课堂上脑力劳动的效率"。刘昌友认为："高度的语言修养是合理利用时间的重要条件。"[2] 体态技能包括面部表情、眼神、动作姿态、手势、外表修饰等。在课堂教学过程中，体态行为或者伴随师生言语活动，或者代替言语活动，进行信息交流。著名教育家马卡连柯指出："教

---

[1] 崔允漷：《有效教学》，华东师范大学出版社2009年版，第25页。
[2] 刘昌友：《微格教学与课堂教学技能训练》，贵州教育出版社2007年版，第65页。

育技巧，也表现在教师运用声调和控制面部表情上"。胡淑珍认为："我相信在高等师范学校里，将来必然要教授关于声调、姿态、运用器官、运用表情等课程，没有这样的训练，我是想象不出来可能进行教师工作的"。①

(2) 教师课堂教学技艺行为。

教师课堂教学技艺行为是指教师在课堂教学活动中运用一定专业知识及教学理论促进学生学习的特定操作行为。教师课堂教学技艺行为一般要求教师掌握高于基础技能的特定技术要领，比如教学理论、教育理论、心理知识等，它包括导入行为、讲授行为、提问行为、演示行为、板书行为和结课行为。导入是指教师在一项新的教学内容或活动开始前引导学生进入学习的行为。导入的功能一般有集中学生注意力、激发学生兴趣、明确教学目的、联结课程知识与沟通师生感情等。讲授是指教师运用口头语言为学生传授知识，开发智力，培养能力，结合进行学科德育的教学行为，含讲述行为、讲解行为、讲读行为和讲演行为。课堂提问是指在课堂教学中教师试图引出学生言语反应的任何信号刺激行为。提问包括低级认知提问和高级认知提问。学生在回答低级认知提问时不需要进行深刻的思考，只需要对教师提出的问题回答"是"或"不是"即可。高级认知提问不具有现成的答案，这就要求学生进行高级的思维活动。教师除鼓励学生回答外，还需要给予适当的提示与诱导。演示是指教师在课堂中为达到特定的教学目的，结合教学内容，恰当选择教学媒体传递教学信息，将抽象知识具体化、直观化的一种教学行为。板书是指教师上课时在黑板上书写的文字、符号以传递教学信息的一种教学行为。结课是指在一节课内完成了预设的教学内容或活动时，教师利用课堂教学时间对该节课教学的知识进行归纳总结，并且予以升华或延展的教学行为。苏联教育家达尼洛夫和叶希波夫等指出："一节课的结束工作做得认真、合理而灵活，就会使学生感到这一节课的完整性。"②

(3) 教师课堂教学维持行为。

教师课堂教学维持行为是指为使课堂教学活动顺利进行的教学管理、组织行为。在班级授课制条件下，教师是在极其复杂的课堂环境中完成他

---

① 胡淑珍：《教学技能》，湖南师范大学出版社1996年版，第8页、第149页。
② 王晞等：《课堂教学技能必修模块》，福建教育出版社2008年版，第5页。

的工作任务的。教室里任何小活动、喧闹或情绪波动等，都会直接地或间接地影响班集体成员的学习活动。因此，教师必须维持课堂教学秩序，组织学生注意力到教学活动中来。教师课堂教学维持行为大致可以分为两部分：课堂规训行为和课堂协调行为。课堂规训行为是用惩戒、强制的形式维持课堂秩序；课堂协调行为更多强调以人为本，灵活应对课堂事件，不断组织学生的注意力集中到教学活动中来。

综上所述，以上 3 方面行为构成了教师课堂教学行为的主要内容。在本节教师课堂教学行为体系构建中，主要包括 3 大构面：教师课堂教学基础行为、教师课堂教学技艺行为、教师课堂教学维持行为（图 5-5）。

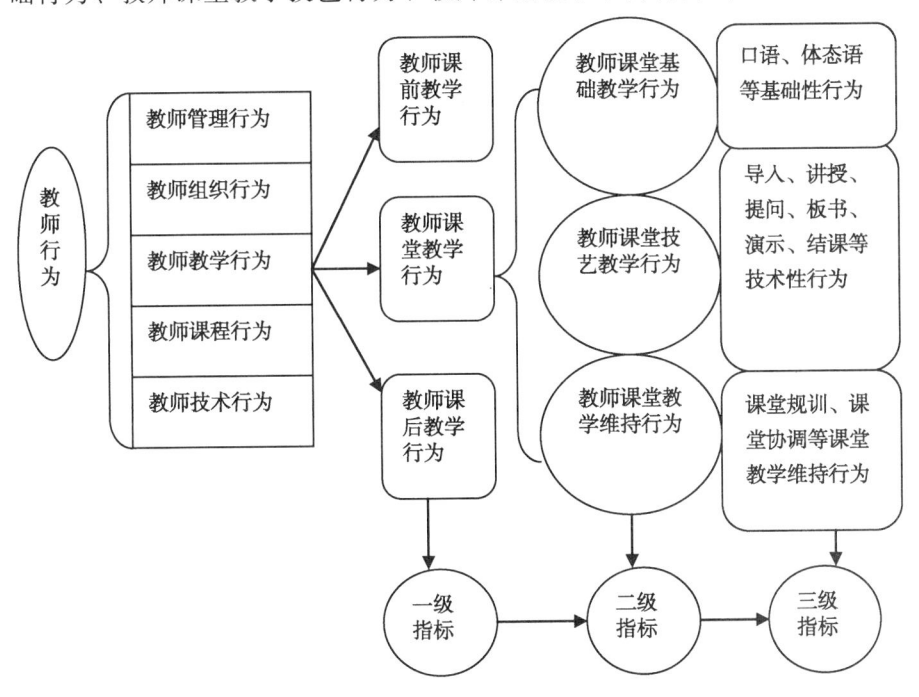

图 5-5 教师课堂教学行为指标体系结构

（二）教师课堂教学行为指标体系量表的制定与试测[*]

本节通过量表的编制对指标范围的选取进行了初步的限定。量表编制首先根据文献设立准量表项目库，在结合访谈法的基础上进行预测准量表

---

[*] 本节由张天雪与李智共同完成，李智，女，湖北荆州人，硕士，苏州和硕天坤学院教师，主要研究方向为教育管理。

的编制，然后对预测准量表调查结果进行项目分析和因素分析，筛选准量表题项以完成量表的编制。

1. 预测准量表编制

根据上述教师课堂教学行为指标体系预设，教师课堂教学行为指标体系包括3大构面：教师课堂教学基础行为、教师课堂教学技艺行为和教师课堂教学维持行为，这里的量表编制是从上述预设3大构面出发建立准量表项目库，主要通过文献法编制题项，量表编制力求简明、准确。为了保证题项与实际的契合性，我们对一定数量的中小学教师进行了访谈，对一些与现实相关性不强、不恰当的题项进行了删减，并且在访谈对象建议的基础上增加、转变变成相对重要的题项，对内容有交叉的题项进行了合并，最终编制了包括48个题项的预测准量表。预测准量表以利克特五点量表式呈现，计分按照重要性程度由低到高依次为1到5分，题项内容越重要，分数越高。

在预测的样本选取方面，采取随机取样方式，共发放预测卷250份，回收240份，有效准量表228份，回收率为96%，有效率为95%。从性别来看，被试中男性78人，占总人数的34.5%；女性148人，占总人数的65.5%。从教龄来看，3年及以下15人，占总人数的6.6%；4—6年7人，占3.1%；7—25年人数最多，有192人，占85.0%；26—33年8人，占3.5%；34年及以上4人，占1.8%。从学校区域来看，城区103人，占45.6%；农村123人，占54.4%。

2. 项目分析

项目分析主要功能是以项目分数与准量表总分的相关度作为项目区分度的主要指标来筛选准量表中区分度不大的项目，我们所做的项目分析具体如下：先对本准量表的项目进行编码，计算每位被试的48个项目的总得分，将准量表的得分按照高低分排序，划分高低分组，把测试总分最高的前27%作为高分组，测试总分最低的后27%作为低分组，对高低二组受试者每题得分的平均值进行独立样本t检验。独立样本t检验包括两大步骤，第一步进行Levene's方差齐性检验，F越小（P越大），方差越容易通过齐性检验，一般认为$P \geq 0.05$，方差齐性反之，$P < 0.05$，方差不齐；第二步根据方差齐性检验结果进行t检验，方差齐性选取Equal variances assumed栏t值、sig.数据，方差不齐则选取Equal variances not assumed栏数据，若$P < 0.01$，题项存在显著性差异，则题项保留，反之则

题项不存在显著性差异,题项删除。使用上述方法对预测准量表进行项目分析法的结果如表5-22所示。

表5-22　　　　　　　　高、低二组t检验差异报表

题项	t值	显著性（双侧）	题项	t值	显著性（双侧）	题项	t值	显著性（双侧）
1	8.116*	0.000	17	12.482*	0.000	33	10.649*	0.000
2	9.356*	0.000	18	11.957*	0.000	34	11.998*	0.000
3	12.183*	0.000	19	12.222*	0.000	35	12.851*	0.000
4	11.150*	0.000	20	12.099*	0.000	36	13.588*	0.000
5	10.036*	0.000	21	12.922*	0.000	37	13.321*	0.000
6	11.474*	0.000	22	13.946*	0.000	38	10.405*	0.000
7	11.601*	0.000	23	15.786*	0.000	39	9.970*	0.000
8	10.736*	0.000	24	12.202*	0.000	40	12.739*	0.000
9	10.648*	0.000	25	14.127*	0.000	41	13.311*	0.000
10	13.690*	0.000	26	12.570*	0.000	42	13.388*	0.000
11	11.986*	0.000	27	11.560*	0.000	43	13.241*	0.000
12	13.721*	0.000	28	12.877*	0.000	44	14.143*	0.000
13	16.804*	0.000	29	12.501*	0.000	45	13.805*	0.000
14	15.412*	0.000	30	10.296*	0.000	46	10.174*	0.000
15	10.930*	0.000	31	12.836*	0.000	47	7.887*	0.000
16	10.885*	0.000	32	16.170*	0.000	48	13.579*	0.000

* $P<0.001$

如表5-22可知,预测准量表48个题项均通过了差异显著性检验,说明具有较好的鉴别度,故理论上不删除题项。

3. 因素分析

为检验预测准量表的结构有效度(Construct validity),本节进行了探索性因素分析。根据SPSS19.0统计软件分析结果,本预测准量表的KMO值达到了0.970,大于0.9,Bartlett球形检验达到显著,非常适宜做因素分析。

表5-23　　教师课堂教学行为预测准量表 KMO 及球形检验结果

KMO and Bartlett's Test[a]		
Kaiser-Meyer-Olkin Measure of Sampling Adequacy.		0.970
Bartlett's Test of Sphericity	Approx. Chi-Square	1.004E4
	df	1128
	Sig.	0.000

a. Based on correlations

碎石检验（Scree test）是按照因子被提取的顺序，画出因子的特征值随因子个数变化的散点图，根据图的形状来判断因子个数的一种方法。从碎石图（Scree plot）可以看出，第3个因素以后，坡度线基本平坦，因此可析出3个因子。

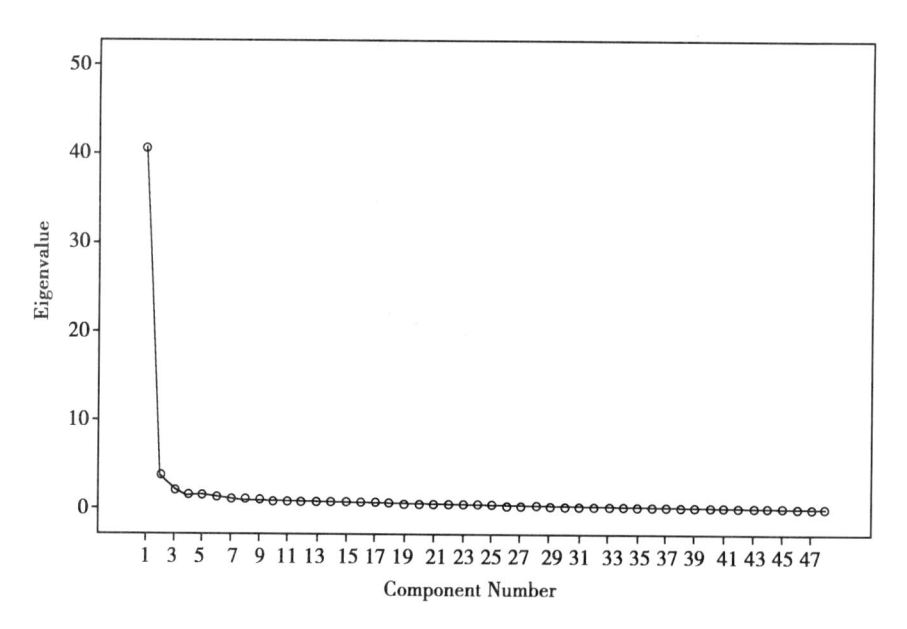

图5-6　教师课堂教学行为预测准量表碎石图

这3个因子累计方差贡献率达到64.793%，可以解释预测准量表大部分变量，进一步说明了本预测准量表析出3个因子是合理的。

表5-24　　　　　预测准量表各因子方差特征值及贡献率

公共因子	特征值	方差贡献率（%）	方差累计贡献率（%）
F1	15.022	31.296	31.296

续表

公共因子	特征值	方差贡献率（%）	方差累计贡献率（%）
F2	9.423	19.632	50.928
F3	6.655	13.865	64.793

确定提取 3 个因子后，同时实施 Varimax 变异最大正交旋转得到转轴后的成分矩阵。成分矩阵中各项目得到的因子载荷值如果小于 0.5 将被删去，交叉负荷严重的题目也被删去。由于每删掉一个项目，其他项目之间的关系也发生变化，故每删掉一项就重新做一次正交旋转的因子分析。最后经过 10 次操作，共删除 9 个项目，其中因子负荷值小于 0.5 的有 18、20、26、27、30、35、41 题，交叉负荷严重的有 15、43 题。最终准量表共筛选出 39 个项目构成最终量表，这 39 个项目的因子负荷值及因子归属结构如表 5 – 25 所示。

表 5 – 25　　　　　　　　预测准量表转轴后的成分矩阵

因子 1		因子 2		因子 3			
项目	最大附值	项目	最大附值	项目	最大附值	项目	最大附值
16	0.844	37	0.680	7	0.760	40	0.707
38	0.835	24	0.669	3	0.691	48	0.664
19	0.816	12	0.655	8	0.684	45	0.660
21	0.786	25	0.635	11	0.633	44	0.650
22	0.768	33	0.623	4	0.628	42	0.586
31	0.762	14	0.620	1	0.605	46	0.564
32	0.758	17	0.613	10	0.603	47	0.514
13	0.750	29	0.583	6	0.575		
23	0.743	34	0.582	5	0.563		
39	0.716	35	0.574	9	0.561		
36	0.703			2	0.549		

提取方法：主成分分析　　a 转轴收敛于 9 个迭代

从表 5 – 25 可知，该最终量表的因子结构可以归纳为 3 大构面：教师课堂教学技艺行为（因子 1）、教师课堂教学基础行为（因子 2）和教师课堂教学维持行为（因子 3），其中教师课堂教学技艺行为包括 12、13、14、16、17、19、21、22、23、24、25、29、31、32、33、34、35、36、

37、38、39 题共 21 项，教师课堂教学基础行为包括 1、2、3、4、5、6、7、8、9、10、11 题共 11 项，教师课堂教学维持行为包括 40、42、44、45、46、47、48 题共 7 项。这 3 大因子可以视为教师课堂教学行为指标体系的一级指标。

至此，本量表正式形成，量表由 3 大分量表组成，分别是分量表1——教师课堂教学基础行为、分量表2——教师课堂教学技艺行为和分量表3——教师课堂教学维持行为。

4. 信度检验

根据 Cronbach 系数信度分析，本节中整个教师课堂教学行为指标体系量表的 Alpha 系数为 0.983，3 个分量表的 Alpha 系数分别为 0.928、0.976 和 0.910，均大于 0.9，说明本量表具有良好的信度。

表 5−26　　教师课堂教学行为指标体系量表的 Cronbach's Alpha 信度分析结果

	Cronbach's Alpha
教师课堂教学行为指标体系量表	0.983
分量表1——教师课堂教学基础行为	0.928
分量表2——教师课堂教学技艺行为	0.976
分量表3——教师课堂教学维持行为	0.910

根据折半信度（split-half reliability）分析，Spearman-Brown 折半信度为 0.967，Guttman Split-Half 折半信度为 0.967，都达到了较高的水平，说明本量表具有良好的同质性。为检验本量表的外在信度，本节随机选取原先预测被试中 50 位中小学教师 1 个月后进行再次测试，结果显示，3 个分量表的重测信度均在 0.9 以上，整体量表重测信度为 0.965，与前次所测信度系数显著相关，说明本量表具有较高的时间稳定性，外在信度良好。

5. 效度检验

在此我们主要从内容效度和结构效度角度对量表进行分析。本量表项目设计从制定之初到正式完成整个过程中都贯穿着对中小学教师课堂教学行为的仔细观察与分析，对中小学教师进行了深入的访谈，对文献的大量检索，对该领域相关专家意见评定的反复征询，因此保证了本量表良好的内容效度。在结构效度方面，我们采用了因子分析法。利用因子分析法进行结构效度分析的做法是，先根据 KMO 抽样适度检验和 Bartlett 检验判断因子模型的效果是否有效，再观察其结构效度。计算出公因子后衡量其效度结构时至少要符合以下标准：公因子共同度应当大于 0.4，公共因子的累计方差贡献率至少在 40% 以上。其中，共同度越高，说明题目间相关性越高；累计贡献率越高，说明因子与相应条目关系越密切，则效度越高。从已做因子分析的结果来看，本量表具有良好的结构效度。

（三）量表测量及分析

本量表通过试测结果的分析，确立了教师课堂教学行为的二级、三级指标。接下来我们对中小学教师进行了正式量表施测，量表发放总计 700 份，回收 630 份，其中有效量表 590 份，量表回收率为 90%，有效率为 93.7%。从性别来看，被试男性 190 人，占总人数的 32.2%；女性 400 人，占总人数的 67.8%。从教龄来看，3 年及以下 67 人，占总人数的 11.4%；4—6 年 92 人，占 15.6%；7—25 年人数最多，有 400 人，占 67.8%；26—33 年 25 人，占 4.2%；34 年及以上 6 人，占 1.0%。从学校区域来看，城区 225 人，占 38.1%；农村 365 人，占 61.9%。量表回收后，利用 SPSS19.0 统计软件对 3 个分量表所得数据进行了探索性因子分析，以提取每个分量表中的公因子，这些公因子可以视为教师课堂教学行为的二级指标。

1. 分量表 1——教师课堂教学基础行为量表

分量表 1 包括 11 个项目，KMO 与 Bartlett 检验结果显示：KMO 值为 0.907，Bartlett 球形检验达到显著，说明非常适合进行因子分析。

表 5-27　　教师课堂教学基础行为量表 KMO 及球形检验结果

KMO and Bartlett's Testa		
Kaiser-Meyer-Olkin Measure of Sampling Adequacy.		0.907
Bartlett's Test of Sphericity	Approx. Chi-Square	3.564E3
	df	55
	Sig.	0.000
a. Based on correlations		

将这 11 个项目进行因子分析，提取出 2 个特征值大于 1 的因子，这 2 个公因子的特征值分别是 5.040 和 1.185，2 个特征根累计贡献率为

56.595%，表示这2个公因子能够较大程度地解释整个分量表。

表5-28 教师课堂教学基础行为量表各因子方差特征值及贡献率

公共因子	特征值	方差贡献率（%）	方差累计贡献率（%）
F1	5.040	45.821	45.821
F2	1.185	10.774	56.595

从图5-7的碎石图可以看出，析出2个因子也是基本合理的。

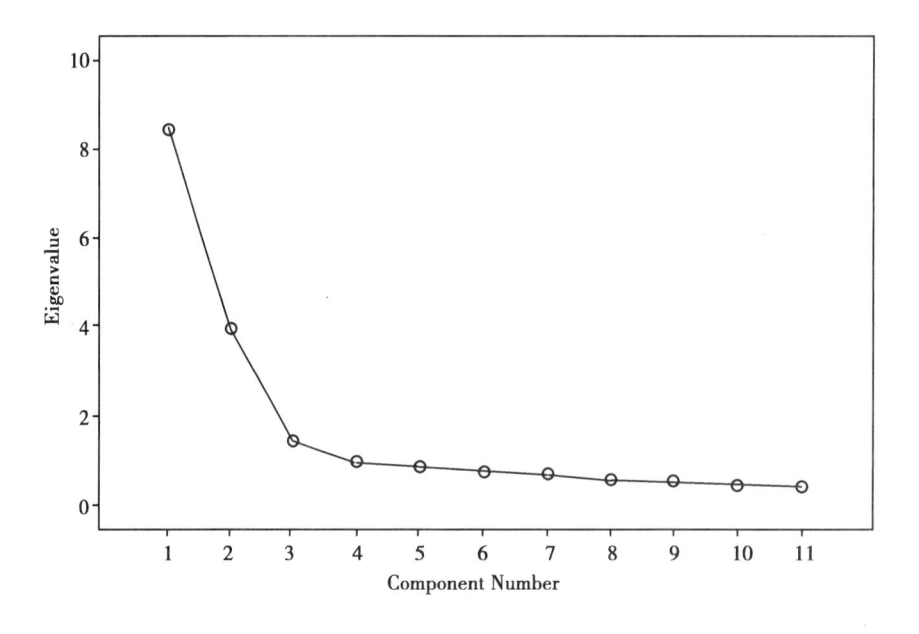

图5-7 教师课堂教学基础行为量表碎石图

通过Varimax正交旋转转轴后的成分矩阵发现，11个初始因素形成两列因素负荷矩阵，其中因子1包含6个项目，分别是1、3、4、7、8、11题；因子2包含5个项目，分别是2、5、6、9、10题，两个矩阵中的因素负荷系数均大于0.50，说明这些题项能够分别较好地说明两个因子。

表5-29 分量表1成分矩阵

因子1		因子2	
项目	最大附值	项目	最大附值
b7	0.767	b10	0.987
b3	0.734	b6	0.704

续表

因子 1		因子 2	
项目	最大附值	项目	最大附值
b8	0.728	b5	0.677
b11	0.720	b9	0.676
b4	0.717	b2	0.648
b1	0.705		

提取方法：主成分分析　　a 转轴收敛于 3 个迭代

因子 1 根据其所包含 6 个项目的内容可以将其命名为口语行为，对这 6 个项目进一步分析可以发现，1、3、7、8 题主要述及口语行为中的"说话清晰流畅"方面的内容，4、11 题主要述及"用词得当"方面。因子 2 根据其所包含 5 项内容可以将其命名为体态语行为，其中第 10 题内容主要强调"着装得体"，2、5、6、9 题则可以概括为"动作协调"方面的内容。相应地可得，一级指标教师课堂教学基础行为下含 2 个二级指标为口语行为和体态语行为，"口语行为"指标下含 2 个三级指标为"说话清晰流畅"和"用词得当"，"体态语行为"指标下含 2 个三级指标为"着装得体"和"动作协调"。

2. 分量表 2——教师课堂教学技艺行为

分量表 2 包括 21 个项目，KMO 与 Bartlett 检验结果显示：KMO 值为 0.978，Bartlett 球形检验达到显著，说明适宜进行因子分析。

表 5-30　　　　　　　　分量表 2 KMO 及球形检验结果

KMO and Bartlett's Testa		
Kaiser-Meyer-Olkin Measure of Sampling Adequacy.		0.978
Bartlett's Test of Sphericity	Approx. Chi-Square	1.348E4
	df	378
	Sig.	0.000
a. Based on correlations		

将这 21 个项目进行因子分析，提取出 6 个特征值大于 1 的因子，这 6 个公因子的特征值分别是 6.153、3.380、3.283、2.894、1.813 和 1.601，2 个特征根累计贡献率为 68.303%，表示这 6 个公因子能够较大程度地解释整个分量表。

表 5-31　　　　　　　　各因子方差特征值及贡献率

公共因子	特征值	方差贡献率（％）	方差累计贡献率（％）
F1	6.153	21.976	21.976
F2	3.380	12.070	34.046
F3	3.283	11.726	45.773
F4	2.894	10.335	56.108
F5	1.813	6.476	62.584
F6	1.601	5.719	68.303

从碎石图 5-8 也可以看出，第 6 个特征根之后的其余特征根走势基本趋于平缓，因此此分量表析出 6 个因子是基本合理的。

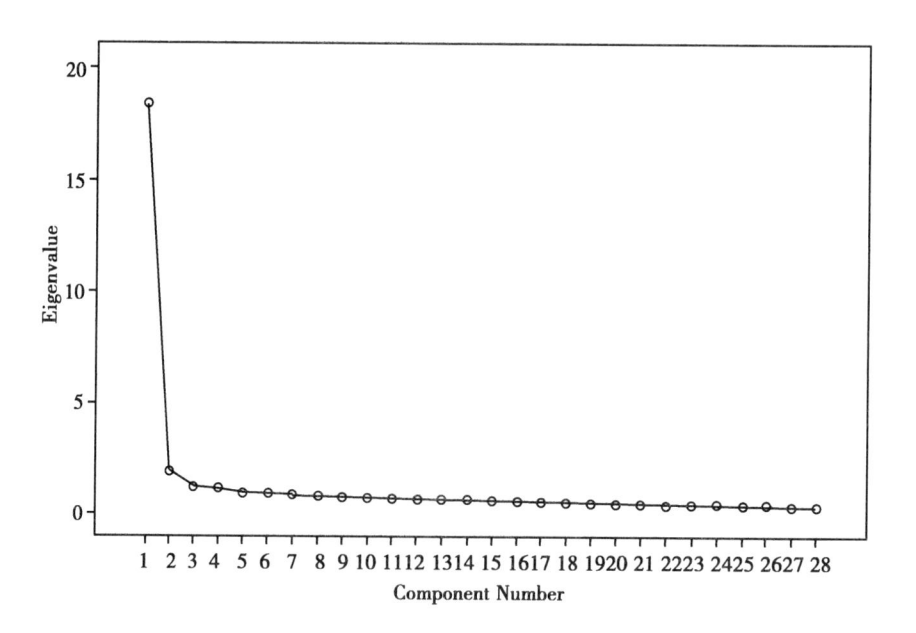

图 5-8　分量表 2 碎石图

通过 Varimax 正交旋转转轴后的成分矩阵发现，21 个初始因素形成 6 列因素负荷矩阵，其中因子 1 包含 6 个项目，分别是 15、17、18、19、25、26 题；因子 2 包含 14、16、24 题 3 个项目；因子 3 包括 12、22、27 题 3 个项目；因子 4 包含 13、21、28 题 3 个项目；因子 5 包含 20、29、30 题 3 个项目；因子 6 包含 23、31、32 题 3 个项目。6 个矩阵中的因素负荷系数均大于 0.50，说明这些题项能够分别较好地说明这 6 个因子。

表 5-32　　　　　　　　　分量表 2 成分矩阵

因子1：讲授		因子2：演示		因子3：提问		因子4：导入		因子5：结课		因子6：板书	
项目	最大附值	项目	最大附值	项目	最大附值	项目	最大附值	项目	最大附值	项目	最大附值
b15	0.764	b14	0.665	b27	0.773	b28	0.700	b29	0.659	b23	0.624
b18	0.757	b16	0.608	b22	0.733	b13	0.608	b30	0.599	b31	0.573
b19	0.720	b24	0.585	b12	0.601	b21	0.539	b20	0.593	b32	0.505
b26	0.701										
b17	0.693										
b25	0.586										

提取方法：主成分分析　　a 转轴收敛于 16 个迭代

因子 1 根据其所包含 6 个项目的内容可以将其命名为讲授行为，对这 6 个项目进一步分析可以发现，15、18、19 题主要述及"讲授能帮助学生形成认知框架"方面的内容，17、25、26 题主要述及"讲授内容准确科学"方面的内容。因子 2 根据其所包含 5 个项目的内容可以将其命名为演示行为，其中第 30 题内容主要强调"演示目的为教学重、难点服务"，20、29 题则可以概括为"能适当、适时、适度进行演示"方面的内容。因子 3 根据其所包含 3 个项目的内容可以将其命名为"提问行为"，其中 20、29 题可以概括为"提问具有启发性"，27 题强调"提问具有针对性"。因子 4 根据其所包含 3 个项目的内容可以将其命名为"导入"，其中 24 题强调"熟练运用不同导入形式"，14、16 题可以概括为"导入能迅速引起学生的注意"。因子 5 根据其所包含 3 个项目的内容可以将其命名为结课行为，31、32 题主要述及"结课能激发学生课下自学的欲望"，23 题强调"结课方式与内容相适应"。因子 6 根据其所含 3 个项目的内容可以将其命名为"板书行为"，其中 28 题强调"板书注重文图的示范性和科学性"，13、21 题则可以概括为"板书清楚"。相应地可得，一级指标教师课堂教学技艺行为下包含 6 个二级指标：导入行为、讲授行为、提问行为、演示行为、板书行为和结课行为，而"导入行为"指标又下含 2 个三级指标，即"熟练运用不同导入形式"和"导入能迅速引起学生的注意"；"讲授行为"指标下含 2 个三级指标，即"讲授能帮助学生形成认知框架"和"讲授内容准确科学"；"讲授行为"下含 2 个三级指标，即"讲授能帮助学生形成认知框架"和"讲授内容准确科学"；"提问行为"下含2个三级指标,即"提问具有启发性"和"提问具有针对性";"演示行为"下含2个三级指标"能适当、适时、适度进行演示"和"演示目的为教学重、难点服务";"板书行为"下含2个三级指标,即"板书清楚"和"板书注重文图的示范性和科学性";"结课行为"下含2个三级指标,即"结课能激发学生课下自学的欲望"和"结课方式与内容相适应"。

3. 分量表3——教师课堂教学维持行为

分量表3包括7个项目,KMO与Bartlett检验结果显示:KMO值为0.917,Bartlett球形检验达到显著,说明非常适合进行因子分析。

表5-33　　　　　　　　分量表3 KMO及球形检验结果

KMO and Bartlett's Testa		
Kaiser-Meyer-Olkin Measure of Sampling Adequacy.		0.917
Bartlett's Test of Sphericity	Approx. Chi-Square	3.328E3
	df	36
	Sig.	0.000
a. Based on correlations		

将这7个项目进行因子分析,提取出2个特征值大于1的因子,这2个公因子的特征值分别是3.514和2.442,2个特征根累计贡献率为66.182%,表示这2个公因子能够较大程度地解释整个分量表。

表5-34　　　　　　　　分量表3各因子方差特征值及贡献率

公共因子	特征值	方差贡献率(%)	方差累计贡献率(%)
F1	3.514	39.049	39.049
F2	2.442	27.133	66.182

从碎石图5-9也可以看出,第2个特征根之后的其余特征根走势基本趋于平缓,因此此分量表析出2个因子是较合理的。

通过Varimax正交旋转转轴后的成分矩阵发现,7个初始因素形成2列因素负荷矩阵。其中因子1包含6个项目,分别是32、33、34、36、40题;因子2包含3个项目,分别是35、37、38题。两个矩阵中的因素负荷系数均大于0.50,说明这些题项能够分别较好地说明这2个因子。

第五章 教师教学行为指标体系的建构

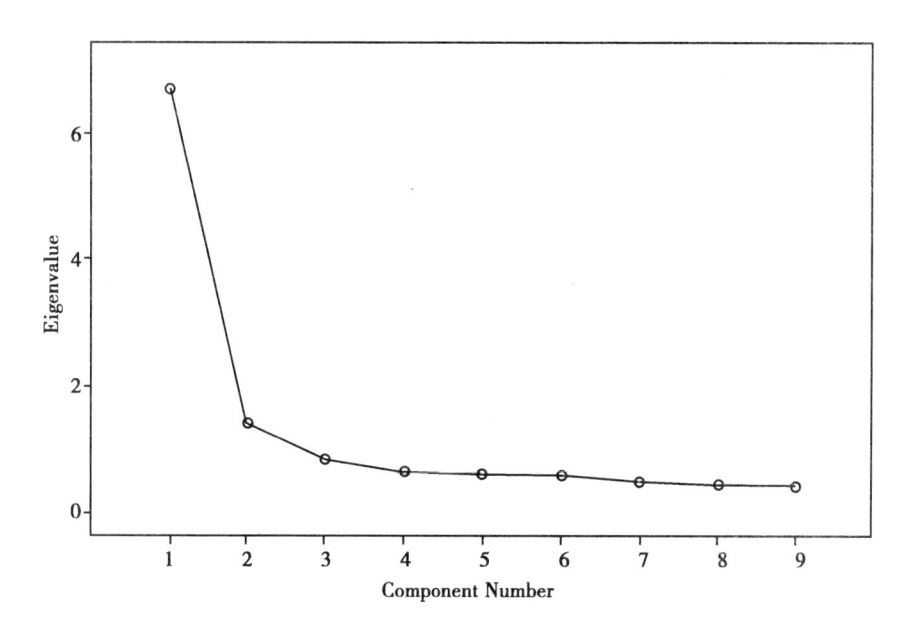

图 5-9　分量表 3 碎石图

表 5-35　　　　　　　　　分量表 3 成分矩阵

因子 1		因子 2	
项目	最大附值	项目	最大附值
b39	0.880	b34	0.925
b35	0.743	b33	0.676
b37	0.693	b36	0.621
b38	0.675		

提取方法：主成分分析　　a 转轴收敛于 5 个迭代

因子 1 根据其所包含 4 个项目的内容可以将其命名为课堂规训行为，对这 4 个项目进一步分析可以发现，37、38、39 题主要述及为口语行为中的"发现和处理学生分心行为"方面的内容，35 题主要述及"巧妙运用规则维护课堂秩序"方面。因子 2 根据其所包含 3 项内容可以将其命名为课堂协调行为，其中第 33 题内容主要强调"创设民主氛围"，34 题则为"不断组织学生注意力"，36 题强调"应对课堂突发事件"。相应地可得，一级指标教师课堂教学维持行为下含 2 个二级指标，即课堂协调行为和课堂规训行为；"课堂协调行为"指标下含 3 个三级指标，即"创设民主氛围"、"不断组织学生注意力"和"应对课堂突发事件"；"课堂规训行为"指标下含 2 个三级指标，即"巧妙运用规则维护课堂秩序"和"发现和处理学生分心行为"。

4. 指标体系的确立

通过因子分析，本节在《教师课堂教学行为量表》中共筛选出 3 个一级指标、10 个二级指标和 21 个三级指标，共同构成了教师课堂教学行为指标体系，结果见表 5-36。

表 5-36　　教师课堂教学行为评价指标体系构成表

一级指标	二级指标	三级指标
教师课堂教学基础行为	口语行为	说话清晰流畅 1、3、7、8
		用词得当 4、11
	体态语行为	着装得体 10
		动作协调 2、5、6、9
教师课堂教学技艺行为	导入行为	熟练运用不同导入形式 24
		导入能迅速引起学生的注意 14、16
	讲授行为	讲授能帮助学生形成认知框架 15、18、19
		讲授内容准确科学 17、25、26
	提问行为	提问具有启发性 12、22
		提问具有针对性 27
	演示行为	能适当、适时、适度进行演示 20、29
		演示目的为教学重、难点服务 30
	板书行为	板书清楚 13、21
		板书注重文图的示范性和科学性 28
	结课行为	结课能激发学生课下自学的欲望 31、32
		结课方式与内容相适应 23
教师课堂教学维持行为	课堂协调行为	创设民主氛围 33
		不断组织学生注意力 34
		应对课堂突发事件 36
	课堂规训行为	巧妙运用规则维护课堂秩序 35
		发现和处理学生分心行为 37、38、39

（四）教师课堂教学行为指标体系权重配置

正式指标体系由 12 位专家组成的专家团对指标体系同一层次中各指

标的重要性两两比较后进行赋值，再运用几何平均法对各位专家的评判进行综合，最后根据综合分值，利用层次分析法对教师课堂教学行为指标体系中的各级指标进行权重赋值。

1. *层次分析法*

与前述建构指标体系权重相类似，我们在这里按照专家团对影响教师课堂教学行为的各个因素的重要程度的理解，采用层次分析法确定评价指标权重。在利用层次分析法确定各指标权重时，本文主要按照下面3个步骤进行。

（1）确定教师课堂教学行为评估层次体系。

根据对教师课堂教学行为的理解，确定教师课堂教学行为指标结构体系，如图5-10所示。

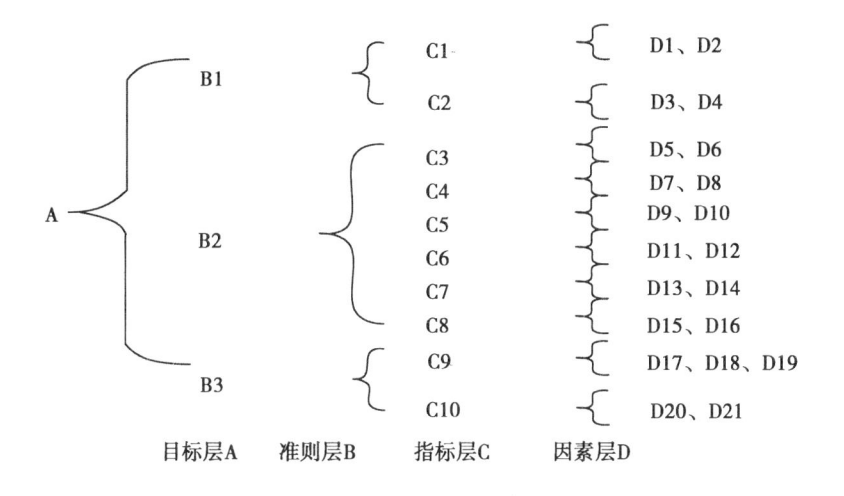

```
目标层A    准则层B    指标层C    因素层D
```

图5-10 递阶层次结构

（2）构造判断矩阵并计算权重值。

首先是一级指标权重值的计算。按照层次分析标度法的要求，对专家进行准量表调查，得到由目标层和准则层一级指标构成的一级指标判断矩阵。A为教师课堂教学行为，B1为一级指标教师课堂教学基础行为，B2为一级指标教师课堂教学技艺行为，B3为一级指标教师课堂教学维持行为，如表5-37所示。

表 5-37　　　　　　　　一级指标判断矩阵

A	B1	B2	B3
B1	1	1	1/7
B2	7	1	7
B3	1	1/7	1

得到判断矩阵：

$$A = \begin{pmatrix} 1 & 1/4 & 1/3 \\ 4 & 1 & 2 \\ 3 & 1/2 & 1 \end{pmatrix}$$

①计算判断/矩阵每行元素的积 $mi = \prod_{j=1}^{n} aij$，$i = 1, 2, 3, \ldots, n$。aij 是矩阵中的元素，所以计算结果为：$m1 = 0.0833$，$m2 = 8$，$m3 = 1.5$；

②计算各行 Mi 的 n 次方根值 $\overline{wi} = \sqrt[n]{mi}$，$i = 1, 2, 3, \ldots, n$。其中 n 为矩阵的阶数。计算结果为：$\overline{w1} = 0.4367$，$\overline{w2} = 2$，$\overline{w3} = 1.1447$；

③根据 $wi = \overline{wi} / \sum_{i=1}^{n} \overline{wiwi}$ 公式，求解各个指标的权重 Wi：$W1 = 0.12$，$W2 = 0.56$，$W3 = 0.32$；

④一致性检验

由 $\lambda\max = \sum_{i=1}^{n} \frac{(AW)i}{nWi}$

$$AW = \begin{pmatrix} 1 & 1/4 & 1/3 \\ 4 & 1 & 2 \\ 3 & 1/2 & 1 \end{pmatrix} \times \begin{pmatrix} 0.12 \\ 0.56 \\ 0.32 \end{pmatrix} = \begin{pmatrix} 0.37 \\ 1.68 \\ 0.96 \end{pmatrix}$$

$\lambda\max = 0.37 / (0.12 \times 3) + 1.68 / (0.56 \times 3) + 0.96 / (0.32 \times 3) = 3.0278$

计算一致性比例：$CI = \lambda\max - n / (n - 1) = 0.0139$

查表得 $RI = 0.58$，则 $CR = CI/CR = 0.024 < 0.1$，则判断矩阵的一致性可以接受。即权重分配是合理的，其权重分配是教师课堂教学基础行为（B1）权重为 0.12，教师课堂教学技艺行为（B2）权重为 0.56，教师课堂教学维持行为（B3）权重为 0.32。

其次是二级指标值的计算。教师课堂基础行为（B1）与其下属二级指标口语行为（C1）和体态语行为（C2）计算构造的二级指标判断矩阵，如表5-38所示。

表5-38　　　　　　　　　二级指标判断矩阵

B1	C1	C2
C1	1	5
C2	1/5	1

$$B1 = \begin{pmatrix} 1 \\ 5 \\ 1/5 \end{pmatrix} \quad C1 = \begin{pmatrix} 1 & 1 \\ 1 & 1 \end{pmatrix}$$

特征向量归一化处理为 W = [0.833, 0.167] T，判断矩阵通过一致性检验。则 C1 占 B1 权重为 0.833，C2 占 B1 权重为 0.167。口语行为（C1）在课堂教学行为总指标体系中占权重则为 0.100、体态语行为（C2）在总指标体系中占权重为 0.020。教师课堂教学技艺行为（B1）、教师课堂教学维持行为（B2）下属二级指标权重计算方法与此相同。

最后是三级指标值的计算。二级指标口语行为（C1）与其下属三级指标"说话清晰流畅"（D1）、"用词得当"（D2）构造的三级指标判断矩阵，如表5-39所示。

表5-39　　　　　　　　　三级指标判断矩阵

C1	D1	D2
D1	1	1
D2	1	1

特征向量归一化处理为 W = [0.500, 0.500] T，判断矩阵通过一致性检验。则 D1 占 C1 权重为 0.500，D2 占 C1 权重为 0.500。"说话清晰流畅"（D1）在总指标体系中占权重为 0.050，"用词得当"（D2）在总指标体系中占权重为 0.050，其他三级指标权重值计算方法与此相同。

（3）指标体系权重的确定。

根据采用层次分析法对教师课堂教学行为评价指标体系各级指标计算的结果，教师课堂教学行为评价指标体系权重最终确立，如表5-40所示。

表 5-40　教师课堂教学行为评价指标体系权重分配图

目标层 A	准则层 B	因素层 C	指标层 D	
教师课堂教学行为指标体系 A	教师课堂教学基础行为 B1（0.12）	口语行为 C1（0.100）	D1（0.050）	说话清晰流畅 1、2、3、7、8
			D2（0.050）	用词得当 4、11
		体态语行为 C2（0.020）	D3（0.005）	着装得体 10
			D4（0.015）	动作协调 5、6、9
	教师课堂教学技艺行为 B2（0.56）	导入行为 C3（0.111）	D5（0.028）	熟练运用不同导入形式 24
			D6（0.083）	导入能迅速引起学生的注意 14、16
		讲授行为 C4（0.152）	D7（0.129）	讲授能帮助学生形成认知框架 15、18、19
			D8（0.023）	讲授内容准确科学 17、25、26
		提问行为 C5（0.063）	D9（0.032）	提问具有启发性 12、22
			D10（0.031）	提问具有针对性 27
		演示行为 C6（0.051）	D11（0.013）	能够适当、适时、适度进行演示 20、29
			D12（0.038）	演示目的为教学重、难点服务 30
		板书行为 C7（0.114）	D13（0.100）	板书清楚 13、21
			D14（0.014）	板书注重文图的示范性和科学性 28
		结课行为 C8（0.069）	D15（0.058）	结课能激发学生课下自学的欲望 31、32
			D16（0.011）	结课方式与内容相适应 23
	教师课堂教学维持行为 B3（0.32）	课堂协调行为 C9（0.280）	D17（0.027）	创设民主氛围 33
			D18（0.144）	不断组织学生注意力 34
			D19（0.109）	应对课堂突发事件 36
		课堂规训行为 C10（0.040）	D20（0.010）	巧妙运用规则维护课堂秩序 35
			D21（0.030）	发现和处理学生分心行为 37、38、39

四　教师教学反思行为指标体系的建构[*]

（一）教师教学反思行为的理解

教师专业发展的基本路径是"经验+反思"，反思作为教育科研最基

---

[*] 本部分由张天雪与任俊琴共同完成。任俊琴，女，河北省张家口人，硕士，北京乾坤翰林文化传播有限公司编辑，主要研究方向为教育管理。

本的存在形式,对于中小学教师由一名新手教师成长为专家型教师,由一名普通教师成长为卓越教师,由一名易职业倦怠的教师成长为职业生命常青的教师是不二选择。

中国教师专业发展与美国恰恰相反,经历了两个阶段,一个是20世纪80年代至21世纪,由中小学一线实践工作者发起的轰轰烈烈的教学实验,自下而上地促进了"先学后教、以学带教、以学促教"的一批专家型教师的出现,如卢仲衡、魏书生、李吉林、邱学华、顾泠沅、齐亮祖等人,而后这种由实践形成的中国教学理论被高校研究者所重视,引发了以"主体型教学实验"为代表的教学改革高潮。在这个阶段,教师的教学反思是借鉴国外、依托课堂、总结经验、形成理论的路径;随着2001年新课程改革的推进,第二轮教师专业发展开始由民间驱动转向政府驱动,以浙江省为例,就先后开展了"5522名师工程"、"高中新课程改革培训工程"、"农村教师素质提升工程"、"领导雁工程"、"浙江省中小学教师全员培训工程"5大工程。而在国家层面上看,2010年是教师培训的元年,这一年"硕师工程"和"国培计划"先后启动,此后的"助力工程"等都以政府主导的方式开始规模化的教师专业培训,而这些都意在促进教师的专业成长,促进教师由教学的执行者走向教学的领导者,由传统教学人员走向教学研究人员,这个过程的重要抓手就是教学反思,熊川武教授为此还专门撰写了"反思型教师"的专著。

教师的教学反思过程大体上包括:具体经验→观察分析→重新进行自我概括→积极的验证。这个逻辑链条可以提高教师的反思能力,促进教师的成长。而教师教学反思的方式大体有课后备课、反思日记、观摩分析、尝试试验、行动研究5种反思的方法和途径。究竟什么是教学反思,国内外学者大体理解如下,维拉(L. M. Villar)认为:"反思性教学是教师借助发展逻辑推理的技能和仔细推敲的判断以及支持反思的态度进行的批判性分析的过程。"[1] 科特坎普和奥斯特曼等学者认为:"反思型实践是一种通过反思把理论和实践结合起来的模式,它以提高自身职业水平为目的,

---

[1] L. M. Villar, Teaching: Reflective, from T. Husen et al. The International Encyclopedia of Education, 1994, p. 6215.

并对自身的行动进行思考和批判性分析。"① 熊川武教授将反思性教学定义为"教学主体借助行动研究，不断探索与解决自身和教学目的，以及教学工具等方面的问题，将'学会教学（learning how to teach）'与'学会学习（learning how to learn）'结合起来，努力提升教学实践合理性，使自己成为学者型教师的过程"②。张建伟认为："反思是教师以自己的教学活动过程为思考对象，来对自己所做的行为、决策以及由此所产生的结果进行重视和分析的过程，是一种通过提高参与者的自我觉察水平来促进能力发展的途径"，并且"反思不是简单的教学经验的总结，它是伴随整个教学过程的监视，分析和解决问题的活动"③。申继亮认为："教学反思是教师为了实现有效教学，在教师教学反思倾向的支持下，对已经发生或正在发生的教学活动，以及这些教学活动背后的理论、假设进行积极、持续、周密、深入、自我调节性的思考，在思考过程中，能够发现、清晰表征所遇到的教学问题，并积极寻求多种方法来解决问题的过程。"④ 张立昌认为："教师的反思是指教师在教育教学实践中，以自我行为表现及其行为之依据的'异位'解析和修正，进而不断提高自身教育教学效能和素养的过程。"⑤ 卢真金认为："反思性实践是一种思考经验问题的方式，是教师借助发展逻辑推理的技能、仔细推敲的判断以及支持反思的态度进行的批判性分析的过程。"⑥

结合国内外学者对"教学反思"的定义，我们认为，"教学反思"是教师站在旁观者的角度来进行自我评价、自我反省、自我评判，以找到问题原因所在和解决方式的一种教学态度和教学方式，它有教师内隐的思维活动和教师外在的行为表现两种形式。比起教师在课前和课堂上内隐的反思，这里我们更关注教师实实在在的可观察、可测量、可操作的课后反思行为，在此我们主要研究的是教师的课后教学反思行为。

---

① 丁钢：《全球化背景下的教师专业发展创新计划：新理念及其变革实践》，北京师范大学出版社2009年版，第8页。

② 熊川武：《反思性教学》，华东师范大学出版社1999年版。

③ 张建伟：《反思——改进教师教学行为的新思路》，《北京师范大学学报（社会科学版）》1997年第4期。

④ 申继亮：《教学反思与行动研究——教师发展之路》，北京师范大学出版社2006年版。

⑤ 张立昌：《论教师的反思及其策略》，《教育研究》2001年第12期。

⑥ 卢真金：《反思性实践是教师专业发展的重要举措》，《比较教育研究》2001年第5期。

（二）教师教学反思行为指标体系预设

教师课后反思指标体系一级指标框架如果按照授课流程即导课—讲解—提问—结束—作业的过程来确定的话是不合理的，因为进一步划分时内容琐碎不容易找到重点，所以在这里参考西方著名学者范梅南对反思的划分，即在"反思教学基本技能层面、反思教学理性提升层面、反思教学伦理层面"的基础上，我们将中小学教师课后反思行为指标体系框架分为3大块：基本教学技能行为的反思、教学理性提升行为的反思、促进学生精神成长行为的反思。

1. 基本教学技能行为的反思

教师基本教学技能是教师专业素质的基本要素和基石，是教师从事教育教学工作所必备的职业能力。它通过教师的行为表现出来，是实现课堂教学目标、提升教学质量和赢得学生尊重的重要保证，同时也给教师自身树立了教师风范和教师威信。传统的基本教学技能包括：语言技能、板书技能、教态变化技能、演示技能、讲解技能、备课能力和教研能力以及调控教学过程的技能。随着时代的发展和教学本身的复杂性，如今教师的基本教学技能还要加入许多新的元素，如教师对新课标和新教学大纲的认知、教师对新教材教学内容的熟悉和把握、对新教学媒体的使用及依赖程度、教学语言艺术修炼、教学方法创新、对学生学习方法的指导、对教学环节的流畅性和完整性的把握、对课堂学习氛围的调节、对学生学习环境的营造以及教学效果评价等多方面的技能，而随着翻转课堂等新媒体的介入，基本教学技能行为反思还将在内涵和外延上发生变化。

2. 教学理性提升行为的反思

教学理性提升行为本身就是一种强烈的反思。教学反思仅仅停留在技术层面还是不够的，很多时候需要专业的眼光去看教学现象背后的深层次规律，从而找到更好的解决问题的办法。长期以来，中国中小学教师形成了经验的思维定式，对于教育学、心理学、教学论、课程论的知识比较排斥，这与20世纪80年代的情境是完全相反的。实践性知识（经验）对中小学教师固然重要，但是这种经验如果迷恋于它，就会使其成为日常教学中的"教学油子"，就会囿于经验而无法自拔，就会让经验成为自己前行中的束脚绳索，或者成为遮迷自己双眼的雾霾。要想使经验成为自身发展的发动机，唯一的办法就是对经验进行研究，使经验成为一种基石，在这个基础上形成自身独特的教学理念、教学模式和教学理论，并且使这种教学理论沿着分析、综合、抽象、概括、具体化的思维路径，扩大经验的附加值，增加经验的外在效度，使其来源于实践又高于实践，归因于一线又能迁移到更广泛的教学实践中去，这就是教学理性提升行为，是教学反思的一种较高境界。

3. 促进学生精神成长行为的反思

学生精神成长从本质上就是学生主体性的增强，就是学生人格的健全，在学校教育的影响上，发挥自身的主观能动性，最终成长为能与自然、与他人、与自身和谐相处的积极向上的个体。它可以从本体论、认识论和实践论3个层面加以论述，从本体论上讲，学生的精神成长强调学生作为社会独立存在的个体，强调学生本身的价值，强调学生经历学校教育后实现个体社会化后的结果；从认识论上讲，学生的精神成长强调学生的主动性、积极性和创造性，强调学生求真、求善、求美、求自由的价值旨向；从实践论上讲，学生精神成长强调的是学生本体论和认识论两个层面的内容在各项活动中的体现，强调的是学生在实践过程中的生命状态，强调的是学生在个性化和社会化过程中的实践过程。这种实践过程可以通过课程设计、教学活动、社会体验与参与、同伴影响、教师引领与社会支持来改变学生的精神状态，促进其在认知、情意和个性3个领域的全面发展。对于教师课后反思行为中教学促进学生精神成长行为指标的设计，也是基于上述三方面的考虑。

教师课后反思行为是教师教学行为的一个分支，按教学过程划分，教师教学行为分为教师课前准备行为、教师课堂教学行为、教师课后反思行为。本节中的教师课后反思行为指标体系分为一级指标3个，二级指标11个，具体划分情况见图5-11。

（三）教师教学反思行为指标体系量表的编制与测试

1. 准量表编制

与前述教学准备行为指标体系、教学展示行为指标体系的编制流程相似，我们同样在量表编制之前进行了理论假设，即教师课后反思的3大构面。作为教师课后反思量表编制的大的架构，对问题项目的编制是在遵循量表编制原则的前提下，主要采用文献法和访谈法相结合的方法，力求量表的编制简明、扼要、准确。在编制的过程中征求一些专家和实际中小学教师意见后，我们对量表中相同或无关的项目进行删减和合并，对缺失的

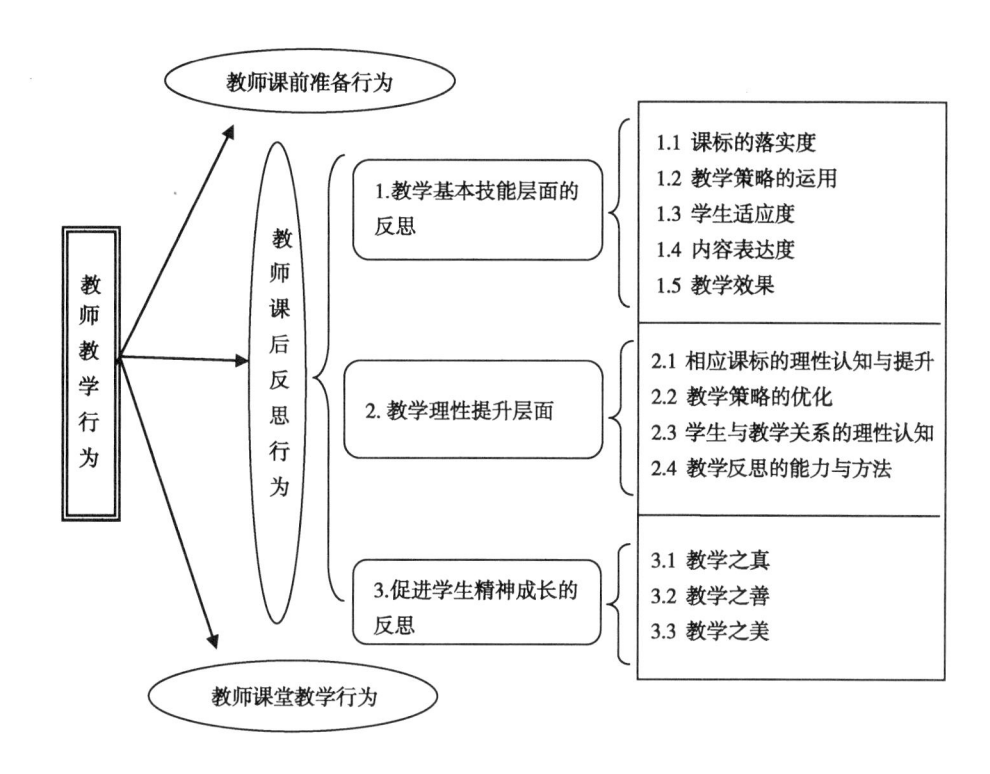

第五章 教师教学行为指标体系的建构

```
教师教学行为
├── 教师课前准备行为
├── 教师课后反思行为
│   ├── 1. 教学基本技能层面的反思
│   │   ├── 1.1 课标的落实度
│   │   ├── 1.2 教学策略的运用
│   │   ├── 1.3 学生适应度
│   │   ├── 1.4 内容表达度
│   │   └── 1.5 教学效果
│   ├── 2. 教学理性提升层面
│   │   ├── 2.1 相应课标的理性认知与提升
│   │   ├── 2.2 教学策略的优化
│   │   ├── 2.3 学生与教学关系的理性认知
│   │   └── 2.4 教学反思的能力与方法
│   └── 3. 促进学生精神成长的反思
│       ├── 3.1 教学之真
│       ├── 3.2 教学之善
│       └── 3.3 教学之美
└── 教师课堂教学行为
```

图 5-11　教师课后反思行为指标分类预设

项目进行补加，确定教师课后反思行为预测量表项目40个题目。量表以利克特点量表式呈现，按照实际中小学教师认为在课后反思的内容的重要性程度进行选择，分别为"完全不重要"、"不太重要"、"有些重要"、"非常重要"、"极其重要"，相应的计算分数也采用正向计分，由低到高从1分到5分，即教师认为该反思项目越重要分数就越高。最后，利用SPSS19.0统计软件对准量表的所有题目进行编码，将预测的179份有效准量表输入并建立数据库。经过与前述相同过程的各项分析，将量表分为3大分量表：分量表1——教学基本技能行为反思子量表、分量表2——教学理性提升方面的子量表和分量表3——对学生精神成长促进的教学反思行为子量表。

2. 信度检验

根据信度分析，本节中整个教师课后反思行为指标体系量表的 Alpha 系数为 0.923，3 个分量表的 Alpha 系数分别为 0.873、0.805 和 0.854，均大于 0.8，说明本量表具有良好的信度。

表5-41　教师课后反思行为指标体系量表的 Cronbach's Alpha 信度分析结果

	Cronbach's Alpha
教师课后反思行为指标体系量表	0.923
分量表1——教学基本技能行为的反思	0.873
分量表2——教学理性提升的反思	0.805
分量表3——教学促进学生精神成长的反思	0.854

3. 量表测量及分析

在对教师课后反思行为预测量表数据进行分析整理后,我们对量表题目进行了删减和修改,题目由40题删减为36题,最后形成正式量表。正式施测共发放量表700份,回收560份,其中有效量表514份,量表回收率80%,有效率73.4%。量表测量的调查对象的基本情况见表5-42。

表5-42　正式施测样本基本情况

	组别	人数	百分比（%）
性别	男	159	30.9
	女	355	69.1
教龄	3年及以下	141	27.4
	4—6年	93	18.1
	7—25年	255	49.6
	26—33年	22	4.3
	34年以上	3	6
学校层次	小学	261	50.8
	初中	152	18.1
	高中	101	49.6
学校所在区域	城区	222	43.2
	农村	292	56.8

前面通过预测量表已经确定教师课后反思行为评价指标体系的一级指标,即教师教学基本技能行为的反思、教学理性提升的行为和教学促进学生精神成长行为的反思3大构面,并且将这3个构面作为3个分量表。在正式量表回收后,本节利用SPSS19.0统计软件进一步对3个分量表所得数据进行了探索性因子分析,以提取每个分量表中的公因子,这些公因子

可以视为教师课后反思行为的二级指标。

（1）分量表 1——教学基本技能行为的反思分量表。

分量表 1 包括 20 个项目，KMO 与 Bartlett 检验结果显示：KMO 值为 0.891，Bartlett 球形检验达到显著，说明很适合进行因子分析。

表 5-43　教师对教学基本技能行为的反思分量表 KMO 及球形检验结果

KMO and Bartlett's Testa		
Kaiser-Meyer-Olkin Measure of Sampling Adequacy.		0.891
Bartlett's Test of Sphericity	Approx. Chi-Square	2912.931
	df	190
	Sig.	0.000

将这 20 个项目进行因子分析，提取出 6 个特征值大于 1 的因子，累计贡献率为 60.362%，表示这 5 个公因子能够较大程度地解释整个分量表。

表 5-44　教师对教学基本技能行为的反思分量表各因子方差特征值及贡献率

公共因子	特征值	方差贡献率（%）	方差累计贡献率（%）
F1	6.032	30.162	30.162
F2	1.641	8.203	38.365
F3	1.367	6.836	45.200
F4	1.173	5.865	51.065
F5	0.979	4.896	55.960
F6	0.880	4.402	60.362

从碎石图 5-12 可以看出，分量表 1 提取出 6 个公因子以后，其趋势坡度趋于平缓，说明提取 5 个因子很合理。

通过 Varimax 正交旋转转轴后的成分矩阵发现，20 个初始因素形成 6 列因素负荷矩阵。其中因子 1 包含 2 个项目，分别是 1、2 题；因子 2 包含 5 个项目，分别是 3、4、5、6、7 题；因子 3 包含 3 个项目，分别是 8、9、10 题；因子 4 包含 3 个项目，分别是 11、13、14 题；因子 5 包含 5 个项目，分别是 15、16、17、18、19 题；因子 6 包含 2 个项目，分别是 20、21 题，6 个矩阵中的因素负荷系数均大于 0.40，说明这些题项能够分别较好地说明 6 个因子。

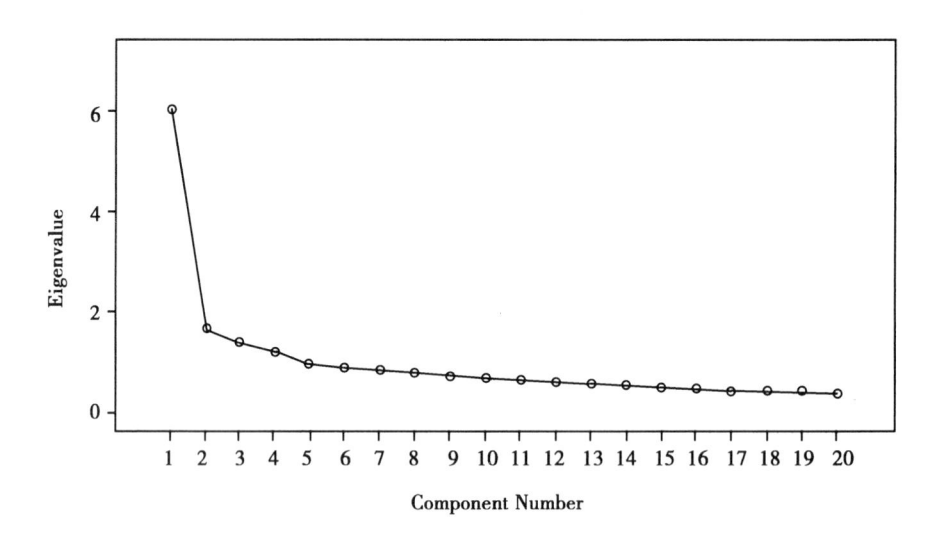

图 5-12　教师反思教学基本技能行为碎石图

表 5-45　　　　　　　　　　分量表 1 成分矩阵

因子1		因子2		因子3		因子4		因子5		因子6	
项目	最大附值	项目	最大附值	项目	最大附值	项目	最大附值	项目	最大附值	项目	最大附值
S20	0.725	S15	0.668	S1	0.461	S11	0.643	S8	0.442	S3	0.624
S21	0.492	S16	0.523	S2	0.689	S13	0.545	S9	0.684	S4	0.715
	·	S17	0.586			S14	0.496	S10	0.642	S5	0.490
		S18	0.728							S6	0.657
		S19	0.724							S7	0.633

提取方法：主成分分析　　a 转轴收敛于 20 个迭代

因子 1 包含 2 项内容，可以将其命名为"课标落实度"；因子 2 包含 5 项内容，可以将其命名为"教学策略及方法运用"；因子 3 包含 2 项内容，可以将其命名为"教学秩序维持"；因子 4 包含 3 项内容，可以将其命名为"学生适应性"；因子 5 包含 3 项内容，可以将其命名为"教学内容表达"；因子 6 包含 5 项内容，可以将其命名为"教学效果"。

（2）分量表 2——教学理性提升行为分量表。

分量表 2 包括 7 个项目，KMO 与 Bartlett 检验结果显示：KMO 值为 0.814，Bartlett 球形检验达到显著，说明很适合进行因子分析。

表 5-46　教学理性提升行为分量表的 Cronbach's Alpha 信度分析结果

KMO 和 Bartlett 的检验		
取样足够度的 Kaiser-Meyer-Olkin 度量		0.814
Bartlett 的球形度检验	近似卡方	694.563
	df	21
	Sig.	0.000

将这 7 个项目进行因子分析，提取出 2 个特征值大于 1 的因子，2 个特征根累计贡献率为 54.756%，表示这 2 个公因子能够较大程度地解释整个分量表。

表 5-47　教学理性提升行为分量表各因子方差特征值及贡献率

公共因子	特征值	方差贡献率（%）	方差累计贡献率（%）
F1	2.871	41.010	41.010
F2	0.962	13.747	54.756

从碎石图 5-13 也可以看出，第 2 个特征根之后的其余特征根走势基本趋于平缓，因此分量表 2 析出 2 个因子是较合理的。

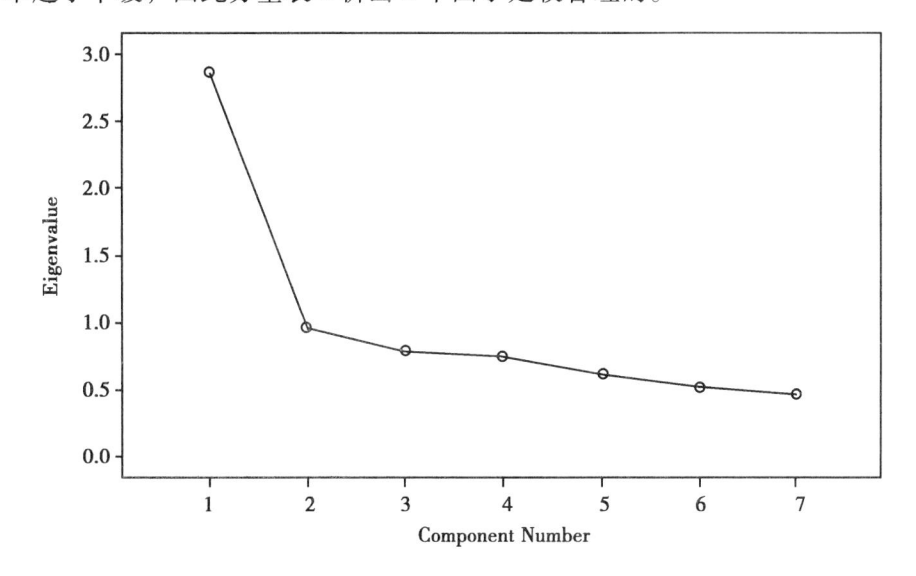

图 5-13　教师反思教学理性提升行为碎石图

通过 Varimax 正交旋转转轴后的成分矩阵发现，7 个初始因素形成 2 列因素负荷矩阵，其中因子 1 包含 3 个项目，分别是 24、25、31 题；因子 2 包含 4 个项目，分别是 27、28、29、30 题。2 个矩阵中的因素负荷系数均大于 0.50，说明这些题项能够分别较好地说明这 2 个因子。

表 5-48　　　　　　　　　　分量表 2 成分矩阵

因子 1		因子 2	
项目	最大附值	项目	最大附值
S24	0.731	S27	0.688
S25	0.584	S28	0.789
S31	0.779	S29	0.708
		S30	0.660

提取方法：主成分分析　　a 转轴收敛于 3 个迭代

因子 1 包含 3 项内容，将其命名为"教与学关系的理性认知"；因子 2 包含 4 项内容，将其命名为"教学策略和方法的优化"。

（3）分量表 3——教师对促进学生精神成长教学行为的反思分量表。

分量表 3 包括 9 个项目，KMO 与 Bartlett 检验结果显示：KMO 值为 0.867，Bartlett 球形检验达到显著，说明很适合进行因子分析。

表 5-49　　　　对促进学生精神成长教学行为的反思 Cronbach's Alpha 信度分析结果

KMO 和 Bartlett 的检验		
取样足够度的 Kaiser-Meyer-Olkin 度量		0.867
Bartlett 的球形度检验	近似卡方	1672.597
	df	36
	Sig.	0.000

将这 9 个项目进行因子分析，提取出 3 个特征值大于 1 的因子，3 个特征根累计贡献率为 68.609%，表示这 3 个公因子能够较大程度地解释整个分量表。

对促进学生精神成长教学行为的反思

表 5-50　　　　　　　分量表各因子方差特征值及贡献率

公共因子	特征值	方差贡献率（%）	方差累计贡献率（%）
F1	4.212	46.805	46.805
F2	1.053	11.694	58.500
F3	0.910	10.109	68.609

从碎石图 5-14 也可以看出，第 3 个特征根之后的其余特征根走势基本趋于平缓，因此分量表 3 析出 3 个因子是较合理的。

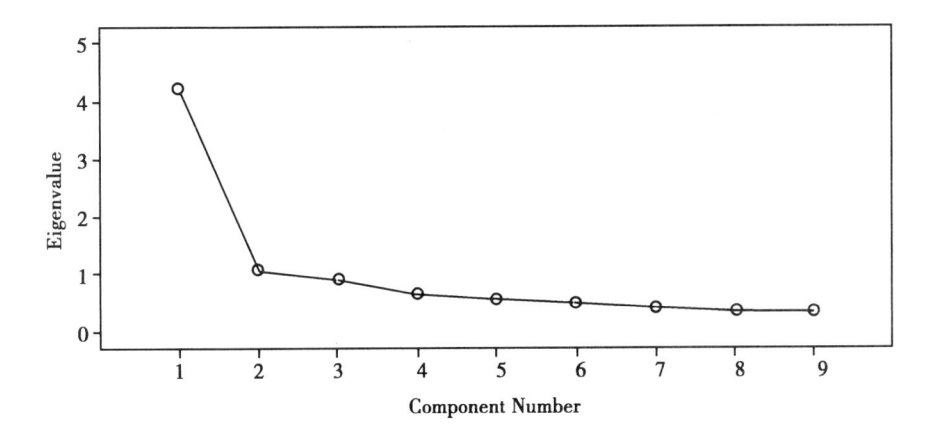

图 5-14　教师反思教学促进学生精神成长行为碎石图

通过 Varimax 正交旋转转轴后的成分矩阵发现，9 个初始因素形成 2 列因素负荷矩阵，其中因子 1 包含 2 个项目，分别是 32、33 题；因子 2 包含 3 个项目，分别是 34、35、36 题；因子 3 包含 4 个项目，分别是 37、38、39、40 题。3 个矩阵中的因素负荷系数均大于 0.50，说明这些题项能够分别较好地说明这 3 个因子。

表 5-51　　　　　　　　　　分量表 3 成分矩阵

因子 1		因子 2		因子 3	
项目	最大附值	项目	最大附值	项目	最大附值
S32	0.843	S34	0.765	S37	0.574
S33	0.755	S35	0.847	S38	0.657

续表

因子1		因子2		因子3	
项目	最大附值	项目	最大附值	项目	最大附值
		S36	0.585	S39	0.672
				S40	0.801

提取方法：主成分分析　a 转轴收敛于 5 个迭代

因子1包含2项内容，将其命名为"教学之真"；因子2包含3项内容，将其命名为"教学之善"；因子3包含4项内容，将其命名为"教学之美"。

4. 指标体系的确立

通过因子分析，本节在《教师课后反思行为量表》中共筛选出3个一级指标、11个二级指标，构成了教师课后反思行为指标体系，结果如下。

表 5-52　　　　　教师课后反思行为评价指标体系构成表

一级指标	二级指标
反思教学基本技能行为	课标落实度
	教学策略及方法运用
	教学秩序维持
	教学内容表达
	学生适应性
	教学效果
反思教学理性提升行为	教学策略及方法的优化
	教与学关系的理性认知
反思教学促进学生精神成长行为	教学之真
	教学之善
	教学之美

（四）教师课后反思行为指标体系权重配置

将已经确定的指标，分别请专家评判其权重，然后以专家评判结果的平均数作为各指标权重，这种方法叫专家评判平均法。本节中对教师课后反思行为量表一、二、三级指标权重的确定均遵循这个方法，首先在量表编制时我们就把教师课后反思行为的具体的可观察的行为作为量表题目，在选项上对行为的重要性设计了分数值，如1——完全不重要，2——不太重要，3——有些重要，4——非常重要，5——极其重要；然后将中小学教师作为专家，让他们对具体的行为给出合理的分数值；最后用SPSS19.0统计软件对数据结果进行统计，这样就可以得到各级指标的权重值。具体步骤如下。

1. 确定专家评判指标体系

在计算权重值前需要先明确指标体系的架构，架构确定了才便于更好地计算，教师课后反思行为指标体系架构表在上面已经呈现出来，为了方便计算这里对各级指标进行一下参数假设，我们将一级指标用 A、B、C 来表示，与其相应的二级指标设为 A1、A2、A3、A4、A5、A6；B1、B2；C1、C2、C3，具体如表5－53。

表5－53　　　　教师课后反思行为评价指标体系构成表

一级指标	二级指标	题项
A	A1	S1 S2
	A2	S3 S4 S5 S6 S7
	A3	S8 S9 S10
	A4	S15 S16 S17 S18 S19
	A5	S11 S13 S14
	A6	S20 S21
B	B1	S24 S25 S31
	B2	S27 S28 S29 S30
C	C1	S32 S33
	C2	S34 S35 S36
	C3	S37 S38 S39 S40

2. 指标权重值的计算

专家评判平均法的权重计算公式为：

$$w_j = \frac{1}{k}\sum_{i=1}^{k} w_{ij}$$

在这里 w_{ij} 表示第 i 位专家赋予第 j 个指标的权重值，k 表示专家人数。据上述公式，先计算平均数，各级指标的平均数计算结果见表5－54、表5－55和表5－56。

表 5-54　　　　　　　　　　项目均值表——构面 1

题项	数目	和	均值	题项	数目	和	均值
s1	514	2123	4.13	s11	514	2221	4.32
s2	514	2123	4.13	s13	514	1864	3.63
s3	514	2216	4.31	s14	514	1846	3.59
s4	514	1894	3.68	s15	514	2131	4.15
s5	514	2138	4.16	s16	514	1953	3.80
s6	514	1907	3.71	s17	514	2095	4.08
s7	514	1595	3.10	s18	514	1700	3.31
s8	514	1683	3.27	s19	514	1672	3.25
s9	514	1899	3.69	s20	514	1896	3.69
s10	514	1951	3.80	s21	514	1906	3.71

表 5-55　　　　　　　　　　项目均值表——构面 2

		统计量						
		s24	s25	s27	s28	s29	s30	s31
N	有效	514	514	514	514	514	514	514
	缺失	0	0	0	0	0	0	0
均值		3.74	4.33	4.01	3.79	3.70	3.71	3.74
和		1923	2224	2061	1946	1901	1905	1921

表 5-56　　　　　　　　　　项目均值表——构面 3

		统计量								
		s32	s33	s34	s35	s36	s37	s38	s39	s40
N	有效	514	514	514	514	514	514	514	514	514
	缺失	0	0	0	0	0	0	0	0	0
均值		3.51	3.95	4.10	4.04	4.14	3.94	3.83	3.77	4.24
和		1805	2032	2105	2076	2130	2025	1968	1937	2181

化成百分比

一级指标权重：

$W_A = 3.7755/(3.7755 + 3.86 + 3.9467) = 0.326$；

$W_B = 3.86/(3.7755 + 3.86 + 3.9467) = 0.333$；

$W_C = 3.9467/(3.7755 + 3.86 + 3.9467) = 0.341$

同理，计算可以得出二级指标权重：

WA1 = 0.059；WA2 = 0.054；WA3 = 0.051；WA4 = 0.053；WA5 = 0.056；WA6 = 0.053

WB1 = 0.163；WB2 = 0.170

WC1 = 0.108；WC2 = 0.119；WC3 = 0.114

3. 指标体系权重的确定

根据专家评判平均法对教师课后反思行为评价指标体系各级指标计算的结果，教师课后反思行为评价指标体系权重最终确立，如表 5-57 所示。

表 5-57　　　　教师课后反思行为评价指标体系权重分配

	一级指标	二级指标
教师课后反思行为	反思教学基本技能行为（0.326）	课标落实度（0.059）
		教学策略及方法运用（0.054）
		教学秩序维持（0.051）
		教学内容表达（0.053）
		学生适应性（0.056）
		教学效果（0.053）
	反思教学理性提升行为（0.333）	教学策略及方法的优化（0.163）
		教与学关系的理性认知（0.170）
	反思教学促进学生精神成长行为（0.341）	教学之真（0.108）
		教学之善（0.119）
		教学之美（0.114）

五　教师教学行为三大评价量表

（一）教师教学准备行为指标评价量表

使用者：中小学教师、中小学教育管理人员、教育督导人员、教师教育研究人员。

使用方法：请将下列观测点所列行为与测查对象（或自身）行为进行比对，然后在相应的栏内打"√"，吻合度越高，分值也越高。

1 = 非常不吻合　2 = 不太吻合　3 = 无法判断　4 = 基本吻合　5 = 完全吻合

一级指标	二级指标	三级指标	1	2	3	4	5
对教学内容的准备	授课知识的准备行为	对课程标准、课程大纲的准备					
		对教材、教参的准备					
		能够形成知识体系框架，重点突出、难点分散					
	对授课要求的熟知	对板书设计的准备					
		对作业布置的准备					
		对课堂突发问题的准备					
		对本节课教学步骤的设计					
		对近期和远期教学目标的准备					
	对相关联的教学内容的准备	对各节课之间衔接的准备					
		对教学与学生经验相联系的准备					
		对所授知识蕴含德育内容的准备					
		对本节课拓展性信息的准备					
		对其他版本教科书体系的了解					
与教学相关的人的准备	对学生的准备	对学生个性的预先了解					
		对学生成绩的预先了解					
		对班集体近期氛围的了解					
		对学生近期情绪的了解					
		促进学生主动参与的设计					
	与集体备课组中其他教师的配合	对培养学生创造性思维的设计					
		对集体备课组中其他教师性格的了解					
	教师对自身的准备	集体备课中共享知识的借鉴与利用					
		教学前对自身心态、情绪的把握					
		教学前对自身优势、不足的认知					
	对教学评价人员的准备	对自身教学特点与风格的把握					
		对领导和同事听课的准备					
		对督导等检查人员的准备					

续表

一级指标	二级指标	三级指标	1	2	3	4	5
与教学相关的其他事项的准备	教学时间计划	对单元课时的分配					
		教学前对本节课授课时间的分配					
		对课后反思时间的预留					
		对课后批改作业和辅导时间的预留					
		对测验及复习等时间的预留					
	教学方法	不同课程内容准备不同教学方法					
		对启发式教学方法运用的设计					
		对讲授、讨论等传统教学方法的设计					
		对发现、探究等新兴教学方法的熟知					
	教学媒介	对教学教具的准备					
		对学生辅助学习资料的准备					
		多媒体辅助教学的准备					
	教学方式	对集体授课等传统教学方式的准备					
		对能力分组、情境教学等新兴教学方式的准备					

（二）教师课堂教学展示行为评价量表

使用者：中小学教师、中小学教育管理人员、教育督导人员、教师教育研究人员。

使用方法：请将下列观测点所列行为与测查对象（或自身）行为进行比对，然后在相应的栏内打"✓"，吻合度越高，分值也越高。

1＝非常不吻合　2＝不太吻合　3＝无法判断　4＝基本吻合　5＝完全吻合

一级指标	二级指标	三级指标	观测点	1	2	3	4	5
教师课堂教学基础行为	口语行为	说话清晰流畅	普通话标准					
			说话清晰流畅、逻辑严密、条理清楚					
			语音、语调、语速、节奏适当					
			没有口头语和多余语气助词					
		用词得当	正确使用本学科名词术语					
			语言通俗易懂，符合学生的年龄特点					
	体态语行为	着装得体	着装发式得体					
		动作协调	注意适当走动，快慢合适、停留得当					
			以手势助说话，没有多余动作					
			注意眼神交流，面向全体学生					
			站立姿势端正，自然优美大方					
教师课堂教学技艺行为	导入行为	熟练运用不同导入形式	会运用不同的导入形式					
		导入能迅速引起学生的注意	导入目的明确					
			导入能引起学生的兴趣，集中注意					
	讲授行为	讲授能够帮助学生形成认知框架	讲授重点突出、目标明确、难点分散					
			讲授注重知识结构，能帮助学生形成认知框架					
			讲授内容具有思想性					
		讲授内容准确科学	能够阐明基本概念和基本原理					
			能够引证丰富的材料					
			讲授内容准确科学					
	提问行为	提问具有启发性	能够激发学生的问题欲望					
			提问有针对性、启发性					
		提问具有针对性	提问难度适宜					
	演示行为	能够适当、适时、适度进行演示	演示操作规范，读与讲有机结合					
			能够适当、适时、适度进行演示					
		演示目的为教学重、难点服务	演示目的明确，解决教学重点、难点					
	板书行为	板书清楚	板书重点突出					
			书写清楚，自左向右具有顺序性					
		板书注重文图的示范性和科学性	板书注重文图的示范性和科学性					

续表

一级指标	二级指标	三级指标	观测点	1	2	3	4	5
教师课堂教学基础行为	结课行为	结课能激发学生课下自学的欲望	结课能激发学生课下自学的欲望					
			结课能为下节课留下悬念					
		结课方式与内容相适应	结课方式与内容相适应					
教师课堂教学维持行为	课堂协调行为	创设民主氛围	创设民主氛围，使课堂成为学生的课堂					
		不断组织学生注意力	不断组织学生的注意					
		应对课堂突发事件	能应对课堂中的突发事件					
	课堂规训行为	巧妙运用规则维护课堂秩序	巧妙运用规则维持课堂秩序					
		发现和处理学生分心行为	发现和处理学生分心行为					
			对学生采取惩罚手段尽量减少对正常教学的干扰					
			对学生进行规训要注意以人为本					

（三）教师课后反思行为评价量表

使用者：中小学教师、中小学教育管理人员、教育督导人员、教师教育研究人员。

使用方法：请将下列观测点所列行为与测查对象（或自身）行为进行比对，然后在相应的栏内打"√"，吻合度越高，分值也越高。

1＝非常不吻合　2＝不太吻合　3＝无法判断　4＝基本吻合　5＝完全吻合

一级指标	二级指标	观测点	1	2	3	4	5
反思教学基本技能行为	课标落实度	反思学生掌握课标要求的学科知识与技能情况					
		反思学生学习态度、情感和价值观培养状况					
	教学策略及方法运用	反思对学生学习方法的教授					
		对教学过程各环节衔接和流畅度的反思					
		对教学方法的恰当性和有效性的反思					
		对教学组织形式合理性的反思					
		对教学媒体使用恰当性和熟练性的反思					
	教学秩序维持	反思自己使用课堂规章制度维持教学秩序的方式					
		反思自己课上应对突发事件的方式					
		反思课上对学生的规训是否注意到以人为本					
	学生适应性	反思教学对学生学习兴趣的激发					
		反思课上学生相互协作状况					
		反思不同学生年龄特点和差异水平					
	教学内容表达	反思教学演示重点突出、难点分散、疑点释清					
		反思教学讲授语言是否清晰、准确					
		反思教学提问语言是否具有针对性、启发性					
		反思眼神和手势等教学体态语的规范性、准确性					
		反思课上板书的规范性、美观性					
	教学效果	通过作业、考试等手段对教学效果进行反思					
		反思学生对教学的满意度和改进建议					
反思教学理性提升行为	教与学关系的理性认知	反思课标情感、态度、价值观的设置目的与价值					
		反思和总结成功及失败的教学经验					
		课后反思"为什么教"和"教是为了不教"等问题					
	教学策略及方法的优化	反思逐渐培养自己独特的教学风格					
		反思突破经验定式来促进教学行为优化					
		反思使用教学日记、教学笔记、集体讨论等进行教学					
		反思尝试用同伴学习、叙事研究、行动研究等提升自己					

续表

一级指标	二级指标	观测点	1	2	3	4	5
反思教学促进学生精神成长行为	教学之真	反思如何激发学生坚持真理和追求真理					
		反思教学中如何培养学生坚持不懈的学习信念					
	教学之善	反思教学中尊重学生人格，关爱学生					
		反思平等对待每个学生，做到一视同仁					
		反思教学中是否适时地给学生积极的肯定与鼓励					
	教学之美	反思课堂教学教会学生正确辨别真善美与假恶丑					
		反思教学如何引导学生关爱周围的人和保护环境					
		反思教学中教导学生去发现美、欣赏美、创造美					
		反思通过快乐教学使学生乐学					

第六章

教师教育技术行为指标体系的建构*

再过 10 年,我们的教学方式与教师行为将在现代教育技术的引领下发生天翻地覆的变化。有人说:2014 年是"MOOC 元年",随着"翻转课堂"理念将传统的"先学后教"推向了更现实的平台外,今后我们的教学将呈现:素材多样化、资源全球化、教学个性化、学习自主化、活动合作化、管理自动化、环境虚拟化,这一切都将对教师行为的重构提出挑战。现代教育技术作为教育改革的"制高点"和"突破口",成为中小学教师自身专业发展必备的素质和能力。

2004 年 12 月,为提高广大中小学教师教育技术能力和应用水平,促进教师专业能力的发展,教育部正式颁布了《中小学教师教育技术能力标准(试行)》。在标准颁布之后,教育部紧接着又发布了针对教学人员、技术人员、管理人员的培训大纲。2005 年 4 月,教育部下发了《教育部关于启动实施全国中小学教师教育技术能力建设计划的通知》,并制订了《全国中小学教师教育技术能力建设计划》。2010 年《教育规划纲要》在第 19 章中,专门对"加快教育信息化进程"这一问题进行详细说明,现代教育技术是教育信息发展的重要抓手和基础。2012 年 3 月,教育部印发了《教育信息化十年发展规划(2011—2020 年)》,之后国家专门成立了教育部教育信息化推进办公室,对于教育信息化的推行与进一步发展做出了很多努力。上述背景信息都从宏观和中观的层面上要求教师行为要进行增量变革,就是要增加现代教育技术行为的含量。

本章的"教师现代教育技术行为"一词来源于"现代教育技术",当前学术界较为公认的对于现代教育技术的定义是:现代教育技术以计算机

---

* 本章由张天雪和陈琳共同完成。陈琳,女,浙江东阳人,硕士,中教 1 级,东阳教育局职员,主要研究方向为教育技术。

为核心的信息技术在教育教学中的理论与技术，运用现代教育理论和技术，通过对教学过程和资源的设计、开发、应用、管理和评价，以实现教学现代化的理论与实践①。在实际的教学工作中，越来越多的现代教育技术被运用到教学活动中，因此，对这样一系列围绕着教育教学展开的新技术的认识、使用、创新等集结而成的行为方式的总和，定义为现代教育技术行为。

前面我们已经论及了教师管理行为、课程行为、组织行为、教学行为，而教师现代教育技术行为是这些行为的现代性延伸、工具性拓展和技术性强化。教师现代教育技术行为是教师行为的一个组成部分，但是教育技术在教师各种行为中不仅仅体现在某一个阶段中，而是渗透到了整个教学行为的方方面面。

一 教师教育技术行为量表的编制

（一）研究架构

教师教育技术行为是教师行为研究中比较新兴的部分，对这方面的专门研究比较少，从目前的研究现状来看，没有继续进行研究构建技术行为相应的指标体系的内容。在这样的情况下，要对教育技术行为进行专门的研究，就没有很多前人的经验可供借鉴，也没有指标评价体系可供利用。所以，本章尝试从指标建构的角度进行教师教育技术行为的深化研究，通过一系列的研究工作，建立起完整的教师教育技术行为指标体系。

教师行为划分的标准不尽相同，但不论是哪一种划分模式，都将教师教育技术行为作为一个专门的部分。前文中已经提到过，现代教育技术通常指的就是在教育领域里对信息化技术的使用，而在教育领域中被广泛使用的信息化技术通常包括7大部分，这是1998年李克东教授在华南师范大学举办的关于《教育技术基础理论研究》专题讲座中提出的。

在实际的教学行为中，具体实施现代教育技术行为的主体是教师，即教师在教育活动中关于所有现代教育技术行为的总和。那么，就可以认为这里所指的教师技术教育行为不仅仅是在教学活动中所使用的教育技术，

---

① 徐福荫、袁锐锷：《现代教育技术基础》，人民教育出版社2005年版，第17页。

因为这部分只能算是对于技术的运用部分。除此之外，本节认为，一项技术的使用和推广的整个过程，不外乎包括对技术的学习、对技术的使用，以及对技术的不断创新。那么，现代教育技术行为也分为这3个大的部分。

相同的观点也体现在2005年12月25日国家教育部旨在提高中小学教师的现代教育技术水平而正式颁布的《中小学教师教育技术能力标准（试行）》中。标准的第一部分——"教学人员教育技术能力标准"分别是意识与态度、知识与技能、应用与创新、社会责任。将前三部分进行适当的整合，结合实际教学过程中与之相对应的教师行为，不外乎是技术认知行为、技术运用行为和技术创新行为，即本文中对技术行为维度的划分。

在制定《中小学教师教育技术能力标准（试行）》的过程中，以中国的现代教育技术发展水平与现状为基础，结合国外的相关标准（主要有《美国教师教育技术标准》、《美国学生教育技术标准》、《美国学校管理人员教育技术标准》、《英国教师ICT培训标准》、《英国教师专业发展标准》和《英国中小学校长职业标准》等）[1]。在本节准量表的编制过程中，笔者将关于教师现代教育技术的标准作为理论基础与标尺，能够使准量表更具有权威性。

基于以上观点，本章从一项新技术整体发展的角度出发，认为现代教育技术行为是从教师技术认知行为开始的，这里包括对现代教育技术的学习、对现代教育技术的态度和对各种现代技术的理解程度。其次，对新技术有了一个全面的认识，并且经过系统的学习之后，学以致用，进行教育技术的运用。那么，教师们会在哪些方面进行新技术的运用？本节认为，在教学过程中肯定会使用新技术之外，在各种管理工作中也会出现各种对新技术的使用，有的教师不仅进行授课，可能还会有其他职务在身，或者说现在教师作为学校建设的参与者，越来越多地参与到学校的事务中进行管理。教师们参与学校行政事务、教学事务甚至是后勤事务时，是否也可以使用或者怎么样使用新技术呢？最后，"技术"作为一个更新换代很快的名词，它的创新是必不可少的，在进行技术创新时教师会不会参与？如

---

[1] 何克抗：《关于〈中小学教师教育技术能力标准（试行）〉》，《中小学信息技术教育》2005年第6期。

何参与？或者教师在更新的技术层面是不是能够使用新技术，都是我们建构指标体系时要考量的。具体建构的技术路线如图6-1所示。

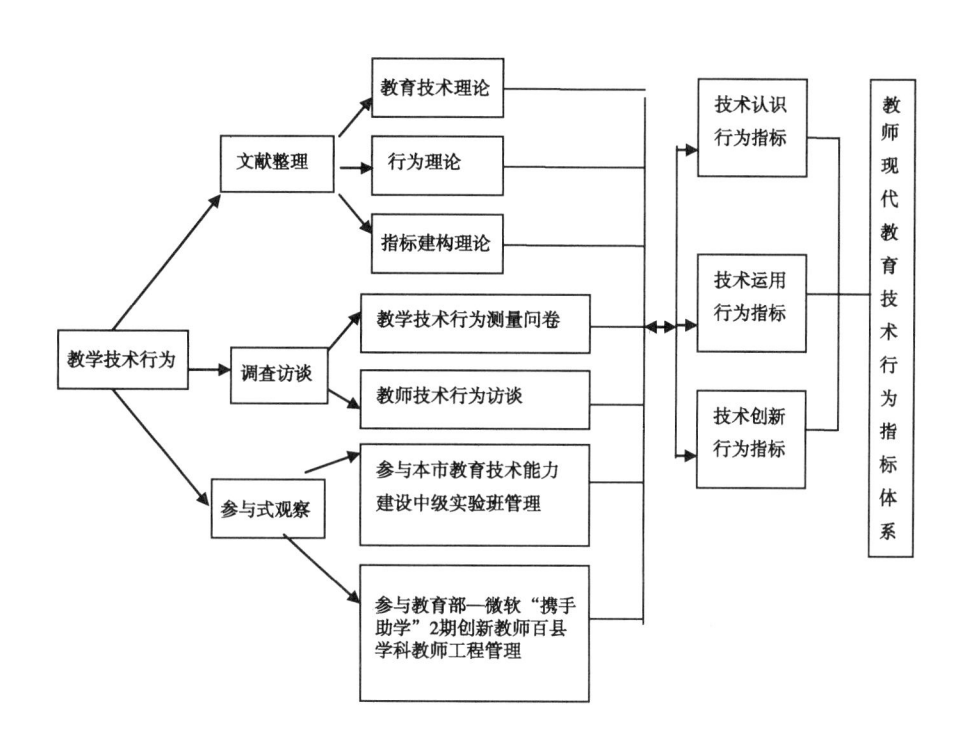

图6-1 教师现代教育技术行为指标体系构建研究思路

1. 教师技术认知行为

这一维度主要是教师个体对于教育新技术的认知，包括教师对于现代教育技术的理解、对于现代教育技术所持有的态度以及在学习现代教育技术时的习得方式。这是因为"教师的专业知识、教育理念、心理品质、工作动机、教学能力、心理健康状况等，都是对教学效果发生重要作用的因素"[1]。从上面的表述可以看出来，专业知识、教育理念、教学能力等因素都能受到教师技术能力的影响。因此，教师们对于盛行的现代教育技术的态度、接受力、学习方式等，都会对教师的教学工作和教学效果产生深刻的影

---

[1] 唐松林：《教育行为研究》，湖南教育出版社2007年版，第7页。

响，而且通过对这些内容的了解，也会对现阶段教师对现代教育技术的接受程度等进行深入了解，对于教师的专业成长和发展、教师对于新鲜事物的接受能力等都会有一些帮助，并且会不断提高教师的授课效果。

2. 教师技术运用行为

当教师对现代教育技术有了认知和学习之后，就会把这些技术运用到自己的教学活动中，而除了教师会参与自身的本职工作教学之外，也会参与教学事务的相关管理工作，而且目前很多学校进行教育创新，让教师更多地参与到学校的决策之中，那么，自然在行政事务管理工作中会有教师加入。而目前随着家校合作的进行，校讯通、学校网络群的迅速成长，还有教师与领导、同事和学生等进行的除了教学工作之外的日常交流，都需要新技术的辅佐。

所以，本章就将教育技术的运用行为总结为教学技术行为、管理技术行为和其他技术行为3个方面，这样划分才能够更加全面地概括所有方面，不至于造成指标体系的遗漏。

3. 教师的技术创新行为

对于处于教学活动最前沿的教师们来说，进行教学活动是他们的本职工作，在将现代教育技术广泛地应用于教学各个方面的同时，也需要将各种先进的教育技术进行创新，只有通过不断的创新，才能让自己的教学工作不断得到改进，才能让自身的教学工作得到长足的进步。

本文对教师的技术创新行为的考察主要放在3个方面，分别是教学案例的编制和资源制作的自我制作、将技术等进行外在的资源共享、进行教育技术本身的科研和发明。

（二）量表的总体结构

综上所述，教师在现代教育行为中对以上3个大方面的认识、运用和创新行为，就构成了本章的核心部分——现代教育技术行为的主要内容，同时这些内容也是进行《教师的现代教育技术行为评价准量表》的核心理论支撑部分。在本项研究的准量表设计过程中，所包含的内容主要有3大部分：第一部分是教师技术认知行为的调查，第二部分是教师技术运用行为的调查，第三部分是教师技术创新行为的调查。现代教育技术行为研究架构如图6-2所示。

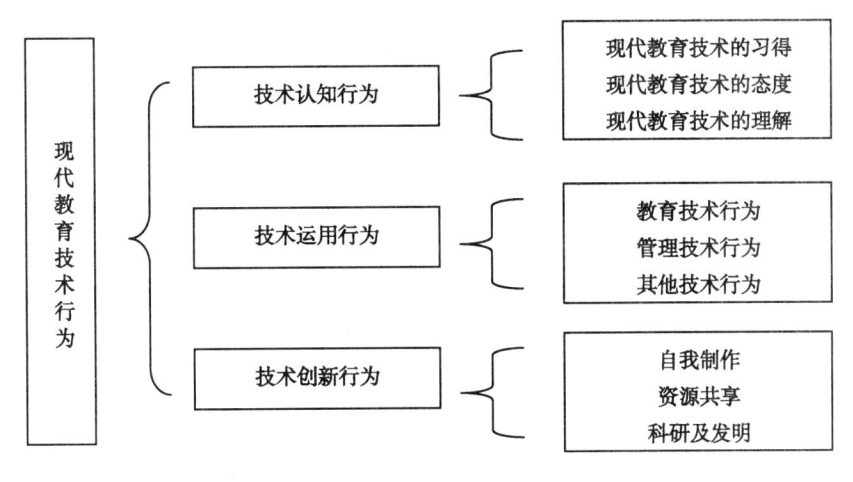

图 6-2 现代教育技术行为研究架构

二 教师现代教育技术行为指标体系的建构

本章旨在了解教师现代教育技术行为构成因素,采用测量调查法对选取代表性的样本进行测试,收集需要的资料,并且加以进一步的分析。具体来说,本量表调查实施的步骤为:选定调查对象,发放评判卷,回收问卷。然后,将回收的数据资料加以整理,并且进行统计与分析。下面将分别说明准量表测量的过程,以及数据资料的分析过程。

(一) 量表测量的过程

本章旨在了解目前中国中小学教师在现代教育技术行为方面的标准情况,因此研究对象为中国中小学教师。在样本选择方面,本章采取随机抽取方式,共发放量表 750 份,回收评判卷 721 份,回收率为 96.13%,有效量表 689 份,有效率为 95.56%。

根据被调查对象的个人基本资料统计,在有效准量表 689 份中,男教师 233 人,占总人数的 33.8%;女教师 456 人,占总人数的 66.2%。在教师的教龄分布中,可以看到教龄在 7—25 年间的人数所占比重最大,有 388 人,占总人数的 56.2%;教龄在 34 年及以上的最少,只有 34 人,占总人数的不到 5%。另外,在 3 年及以下、4—6 年和 26—33 年教龄段的相差不是很明显。在被调查教师的职称方面,小学高级职称所占比重最高,有 225 人,占到总人数的31.6%,这个结果跟调查样本的选择是有一定关系的,中学一级和中学高级分别是108人和130人,无职称的有55人,这与教师是否刚入职有关。具体的数据信息见表6-1、表6-2和表6-3。

(二) 数据的分析与处理

在对689份有效准量表进行整理和数据的录入之后,就要利用SPSS19.0统计软件对其进行相关的分析与检验,其中检验与分析过程是与各个维度的研究设计相关的。在数据的处理过程中,主要是做信度检验、效度检验和主成分筛选3项内容。

1. 教师技术认知行为

(1) 信度和效度。

通过使用SPSS19.0统计软件对所得数据进行分析处理所知,教师技术认知行为部分的克朗巴哈α系数为0.889(>0.80),表明这部分准量表题目具有比较高的可信度。紧接着要对此部分进行效度检验,通过效度检验结果显示,KMO值为0.819,达到显著,因此此部分准量表具有了进一步进行因素分析的条件。

表6-1 《教师现代技术行为测量表》技术认知行为部分信度检验结果

信度检验		
Cronbaeh's AlPha	Cronbaeh's AlPha Based on Standardized Items	N Of Items
0.861	0.861	12

表6-2 《教师现代技术行为测量表》技术认知行为部分KMO和球形检验结果

KMO 和 Bartlett 的检验		
取样足够度的 Kaiser-Meyer-Olkin 度量		0.819
Bartlett's Test Of Sphericity	Approx. Chi-Square	1114.437
	df	15
	Sig.	0.000

(2) 主成分筛选。

对所得数据进行方差最大化正交旋转(Varimax Rotation)之后,得到了因子分析贡献率表。根据表6-3的数据可以看出,经过旋转之后,原有的变量按照其各自的贡献率和特征根从大到小的次序排列如下,其中可以清楚看到有3个特征根累计贡献率达到了63.034%,这就表明前3个因子的特征根可以解释总变异的6成以上。所以,可以在原有的8个变量中提取出3个主要成分。

表6-3　　　　　　　　　　因子分析贡献率

成分	解释的总方差					
	初始特征值			提取平方和载入		
	合计	方差的(%)	累计(%)	合计	方差的(%)	累计(%)
1	2.965	29.653	29.653	2.965	29.653	29.653
2	2.199	21.988	51.641	2.199	21.988	51.641
3	1.139	11.393	63.034	1.139	11.393	63.034

提取方法:主成分分析。

从碎石图中也可以看出来,从第3个特征根之后,其他的几个特征根的走势是很平缓的,这也进一步说明了教师认知行为部分的准量表析出3个主成分较为合理。

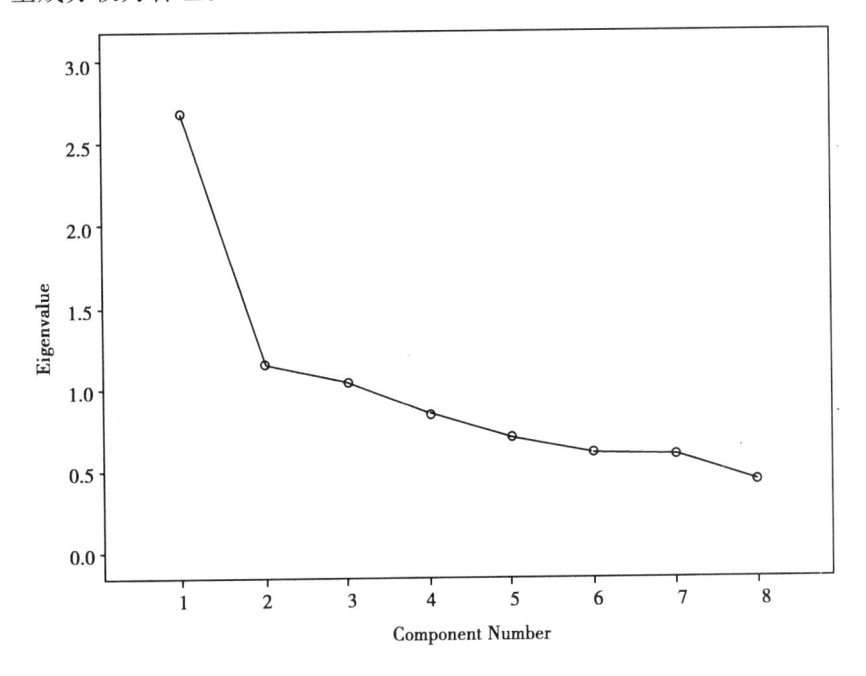

图6-3　教师认知行为部分准量表碎石图

通过方差最大化正交旋转之后,析出3个主成分,紧接着对3个主成分进行旋转得出数据,对所得到的数据进行进一步的分析后可以看到,8个初始因素形成了一个3列的因素负荷矩阵,而且在每个矩阵中的因素载荷系数均大于0.50。

表6-4　　　　　　　　　旋转后的因子载荷矩阵

因子1		因子2		因子3	
项目	最大附值	项目	最大附值	项目	最大附值
s1	0.653	s3	0.674	s11	0.605
s2	0.667	s4	0.557	s12	0.526
		s5	0.874		
		s6	0.557		
		s7	0.599		
		s8	0.554		
		s9	0.688		
		s10	0.647		

提取方法:主成分分析　a 转轴收敛于3个迭代

(3) 主成分命名。

根据因素负荷载荷所析出的3个主成分,可以进一步得出每个主成分下包含的准量表中的具体题目。接着,结合准量表中出现的相应的具体题目,就能够对各个主成分及其所包含的每个因素进行命名。

《教师现代教育技术行为测量表》技术认知

表6-5　　　　　　　　　行为部分正式卷因子命名表

因子	因子名称	包含主要命名因子	方差贡献率(%)
1	教育技术习得	1. 主动学习、锻炼教育技术知识和能力 2. 熟知教育技术前沿理论、技术技能	29.653
2	教育技术态度	3. 对现代教育技术充满兴趣、期待 4. 主动、自觉在工作中运用 5. 喜欢新的技术设备、手段 6. 因课制宜运用新技术 7. 教育技术可提升教师形象与自信 8. 教育技术可改善师生关系 9. 教育技术有利于教师专业发展 10. 教育技术有利于提升教学效果与学生学业成绩	21.988
3	教育技术理解	11. 清楚现代教育技术内涵和技术要求 12. 与课程进行整合并实现教育教学管理多媒体化	11.393

2. 教师技术运用行为

(1) 信度和效度。

通过使用 SPSS19.0 统计软件对所得数据进行分析处理所知,教师技术认知行为部分的克朗巴哈 α 系数为 0.886（>0.80）,表明这部分准量表题目具有比较高的可信度。紧接着要对此部分进行效度检验,通过效度检验结果显示,KMO 值为 0.893,达到显著,因此此部分准量表具有了进一步进行因素分析的条件。

表 6-6 《教师现代教育技术行为测量表》技术运用行为部分信度检验结果

信度检验		
Cronbaeh's AlPha	Cronbaeh's AlPha Basedon Standardized Items	N Of Items
0.886	0.886	14

表 6-7 《教师现代教育技术行为测量表》技术运用行为部分 KMO 和球形检验结果

KMO 和 Bartlett 的检验		
取样足够度的 Kaiser-Meyer-Olkin 度量		0.893
Bartlett's Test Of Sphericity	Approx. Chi-Square	2806.227
	df	91
	Sig.	0.000

(2) 主成分筛选。

对所得数据进行方差最大化正交旋转（Varimax Rotation）之后,得到了因子分析贡献率表。根据图表里的数据可以看出,经过旋转之后,原有的变量按照其各自的贡献率和特征根从大到小的次序排列如下,其中可以清楚看到有 3 个特征根累计贡献率达到了 72.769%,这就表明前 3 个因子的特征根可以解释总变异的 6 成以上。所以,可以在原有的 14 个变量中提取出 3 个主要成分。

表6-8　　　　　　　　　因子分析贡献率

成分	初始特征值			提取平方和载入		
	合计	方差的（%）	累计（%）	合计	方差的（%）	累计（%）
1	5.046	46.041	46.041	5.046	46.041	46.041
2	1.265	14.039	45.080	1.265	14.039	60.080
3	1.076	12.689	52.769	1.076	12.689	72.769

提取方法：主成分分析。

从碎石图中也可以看出来，从第3个特征根之后，其他的几个特征根的走势是很平缓的，这也进一步说明了教师认知行为部分的准量表析出3个主成分较为合理。

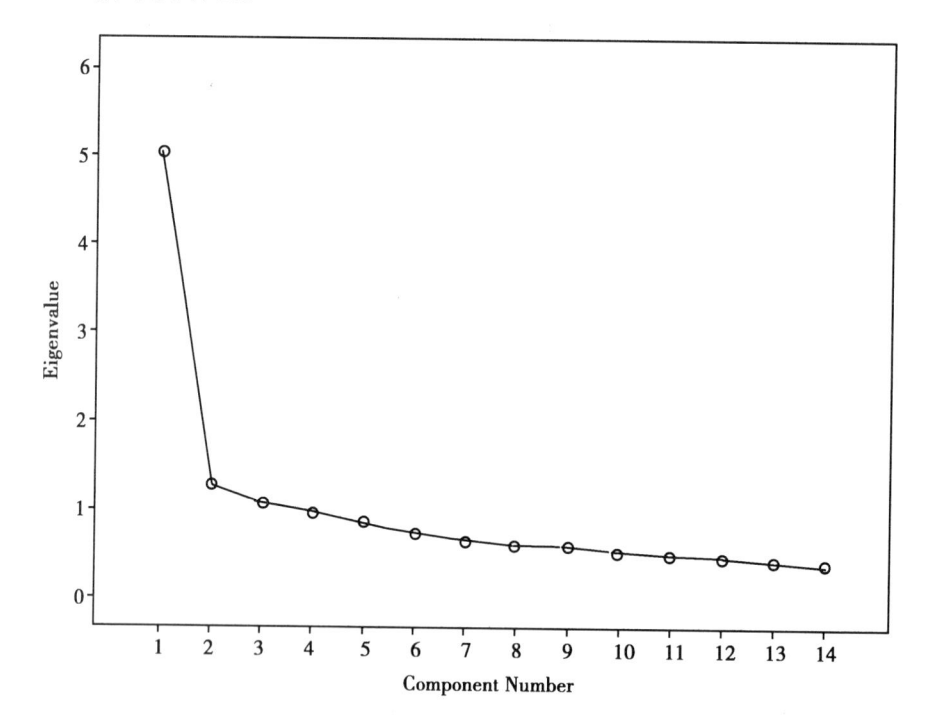

图6-4　教师运用行为部分准量表碎石图

通过方差最大化正交旋转之后，析出3个主成分，紧接着对3个主成分进行旋转得出数据，对所得到的数据进行进一步的分析后可以看到，14个初始因素形成了一个3列的因素负荷矩阵，而且在每个矩阵中的因素载荷系数均大于0.50。

表6-9　　　　　　　　旋转后的因子载荷矩阵

因子1		因子2		因子3	
项目	最大附值	项目	最大附值	项目	最大附值
s13	0.576	s19	0.661	s25	0.640
s14	0.585	s20	0.655	s26	0.587
s15	0.611	s21	0.648		
s16	0.583	s22	0.690		
s17	0.446	s23	0.610		
s18	0.656	s24	0.661		

提取方法：主成分分析　　a. 已提取了3个成分

（3）主成分命名。

根据因素负荷载荷所析出的3个主成分，可以进一步得出每个主成分下包含的准量表中的具体题目。接着，结合准量表中出现的相应的具体题目，就能够对各个主成分及其所包含的每个因素进行命名。

《教师现代教育技术行为测量表》技术运用

表6-10　　　　　　　行为部分正式卷因子命名表

因子	因子名称	包含主要命名因子	方差贡献率（%）
1	教学技术行为	13. 课前准备熟悉的乡音技术设备与方法 14. 能够进行信息化教学设计 15. 通过信息化手段收集、加工教学资源 16. 对收集到的资源进行整合 17. 课堂上使用的教学技术不干扰学生学习 18. 善于运用技术手段分析学生成绩	46.041
2	技术管理行为	19. 运用新技术进行班级形象设计、视频与音像数字化处理协助班级管理 20. 运用现代教育技术进行课程开发 21. 运用教育技术对学生成绩进行统计分析 22. 能够通过现代教育技术参与学校管理 23. 能够通过网络进行远距离授课 24. 对各种学校公开信息积极关注	14.039
3	其他技术行为	25. 使用聊天软件，加强与学生、家长、教师、领导之间的交流 26. 使用校讯通、微博等资源加强与家长的交流	12.689

3. 教师技术创新行为

通过使用SPSS19.0统计软件对所得数据进行分析处理所知，教师技术创新行为部分的克朗巴哈α系数为0.817（>0.80），KMO值为0.856，

Bartlett 球形检验也达到了显著,表明这部分准量表题目具有比较高的可信度,并且适合进行进一步的因子分析。于是将教师技术创新部分的 6 个项目进行了主成分因子分析,析取出特征值大于 1 的因子只有 1 个,之后进一步利用碎石图参考取证,证明了提取到 1 个因子是比较合适的。根据表中的数据显示,这个公共因子的特征值为 3.220,解释变异量为 53.665%,表明这个因子可以在较大程度上解释整个教师技术创新行为分量表。

表 6-11 《教师现代教育技术行为测量表》技术创新行为部分信度检验结果

信度检验		
Cronbaeh's AlPha	Cronbaeh's AlPha Based on Standardized Items	N Of Items
0.817	0.817	6

表 6-12 《教师现代技术行为测量表》技术创新行为部分 KMO 和球形检验结果

KMO 和 Bartlett 的检验		
取样足够度的 Kaiser-Meyer-Olkin 度量		0.856
Bartlett's Test Of Sphericity	Approx. Chi-Square	890.602
	df	15
	Sig.	0.000

表 6-13 因子分析贡献率

解释的总方差						
成分	初始特征值			提取平方和载入		
	合计	方差的(%)	累计(%)	合计	方差的(%)	累计(%)
1	3.220	53.665	53.665	3.220	53.665	53.665
2	0.878	14.631	68.296			
3	0.631	10.515	78.810			
4	0.496	8.263	87.073			
5	0.430	7.166	94.239			
6	0.346	5.761	100.000			

提取方法:主成分分析

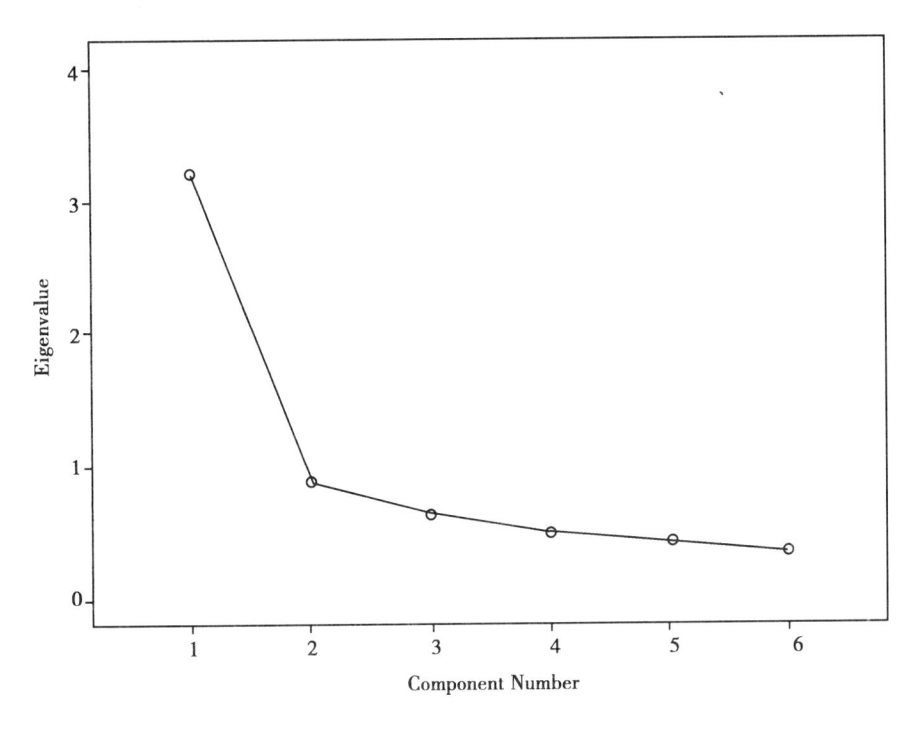

图 6-5 教师创新行为部分准量表碎石图

表 6-14　　　　　　　　旋转后的因子载荷矩阵

成分 1	项目	S27	S28	S29	S30	S31	S32
	最大附值	0.698	0.430	0.778	0.786	0.817	0.811

表 6-14 所示为教师创新行为分量表的成分矩阵，从表中可以看出各个项目的因子负荷量介于 0.430—0.817 之间，并且由于该部分只提取到了 1 个主因子而无法进行进一步的转轴。虽然对教师创新行为部分的 6 个因子分析，没有能够实现对它进一步的划分，但是通过对 6 个因素内容进行进一步的仔细分析，可以根据教师进行技术创新的主动地位和参与方式进行分类：教师进行技术创新的自我制作包括 2 个项目（第 27、28 项）、进行创新技术的资源共享（第 29、30 项）、教学技术层面的科研及发明（第 31、32 项）。在进行分类之后，将这种划分方式的合理性和可行性与专家进行讨论之后认为是可行的。

从对教师新技术的创新行为部分的分析可以得出如下结论：一级指标教师技术创新行为下包括了 3 个二级指标，具体的因子命名见表 6-15。

《教师现代教育技术行为测量表》技术创新

表 6-15　　　　　　　　行为部分正式卷因子命名表

因子	因子名称	包含主要命名因子
1	自我制作	27. 制作原创性的课件 28. 将自身的教学经验通过教学技术手段资源化
2	资源共享	29. 进行资源搜索共享、资源共享 30. 与他人合作进行资源整合和二次开发
3	科研及发明	31. 运用现代教学技术于自身学科的课题研究 32. 可以进行现代教育技术的发明与创新

4. 教师技术行为评价指标体系构成的确立

通过以上的主成分分析，我们在《教师现代技术行为测量表》中一共筛选出了技术认知行为、技术运用行为和技术创新行为 3 个一级指标。通过对 3 个一级指标分量表的探索性因子分析之后，又确定了教师技术行为评价的二级指标。而最终确定的 32 个项目的具体内容则是比较各项具体的教师技术行为表现的描述，最终成为三级指标。依此类推，教师技术行为评价指标体系最终筛选结果如表 6-16 所示。

表 6-16　　　　　　　　教师技术行为评价指标

一级指标	二级指标	三级指标	观测点
技术认知行为	教育技术习得	习得方式	主动学习、锻炼教育技术知识和能力
		学习内容	熟知教育技术前沿理论、技术技能
	教育技术态度	技术接受度	对现代教育技术充满兴趣、期待
			主动、自觉在工作中运用
			喜欢新的技术设备、手段
		技术应用度	因课制宜运用新技术
			教育技术可提升教师形象与自信
			教育技术可改善师生关系
			教育技术有利于教师专业发展
			教育技术有利于提升教学效果与学生学业成绩
	教育技术理解	技术的理解	清楚现代教育技术内涵和技术要求
		与课程整合	与课程进行整合并实现教学管理多媒体化

续表

一级指标	二级指标	三级指标	观测点
技术运用行为	教学技术行为	学前分析	课前准备熟悉相应的技术设备与应用方法
		课前准备	信息化教学设计
			教学资源素材的收集及加工
			教学资源的集成与整合
		课堂运用	课堂上技术手段不应干扰学生学习
		教学反思与统计	善于运用技术手段分析学生学业成绩
	管理技术行为	参与教学事务管理	会进行电子学籍管理,将技术运用到班级管理中(班级形象设计、视频与音像数字化处理等)
			运用现代教育技术进行课程编排
			运用现代教育技术将学生各课程成绩录入、管理和维护统计
		参与行政事务管理	能够通过学校网络参与学校管理
			能够通过网络进行远程授课
		参与后勤事务管理	对各种学校公开信息积极关注
	其他技术行为	人际交流	使用QQ等与教师、领导、家长进行沟通
		家校联系	使用校讯通、博客或微博加强与家长联系
技术创新行为	自我制作	教学资源制作	能制作原创性的课件
		教学案例制作	能将自身教学经验通过技术手段资源化
	资源共享	资源网络共享	资源搜索共享、资源共享
		技术共享	能同他人合作进行资源整合及二次开发
	科研及发明	技术课题研究	运用现代教育技术于自身学科的课题研究
		新技术发明	可进行现代教育技术的发明与创新

三 教师技术行为指标体系的建构

(一) 指标体系权重

本部分对于指标权重的获得方法所使用的是矩阵对偶法。要进行指标权重值的计算,首先要建立一个完整的教师技术行为评价指标模型(表

6-17)。有了指标模型，才有利于后面运算的进行。在这份指标模型中，有技术认知行为、技术运用行为和技术创新行为 3 个一级指标，3 个指标分别以 A、B、C 代表。而二级指标教育技术习得、教学技术行为、技术管理行为等分别以 A1、B1、C1 等来表示，三级指标分别以 A11、A12、B11、B12 等来表示。然后就利用专家所评判的分数进行计算，得出每一项指标的平均得分。按照矩阵对偶的方法对每一个指标进行权重计算过程如表 6-17 所示。

表 6-17　　　　　　　　教师技术行为评价指标模型

一级指标	二级指标	三级指标
技术认知行为（A）	教育技术习得（A1）	主动学习教育技术知识点和能力（A11）
		熟知教育技术前沿理论、技术技能（A12）
	教育技术态度（A2）	对教育技术接受态度良好，充满对现代教育技术的兴趣、期待（A21）
		在实际应用度方面，提升教师形象、教师自信，改善师生关系，提高学生的学业成绩（A22）
	教育技术理解（A3）	十分清楚现代教育技术内涵和技术要求（A31）
		与课程整合并实现教学教育管理多媒体化（A32）
技术运用行为（B）	教学技术行为（B1）	课前准备熟悉相应的技术设备与应用方法（B11）
		教学资源素材的收集及加工，信息化教学设计（B12）
		课堂运用（B13）
		教学反思（B14）
		教学数据处理（B15）
	管理技术行为（B2）	参与教学事务管理（B21）
		参与行政事务管理（B22）
		参与后勤事务管理（B23）
	其他技术行为（B3）	与教师、领导、家长进行沟通（B31）
		使用校讯通、博客或微博加强与家长联系（B32）
技术创新行为（C）	自我制作（C1）	能够制作原创性的课件（C11）
		教学案例制作（C12）
	资源共享（C2）	资源搜索共享、资源共享（C21）
		进行资源整合及二次开发（C22）
	科研及发明（C3）	自身学科的课题研究（C31）
		现代教育技术的发明与创新（C32）

（1）一级指标权重的计算。

从表 6-18 中可以看出，一级指标是由 3 项内容所组成的，分别是技术认知行为、技术运用行为和技术创新行为，第一步要将 3 个指标按照 A、B、C 进行命名之后，按照矩阵对偶法进行排列，三者的顺序分别是技术运用行为—技术认知行为（B—A）；技术创新行为—技术运用行为（C—B）；技术创新行为—技术认知行为（C—A）。

表6-18 教师技术行为评价一级指标的矩阵对偶法比较顺序

前项＼后项	A	B	C
A		①	③
B	1		②
C	3	2	

然后根据专家评判的所有得分进行加总并平均，将这3项指标进行比较之后得到以下结果：

①B教育技术运用行为与A教育技术认知行为同等重要；
②B教育技术运用行为比C教育技术创新行为稍微重要；
③A教育技术认知行为比C教育技术创新行为稍微重要；

根据矩阵对偶法计分的方法进行分数运算，把上面得出的结果进行转化之后，按照分数加减与平均运算，就得到了一级指标内的3项评价内容的权重分配值。

表6-19 教师技术行为评价一级指标对偶法计分与权重配值

前项＼后项	A	B	C
A		2	1
B	2		1
C	3	3	
得分	5	5	2
权重值	0.42	0.42	0.16

从表6-19中可以看出，3项一级指标的得分分别为5、5、2，用3项的总分进行相加为12分，然后用每一项得到的分数分别除以总分数12，即5/12、5/12、2/12，就可以得到每项指标的权重值，3项的得分为0.42、0.42和0.16，即教育技术认知行为0.42，教育技术运用行为0.42，教育技术创新行为0.16，三者相加的权重值的和就是0.42 + 0.42 + 0.16 = 1。

（2）二级指标权重值的计算。

所有的二级指标一共有9项，其中包括教育技术认知行为的3项、教育技术运用行为的3项和教育技术创新行为的3项。因为计算方法和一级指标的计算方法是相同的，所以在这里只呈现其中一个维度的二级指标的计算过程。

用教师技术运用行为的3个二级指标进行举例说明，3个二级指标分别是教学技术行为、技术管理行为和其他技术行为，第一步要将3个指标按照B1、B2、B3进行命名之后，按照矩阵对偶法进行排列，三者的顺序分别是技术管理行为—教学技术行为（B2—B1）；其他技术行为—技术管理行为（B3—B2）；其他技术行为—教学技术行为（B3—B1）。

教师技术行为评价一级指标的矩阵

表6-21 对偶法比较顺序

前项\后项	B1	B2	B3
B1		①	③
B2	1		②
B3	3	2	

然后根据专家评判的所有得分进行加总并平均，将这3项指标进行比较之后得到以下结果：

①B1教学技术行为与B2技术管理行为同等重要；
②B2技术管理行为比B3其他技术行为稍微重要；
③B1教学技术行为比B3其他技术行为明显重要；

根据矩阵对偶法计分的方法进行分数运算，把上面得出的结果进行转化之后，按照分数加减与平均运算，就得到了一级指标内的3项评价内容的权重分配值（表6-24）。

教师技术行为评价二级指标对偶法

表6-21 计分与权重配值

前项\后项	B1	B2	B3
B1		②	0
B2	2		①
B3	4	3	

续表

前项＼后项	B1	B2	B3
得 分	6	5	1
权重值	0.210	0.176	0.034

从表 6-21 中可以看出，3 个二级指标的得分分别为 6、5、1，将以上分数分别除以相加所得的总分 12 分，需要注意的是，因为这是二级指标的权重求值，所以还需要乘以一级指标中的对应权重值 0.42，每一项进行相乘之后得到的值才是二级指标的权重值，分别为教学技术行为 0.210，技术管理行为 0.176，其他技术行为 0.034。而对这 3 项进行加总，得到的权重值就是 3 个二级指标对应的一级指标的权重值 0.42。

因为三级指标的计算过程也与之完全相同，并且计算过程过于重复与累赘，故不在此进行赘述。后面将把最后的权重计算结果以表格的形式予以呈现。

（二）指标体系权重的呈现

通过反复的计算，对所有的二级指标和三级指标的权重值进行分别计算之后，最终得到的就是教师现代教育技术行为的所有指标的权重值分配。之后将这份计算结果与教师技术行为评价模型结合起来，得到的便是教师现代教育技术行为评价指标体系权重分配表。

表 6-22　教师现代教育技术行为评价指标体系权重分配表

一级指标	权重	二级指标	权重	三级指标	权重
技术认知行为（A）	0.42	教育技术习得（A1）	0.068	主动学习教育技术知识点和能力（A11）	0.034
				熟知教育技术前沿理论、技术技能（A12）	0.034
		教育技术态度（A2）	0.176	对教育技术接受态度良好，充满对现代教育技术的兴趣、期待（A21）	0.044
				在实际应用度方面，提升教师形象、教师自信，改善师生关系，提高学生的学业成绩（A22）	0.132
		教育技术理解（A3）	0.176	十分清楚现代教育技术内涵和技术要求（A31）	0.072
				与课程整合并实现教学教育管理多媒体化（A32）	0.104

续表

一级指标	权重	二级指标	权重	三级指标	权重
技术运用行为（B）	0.42	教学技术行为（B1）	0.210	课前准备熟悉相应的技术设备与应用方法（B11）	0.084
				教学资源素材的收集及加工，信息化教学设计（B12）	0.048
				课堂运用（B13）	0.037
				教学反思（B14）	0.027
				教学数据处理（B15）	0.017
		管理技术行为（B2）	0.176	参与教学事务管理（B21）	0.083
				参与行政事务管理（B22）	0.055
				参与后勤事务管理（B23）	0.048
		其他技术行为（B3）	0.034	与教师、领导、家长进行沟通（B31）	0.017
				使用校讯通、博客或微博加强与家长联系（B32）	0.017
技术创新行为（C）	0.16	自我制作（C1）	0.052	能够制作原创性的课件（C11）	0.033
				教学案例制作（C12）	0.019
		资源共享（C2）	0.068	资源搜索共享、资源共享（C21）	0.042
				进行资源整合及二次开发（C22）	0.026
		科研及发明（C3）	0.040	自身学科的课题研究（C31）	0.031
				现代教育技术的发明与创新（C32）	0.009

通过一系列的计算和整合之后，教师技术行为评价指标权重分配表完成，这份分配表的完成，同时也标志着教师技术行为评价指标体系构建的结束。从理论意义上来看，根据这份指标体系就可以进行中小学教师技术行为方面工作的测评。

四 教师现代教育技术行为指标评价准量表[①]

使用者：中小学教师、中小学教育管理人员、教育督导人员、教师教育研究人员。

使用方法：请认真比对自身行为与下列行为的吻合度，根据实际情况进行评判，1—5分越来越吻合，请您用"√"在右栏中相应位置标出与自己最吻合的选项。

1＝完全不吻合 2＝不太吻合 3＝说不清 4＝基本吻合 5＝极其吻合

---

① 随着智慧教育的兴起，中小学教师现代教育技术行为有了明显的深化，翻转课堂、中学幕课、混合型课程等在很多学校已经开始由理念转为实践。这里需要强调的是，本量表在设计与验证时，上述实践还停留在理论和理念探讨阶段，诸多指标没有体现这种飞速的变化，读者在使用本评价量表时，可根据自身情况，对这方面给予以考虑。

一级指标	二级指标	观测点	1	2	3	4	5
教师技术认知行为	教育技术习得	主动学习教育技术知识和前沿理论					
		主动将教育技能运用到教学实践中					
	现代教育技术态度	对现代教育技术运用充满兴趣和期待					
		能够主动、自觉地在工作中运用现代教育技术					
		喜欢新的教育技术设备与手段					
		因课制宜地运用教育技术手段					
		教育技术可提升教师形象与自信					
		教育技术可改善师生关系					
		教育技术有利于教师专业发展					
		教育技术有利于提升教学效果与学生学业成绩					
	现代教育技术理解	清楚现代教育技术内涵和技术要求					
		与课程进行整合并实现教学管理多媒体化					
教师技术运用行为	教学技术行为	课前准备熟悉相应的技术设备与应用方法					
		教师能够进行信息化教学设计					
		通过信息化手段收集、加工教学资源					
		对收集到的教学资源进行集成与整合					
		课堂上技术手段不应干扰学生学习					
		善于运用技术手段分析学生学业成绩					
	技术管理行为	运用技术进行班级形象设计、视频与音像数字化处理等协助班级管理					
		运用现代教育技术进行课程开发					
		运用教育技术将学生各课程成绩进行统计分析					
		能够通过技术手段参与学校管理					
		能够通过网络进行远程授课					
		对各种学校公开信息积极关注					
	其他技术行为	使用QQ等工具与学生、教师、领导、家长进行沟通					
		使用校讯通、博客或微博加强与家长联系					
教师技术创新行为	自我制作	能够制作原创性的课件					
		能够将自身教学经验通过技术手段资源化					
	资源共享	能够进行资源搜索共享、资源共享					
		能够同他人合作进行资源整合及二次开发					
	科研及发明	运用现代教育技术于自身学科的课题研究					
		可进行现代教育技术发明与创新					

参考文献

著作及学位论文类

[1] [美] E. 马克·汉森：《教育管理与组织行为》，冯大鸣译，上海教育出版社 2005 年版。

[2] Andrea M. Guillaume：《新教师课堂教学入门（第二版）》，杨宁译，中国轻工业出版社 2007 年版。

[3] James D. Klein 等：《教师能力标准》，顾小清译，华东师范大学出版社 2007 年版。

[4] Paul R. Timm、Brent D. Peterson：《人的行为与组织管理》，钟谷兰译，中国轻工业出版社 2004 年版。

[5] 崔允漷：《校本课程开发：理论与实践》，教育科学出版社 2000 年版。

[6] 范晓玲：《教育统计学与 SPSS》，湖南师范大学出版社 2005 年版。

[7] 胡中锋：《教育测量与评价》，广东教育出版社 2005 年版。

[8] 李雁冰：《课程评价论》，上海教育出版社 2002 年版。

[9] 林正范：《课程更新与教师行为的改变》，浙江大学出版社 2005 年版。

[10] 罗黎辉、高翔：《教育测量与评价》，云南教育出版社 2002 年版。

[11] 佩廷格：《掌握组织行为》，广西师范大学出版社 2001 年版。

[12] 邱东：《多指标综合评价方法的系统分析》，机械工业出版社 1991 年第 12 期。

[13] 唐松林：《教师行为研究》，湖南师范大学出版社 2002 年版。

［14］王斌华：《发展性教师评价制度》，华东师范大学出版社1998年版。

［15］王国元：《组织行为与组织管理》，中国统计出版社2001年版。

［16］王连生：《教育概论》，五南图书出版公司1989年版。

［17］徐妙中：《新课程理念下课堂教学行为操练指导》，人民教育出版社2004年版。

［18］叶澜：《教师角色与教师发展新探》，教育科学出版社2001年版。

［19］郑燕祥：《教育的功能与效能》，广角镜出版社1986年版。

［20］中学教学行为基本功及课堂评价编委会：《中学教学行为基本功及课堂评价手册》，中国致公出版社2000年版。

［21］朱德全、宋乃庆：《现代教育统计与测评技术》，西南师范大学出版社1999年版。

［22］［美］GennaineL. TaggaK，A1fredP. Wilson，赵丽译. Promoting Reflective Thinking in Teachers 50 Action Strategies《提高教师反思力50策略》，中国轻工业出版社2008年版。

［23］Donald R. Cruickshank：《教学行为指导》，时绮等译，中国轻工业出版社2003年版。

［24］R. 加涅、W. 韦杰、K. 戈勒斯、J. 凯勒：《教学设计原理（第五版）》，王小明、庞维国、陈保华、汪亚利译，华东师范大学出版社2008年版。

［25］W. 迪克、L. 凯瑞、J. 凯瑞：《系统化教学设计（第六版）》，庞维国等译，华东师范大学出版社2007年版。

［26］蔡慧琴、饶玲、叶存洪：《有效课堂教学策略》，重庆大学出版社2009年版。

［27］冯克诚、范英、刘以林：《教师行为规范全书》，华语教学出版社1996年版。

［28］傅道春：《教师组织行为》，上海教育出版社1993年版。

［29］傅道春：《新课程中教师行为的变》，首都师范大学出版社2001年版。

［30］傅道春：《中国杰出教师行为访谈录》，上海教育出版社1995年版。

[31] 高新建：《课程管理》，师大书苑公司 2000 年版。

[32] 黄旭钧：《课程领导：理论与实务》，心理出版社 2003 年版。

[33] 靳玉乐：《反思教学》，四川教育出版社 2006 年版。

[34] 梁红京：《区分性教师评价》，华东师范大学出版社 2007 年版。

[35] 柳夕浪：《课堂教学临床指导：教学行为的分析与指导》，人民教育出版社 1998 年版。

[36] 罗宾斯：《组织行为学》，中国人民大学出版社 2005 年版。

[37] 马克·汉森：《教育管理与组织行为》，上海教育出版社 2005 年版。

[38] 纽斯特罗姆、戴维斯：《组织行为学：工作中的人类行为》，经济科学出版社 2000 年版。

[39] 欧文斯：《教育组织行为学》，华东师范大学出版社 2004 年版。

[40] 王斌华：《教师评价：绩效管理与发展》，上海教育出版社 2005 年版。

[41] 王永华：《新课改下课堂教学新操作》，湖南师范大学出版社 2006 年版。

[42] 熊川武：《反思性教学》，华东师范大学出版社 1999 年版。

[43] 郑金洲：《新编教学工作技能训练》，华东师范大学出版社 2008 年版。

[44] 周长城：《主观生活质量：指标建构及其评价》，社会科学文献出版社 2008 年版。

[45] 朱爱忠、卢明兴：《校本课程开发：行动与思考》，上海大学出版社 2000 年版。

[46] 朱庆芳、吴寒光：《社会指标体系》，中国社会科学出版社 2007 年版。

[47] 祝智庭：《现代教育技术》，教育科学出版社 2008 年第 1 期。

[48] 陈超：《中小学教师网络课程评价指标体系研究》，西南大学，2010 年。

[49] 陈迪：《我国教师教育技术素养培养研究》，华中师范大学，2003 年。

[50] 代慧玲：《中小学教师评价的反思与建构》，山东师范大学，2005 年。

[51] 丁舒:《教师教学行为有效性研究》,南京师范大学,2007年。

[52] 丁雪琴:《以人为本的中小学教学管理模式的探索》,山东师范大学硕士论文,2006年。

[53] 高珊:《中学教师专业发展中信息素养及其影响因素研究——以西安市中学化学教师为例》,陕西师范大学硕士学位论文,2007年。

[54] 郭宁:《中小学教学管理创新研究——理论与个案》,华东师范大学硕士论文,2001年。

[55] 黄建忠:《国民小学教育品质指标之建构》,台北市立师范学院硕士学位论文,1999年。

[56] 李冬梅:《中小学教师角色模糊、角色冲突对工作满意度及三者对职业倦怠的影响》,东北师范大学,2005年。

[57] 李颂明:《我国高校建立发展性教师教学评价制度的探索》,湖南农业大学硕士学位论文,2005年。

[58] 刘志成:《中小学教师信息素养培养的研究》,辽宁师范大学教育硕士研究生学位论文,2007年。

[59] 柳蕙瑜:《学校品质指标体系建构之研究——以完全中学为例》,台湾暨南大学硕士学位论文,2001年。

[60] 罗环:《教师自我评价指标体系构建的实证研究》,天津师范大学硕士学位论文,2008年。

[61] 罗金云:《普通高中教师与学校行政人员冲突的分析及应对策略》,华南师范大学,2005年。

[62] 毛汉忠:《教师角色的自我认知与相关群体对教师角色期望的比较研究》,西北师范大学,2005年。

[63] 牛红丽:《以反思为动力的教师教学行为研究》,天津师范大学,2003年。

[64] 申卫星:《高等学校教学质量评价指标体系研究》,东华大学硕士学位论文,2003年。

[65] 宋艳红:《家长与教师之间冲突的社会学分析》,首都师范大学,2007年。

[66] 孙珺: 《探究教学中教师角色的定位》,华中师范大学,2006年。

[67] 孙明月:《反思性教学理论及其在中学教学中的应用研究》,河

南师范大学，2010年。

[68] 孙小丽：《关于教师参与学校决策的问题》，南京师范大学，2006年。

[69] 王广：《新课程标准下高中发展性体育教师评价指标体系的研究》，东北师范大学硕士学位论文，2005年。

[70] 王慧：《教师管理行为评价指标体系建构研究》，浙江师范大学，2010年。

[71] 王姣姣：《实践与反思：课堂教学行为研究》，湖南师范大学，2009年5月。

[72] 王艳霞：《当代中小学教师能力的缺失与培养》，华东师范大学硕士论文，2001年。

[73] 吴明霞：《中小学教师工作——家庭冲突的结构及关系研究》，西南大学，2006年。

[74] 吴胜林：《当代教师角色定位问题的研究》，江西师范大学，2005年。

[75] 吴艳茹：《以课堂秩序为中心的教师课堂管理行为研究》，天津师范大学硕士论文，2001年。

[76] 肖美燕：《我国中小学教师教学行为失范问题研究》，四川师范大学硕士学位论文，2006年。

[77] 谢金青：《国民小学学校效能评鉴指标与权重体系之建构》，台湾政治大学教育研究所博士论文，1995年。

[78] 辛涛：《教师教学监控能力——结构、影响因素及其与学生发展的关系》，北京师范大学，1997年。

[79] 阎自安：《台北地区高级中学全面品质教育指标建构之研究》，台湾政治大学硕士论文，1996年。

[80] 杨海荣：《工作控制感、工作家庭冲突与中学教师职业倦怠的关系研究》，河北师范大学，2005年。

[81] 杨明全：《论教师参与课程变革》，华东师范大学，2003年。

[82] 张何苗：《高中教师工作家庭冲突的影响因素研究》，首都师范大学，2007年。

[83] 张建琼：《优化课堂教学行为》，西北师范大学，2005年。

[84] 张静：《中学教师教学效能、组织承诺和组织公民行为的关系

研究》，天津师范大学，2007年第3期。

[85] 左文龙：《研究型大学教师评价指标体系的探讨》，电子科技大学硕士学位论文，2008年。

论文类

[1] H. E. 舒尔科夫、刘伦振：《教师的课堂行为》，《比较教育研究》1983年第4期。Stephen. Brookefield：《批判反思型教师ABC》，张伟译，中国轻工业出版社2002年版。

[2] 陈大超、刘兴春：《中小学教师参与学校决策问卷的编制》，《辽宁师范大学学报》2004年第4期。

[3] 陈晓端：《试析新课程标准指导下有效教学行为的基本特征》，《教育科学研究》2006年第2期。

[4] 陈晏辉：《素质教育课堂教学质量评价指标体系探微》，《浙江师大学报（社会科学版）》1998年第1期。

[5] 丹尼尔·巴塔尔：《教师的行为对学生归因的影响》，《心理发展与教育》，王新玲译，1987年第3期。

[6] 范晓玲：《课堂教学评价指标体系的系统观》，《湖南师范大学教育科学学报》1991年第2期。

[7] 范晓玲：《论教学评价模型构建方法》，《课程·教材·教法》1993年第10期。

[8] 冯生尧、谢瑶妮：《教育改革中教师的行为发展》，《华南师范大学学报》2004年第1期。

[9] 傅道春：《新课程中教师行为的变化》，《人民教育》2001年第12期。

[10] 弓青峰：《影响教师教学行为的因素分析及对策》，《教育理论与实践》2006年第1期。

[11] 霍力岩：《编制教育评估方案的一个关键问题——加权及其方法研究》，《教育科学研究》2000年第1期。

[12] 林正范、贾群生：《教师行为研究：课程与教学论的重要研究方向》，《教师教育研究》2006年第10期。

[13] 林正范、徐丽华：《对教师行为研究的认识》，《教师教育研究》2006年第3期。

［14］刘兰英：《发展性课堂教学评价指标体系的构建》，《教育理论与实践》2008年第35期。

［15］刘宇：《美国教师专业发展的范式转换及其启示》，《比较教育研究》2003年第4期。

［16］卢真金：《反思性实践是教师专业发展的重要举措》，《比较教育研究》2001年第5期。

［17］鲁献蓉：《从传统教案走向现代教学设计——对新课程理念下的课堂教学设计的思考》，《课程·教材·教法》2004年第7期。

［18］卯静儒、陈冠蓉、苏源恭：《教学专业与教师发展——美国教师评鉴指标分析》，《高教发展与评估》2007年第5期。

［19］申继亮、刘加霞：《国外教学反思内涵研究述评》，《比较教育研究》2004年第10期。

［20］沈兰：《教师参与课程开发：意义与途径》，《全球教育展望》2002年第1期。

［21］宋其华：《信息技术教学环境下教师教学行为变化的特征与策略浅析》，《电化教育研究》2006年第8期。

［22］苏红：《中小学教师的组织公民行为：内涵与结构》，《教育科学》2007年第10期。

［23］孙炳海、申继亮：《美国教师评价的发展历程与评价模型研究述评》，《比较教育研究》2009年第5期。

［24］孙河川、史丞芜、王小栋：《英国中小学教师评价指标对辽宁省中小学教师评价指标体系建构的启示》，《教育管理研究》2011年第2期。

［25］孙河川：《对辽宁省教师评价指标体系建构的启示》，《教育管理研究》2011年第1期。

［26］孙河川：《美国教师评价指标研究》，《教育管理研究》2010年第5期。

［27］孙美龙：《教师自我管理的方法》，《中国教育学刊》2006年第4期。

［28］田爱丽、张晓峰：《对现行中小学教师评价制度的调查与分析》，《教育理论与实践》2004年第3期。

［29］田爱丽：《美国基于教师行为表现的发展性评价制度》，《外国

教育研究》2003 年第 4 期。

[30] 王国香、刘长江、伍新春：《教师职业倦怠量表的修编》，《心理发展与教育》2003 年第 3 期。

[31] 王木水：《中学教师教学策略量表的编制》，《宁波大学学报（教育科学版）》2004 年第 4 期。

[32] 王永跃：《从支配到支持：建构主义视野中的教师行为》，《陕西师范大学学报》2001 年第 5 期。

[33] 韦大斌、黄诚汉：《建构教师发展性评价体系》，《基础教育研究》2005 年第 2 期。

[34] 吴志功、陈英霞、王显芳：《世界教师教育发展趋势分析与未来教师资格证书方案设计》，《比较教育研究》2001 年第 11 期。

[35] 夏惠贤、严加平、杨超：《论英国合格教师专业标准与教师职前培训要求》，《外国教育研究》2006 年第 3 期。

[36] 辛涛：《教师反思研究述评》，《清华大学教育研究》1998 年第 3 期。

[37] 徐亚辉：《多元智能：呼唤教师行为变化》，《教育理论与实践》2004 年第 9 期。

[38] 严玉萍：《美国公立学校教师评价标准述评——以贝德福德县公立学校为例》，《世界教育信息》2009 年第 2 期。

[39] 杨四耕：《略论反思性教学评价标准的建立》，《中国教育学刊》2001 年第 2 期。

[40] 余艺文：《美国教师课堂教学评价》，《课程·教材·教法》2003 年第 11 期。

[41] 袁爱玲：《教师教学模糊指标评价体系研究及算法设计（英文）》，《中山大学学报（自然科学版）》2007 年第 S2 期。

[42] 张华：《教学设计研究：百年回顾与前瞻》，《教育科学》2000 年第 4 期。

[43] 张建琼：《国内外课堂教学行为研究之比较》，《外国教育研究》2005 年第 3 期。

[44] 张建伟：《反思——改进教师教学行为的新思路》，《北京师范大学学报（社会科学版）》1997 年第 4 期。

[45] 张景焕、初玉霞、林崇德：《教师创造性教学行为评价量表的

结构》,《心理发展与教育》2008年第3期。

[46] 张其志:《对发展性教师评价制度的审视与思考》,《教育研究与实验》2005年第1期。

[47] 张其志:《英国表现管理系统与美国行为表现评价制度的比较及启示》,《当代教育科学》2006年第9期。

[48] 张伟平:《教师行为类型问题论略》,《教育研究与试验》1991年第4期。

[49] 张震雷:《试论新课程中教师行为的转变》,《内蒙古师范大学学报》2005年第6期。

[50] 章云珠:《教师教学行为的优化策略》,《教育评论》2004年第4期。

[51] 郑百伟:《美国教师专业发展标准及其实施研究》,《外国中小学教育》2005年第9期。

[52] 周润智:《论国家教育政策中的教师行为》,《河北师范大学学报》2001年第10期。

[53] 朱小蔓、杨一鸣:《走向自我成长型教师的高师素质教育》,《南京师大学报(社会科学版)》2002年第1期。

外文文献

[1] Ann Adams Bullock & Parmalee P. Hawk. *Developing A Teaching Portfolio: A Guide for Preservice and Practicing Teacher* [M]. New Jersey: Prentice-Hall, 2001.

[2] Authory J. Shinkfield & Daniel Stufflebeam. *Teacher Evaluation: Guide to Effective Practice* [M]. US: Kluwer Acadermic Publishers, 1995.

[3] Bartlett, L. (1990). *Teacher Development through Reflective Teaching* [A]. In Richards C. J. & Nunan D. eds. *Second Language Teacher Education* [C]. Cambridge University Press.

[4] Dewey, J (1933). *How We Think* [M]. Chicago: Henry Regnery Press.

[5] J. W Brubacher et. al1. *Becoming a Reflective Educator, How to Build a Culture of Inquiry in the Schools* [M]. Corw in Press, NC.1994: 15, 25.

[6] L. M. Villar. *Teaching: Reflective, from T. Husen et al* [J]. *The Inter-*

national *Encyclopedia of Education*, 1994: 6215.

[7] L. Valli. *Reflective Teacher Education: Casesand Critiques* [M]. State University of New York Press, 1992: 100.

[8] Lawrence Ingvarson, Ken Rowe. *Conceptualising and Evaluating Teacher Quality: Substantive and Methodological Issues* [J]. *Australian Journal of Education*, 2008 (1).

[9] Merriam, S. B. *Qualitative Research and Case Study Applications in Education (2nd Ed.)* [M]. San Francisco, CA: Jossey-Bass Publishers, 1998.

[10] Owens R. G. *Organizational Behavior in Education (5th ed)* [M]. Boston: Allyn and Bacon, 1995.

[11] Ross, D, D (1989). *First Steps in Developing A Reflective Approach* [J]. *Journal of Teacher Education*, 40 (2): 20—30.

[12] Schon, DA. *The Reflective Practitioner: How Professionals Think in Action* [M], New York. Basic Books, 1983.

[13] Wells, M. (1994). *The Loneliness of The Long-distance Reflector*. In A. Peck & D. Westgate (eds.). Language Teaching in the Mirror. CILT. Center for Information on Language Teaching and Research.

[14] Yin, R. L. *Case Study Research: Design and Methods (2nd Ed.)* [M]. Thousand Oaks: Sage, 1994.

[15] Zepeda. S. J, Mayors. R. S. & Benson. B. N. *The Call to Teacher Leadership* [M]. New York: Eye on Education. Inc, 2003 (17).